Johannes Ninck

Jesus als Charakter

Herausgegeben und mit einem Vorwort versehen
von Christiane Beetz

Reihe ReligioSus, Band XIII

Ninck, Johannes: Jesus als Charakter
Hamburg, SEVERUS Verlag 2012
Nach der Originalausgabe von 1925

Reihe ReligioSus: Band XIII
Herausgegeben von Christiane Beetz

ISBN: 978-3-86347-243-6
Druck: SEVERUS Verlag, Hamburg, 2012

Der SEVERUS Verlag ist ein Imprint der Diplomica Verlag GmbH.

Bibliografische Information der Deutschen Nationalbibliothek:
Die Deutsche Nationalbibliothek verzeichnet diese Publikation in
der Deutschen Nationalbibliografie; detaillierte bibliografische
Daten sind im Internet über http://dnb.d-nb.de abrufbar.

© **SEVERUS Verlag**
http://www.severus-verlag.de, Hamburg 2012
Printed in Germany
Alle Rechte vorbehalten.

Der SEVERUS Verlag übernimmt keine juristische Verantwortung
oder irgendeine Haftung für evtl. fehlerhafte Angaben und deren
Folgen.

SEVERUS
Verlag

MIX
Papier aus verantwortungsvollen Quellen
Paper from responsible sources
FSC® C105338

Vorwort der Herausgeberin zur Reihe ReligioSus

Die Suche nach Antworten auf die Fragen ‚Wo komme ich her? Wo gehe ich hin? Warum gibt es mich?' sind elementarer Bestandteil unseres menschlichen Daseins. Religionen haben Menschen in jedem Zeitalter dabei geholfen, diese Fragen zu ergründen. Jede Religion hat dabei im Laufe der Jahrhunderte einen eigenen Weg gefunden, dem Sinn des Lebens nachzuspüren. Die monotheistischen Religionen Christentum, Islam und Judentum mit dem unsichtbaren, allgegenwärtigen Gott erklären die Erfüllung jeglicher Existenz mit der Anbetung des einen Gottes. Andere Religionen wie der Buddhismus oder der Konfuzianismus lehren ein Leben nach ethischen Grundsätzen, die weniger auf einem Glauben an einen einzigen Gott als auf philosophischen, humanistischen Ideen beruhen.

Religionen sind ein Spiegelbild der Menschheit in der Welt. Mit ihren jeweils ganz unterschiedlichen Ansätzen prägen Religionen die Kulturen, in denen sie gelebt werden. Sie beeinflussen das menschliche Handeln, Denken und Fühlen mit ihren Gottesvorstellungen oder Weltanschauungen. Oft genug gaben religiöse Auslegungen den Anlaß für kriegerische Auseinandersetzungen. Sie sind aber auch immer wieder ein Leitfaden für einen toleranten, menschenwürdigen Umgang mit dem Nächsten.

Frauen und Männer haben sich zu allen Zeiten mit den verschiedenen Glaubenslehren beschäftigt. Oft waren es tief gläubige Menschen, die ihre Erfahrungen mit dem Außergewöhnlichen aufgeschrieben haben. Aber auch kritische Auseinandersetzungen mit den Mißständen der Religionen gehören zur jeweiligen Epoche. Die Bücher all dieser Menschen sind Dokumente ihrer Zeit, sie geben Aufschluß über die Geschichte und Geschichten der Religionen.

Die Reihe „ReligioSus" hat es sich zur Aufgabe gemacht, längst vergessene Dokumente einem breiteren Publikum wieder zugänglich zu machen. Unabhängig von Religion und Einstellung zu derselben bieten die Bücher dieser Reihe einen generellen Einblick in die Welt der Religionen. „ReligioSus" vereint Werke, die sich auf unterschiedlichste Weise mit dem Phänomen Religion und deren Beeinflussung unserer Wertvorstellungen beschäftigen. Auf diese Weise soll mit „ReligioSus" die Vielfalt religiöser Dokumente, die die jeweiligen Fragen und Auseinandersetzungen ihrer Zeit aufgenommen haben, aufgezeigt werden.

Soweit möglich erfolgt ein originalgetreuer Nachdruck. Wo es notwendig erscheint, werden die Texte in das heutige Schriftbild übertragen. Eine inhaltliche Veränderung findet nicht statt.

Christiane Beetz, Herausgeberin

Christiane Beetz, geb. 1965 in Hamburg, studierte Germanistik, Religionswissenschaft und Alte Geschichte. Nach einigen Jahren im Buchhandel arbeitet sie jetzt als Lektorin. Außerdem ist sie ausgebildete Prädikantin und schreibt freiberuflich für die „Evangelische Zeitung".

Vorwort zum Buch

„Das vorliegende Buch will
weniger Antworten geben als Fragen anregen,
und ein jeder möge an ihrer Lösung mitarbeiten."

Wer sich mit dem Christentum beschäftigt, beginnt dabei mit dem Menschen, der im Mittelpunkt dieser Religion steht – mit Jesus. Johannes Ninck vertritt die Meinung, dass die Kirche den historischen Jesus entmenschlicht hatte. Anstatt den Menschen Jesus zu betrachten, wurde aus ihm ein weltfremder, verherrlichter König, der nur noch wenig mit den Menschen zu tun hatte, denen er seine Botschaft gebracht hatte.

Um Jesus wieder zu einem wirklichen Menschen zu machen, ist es nach Ninck wichtig, seinen Charakter zu studieren und „durch sorgfältige psychologische Untersuchung zu einer schärferen Erfassung der Persönlichkeit Jesu ein wenig beizutragen". Dabei befasst sich Ninck mit den Bereichen ‚Wille', ‚Glaube' und ‚Liebe'. Für Ninck ist der Wille „das Entscheidende im Menschen", er legt unsere Persönlichkeit fest. Aus den Ideen dieses Willens festigt sich dann der Glaube, der wiederum als Frucht die Liebe hervorbringt. Jesus ist für viele Menschen ein Vorbild, ein Ideal dessen, wie wir sein wollen. Das kann er aber, so Ninck, nur sein, wenn wir seine menschlichen Charaktereigenschaften betrachten.

Es ist verblüffend, wie Ninck die urmenschlichsten Eigenschaften in Bezug zum Menschen Jesus setzt. Zorn, Herrschwille und Ungeduld werden ebenso behandelt wie Reinheit und Barmherzigkeit. Seine Aussagen untermauert er mit Zitaten aus der Bibel, deren Wahrheitsgehalt er voraussetzt. Ninck schafft es, in seinen Auslegungen den Menschen Jesus greifbar zu machen, ohne ihn zu entmystifizieren. Er fragt nicht „Was treibt der Mann?", sondern vor allem „Was treibt den Mann?". Nicht die Ereignisse, die Taten Jesu stehen im Fokus, sondern die Antriebsfedern des Mannes, nach dem eine ganze Religion benannt wurde. Für Ninck ist es gerade dieser Charakter, der diese Religion überhaupt erst entstehen ließ:

„Unsere Religion verdankt ihre Entstehung und Verbreitung im Grunde dem überwältigenden Eindruck, den die Person Jesu immer wieder auf die Menschen macht. Nicht sein Wort bloß, sondern sein Wesen ist das Wirksame."

Als Beispiel sei hier die Untersuchung des Zorns genannt. Nach Ninck war Jesus kein sanfter Mensch, sondern eher ein „temperamentvoller", „kampfbereiter" Mann, dessen Zorn vor allem in seinen Reden immer wieder auflöderte, wenn er die Pharisäer als ‚Schlangenbrut' bezeichnete oder über einzelne Städte herzergreifende Wehklagen hielt. Doch gerade dieser „erregbare, zornglühende und -sprühende Jesus" zeigt uns, wie außergewöhnlich dieser Mann war. Er schaffte es durch seinen Willen, diese allzu menschlichen Empfindungen zu beherrschen. Denn „vermöge der angespanntesten Willenskraft wird [...] durch Sanftmut die Zornglut gelöscht, durch Liebe der Haß überwunden". Für Ninck ist es gerade dieser scheinbare Widerspruch im Charakter des Jesus, der ihn so einzigartig macht. Denn „nicht aus Schwäche, sondern mit wahrer Stärke des Charakters" gelingt es Jesus, sich allen menschlichen Regungen zu stellen und den Umgang mit ihnen zu meistern.

Es ist ein spannendes Buch, das uns Johannes Ninck hier vorlegt, mit dem man dem Menschen Jesus so nah kommt wie vielleicht noch nicht zuvor. Es zeigt uns Jesus als Charakter, der „die ersten Jünger fesselte und bis heute fesselt".

Johannes Ninck, geboren 1863, reiste als junger Mann nach Palästina. Dort lernte er 1884 das Syrische Waisenhaus in Jerusalem kennen, in dem christliche, muslimische und jüdische Kinder gemeinsam betreut wurden. Die Idee des Gründers Johann Ludwig Schneller, sich für Toleranz und gegenseitiges Verständnis einzusetzen, ließ ihn zeitlebens nicht mehr los, so dass er sich intensiv für dieses Projekt engagierte. Nach der Schließung des Waisenhauses Ende der 40er Jahre des letzten Jahrhunderts wurden in Khirbet Kanafar (Libanon) und Amman (Jordanien) die sog. „Schneller Schulen" eröffnet, in denen Kinder der verschiedensten Religionen unterrichtet werden. Johannes Ninck arbeitete nach seiner Rückkehr ab 1892 im schweizerischen Winterthur als evangelischer Pfarrer und starb dort 1939. Er verfasste 16 Werke, von denen das vorliegende Buch in erster Auflage 1906 erschien und 1925 in dritter Auflage veröffentlicht wurde.

Vorwort zur dritten Ausgabe

Dieses Buch setzt sich zum Ziel, wie es schon in der ersten Ausgabe von 1906 hieß, *durch sorgfältige psychologische Untersuchung zu einer schärferen Erfassung der Persönlichkeit Jesu ein wenig beizutragen.* Abseits von den theologischen Schulen stehend, war der Verfasser bestrebt, sich von Parteizwecken freizuhalten, auch die entgegengesetztesten Ansichten zu verstehen und unbefangen zu lernen, wo immer wissenschaftliche Forschung sich ihm bot. Eine ähnliche innere Stellung wünscht er sich von seiten der Leser, um in die hier zu behandelnden so schwierigen und tiefgreifenden Fragen mit Nutzen einzudringen.

Die seit dem ersten Erscheinen des Buches mir zugegangenen sehr zahlreichen und zum Teil sehr eingehenden Besprechungen haben zur Neubearbeitung vieler Stellen genötigt, die nun hoffentlich einleuchtender geworden sind. Die Grundanschauung ist unverändert geblieben, zumal sie dem Verfasser unerwarteterweise zum Schicksal geworden. Auch an dem Grundriß des Buches zu ändern, erwies sich als untunlich, wiewohl sich zweifellos vieles schöner ordnen und aufbauen ließe.

Das angewandte Verfahren, den Charakter zunächst zu zergliedern und ihn in seinen einzelnen Teilen oder Eigenschaften zu beleuchten, hat den Nachteil, daß er vor den Blicken auseinanderfällt. Aber bald zeigt sich, daß eine gewaltige Einheit die Teile zusammenhält, so daß sie sich nachher zum desto wirksameren Gesamtbilde wieder zusammenfügen. Eine ähnliche Analyse oder Auflösung ist ja zu tieferem Verständnis auch der bedeutendsten Kunstwerke unerläßlich. Psychologische Fragen sind nicht jedermanns Ding. Einen Charakter, zumal den eines einzigartigen, ja eines heiligen Mannes, zu ergründen, aus seinen Hüllen gleichsam herauszuschälen und ins hellste Licht des Tages zu stellen, das stößt da und dort gar auf grundsätzlichen Widerspruch. „Eine Erscheinung wie die Jesu ist ein

Wunder schlechthin." Auch mir ist sie ein Wunder, aber gerade das reizt mich, die seelischen Zusammenhänge aufzuspüren und das Wunder soweit als nur möglich ins Innerste zu verfolgen; das erscheint mir auch als der sicherste Weg, daß dies Wunder neue Wunder zeuge und daß andere Charaktere sich darnach bilden. Sollte der Vorwurf, daß unter den Anhängern Jesu nicht genug ihm ähnliche, große, zuverlässige, wahrhaft vorbildliche Charaktere gefunden werden, sollte diese auffallende Tatsache ihren Grund nicht vielleicht in einer allzu mechanischen Auffassung von der Persönlichkeit Jesu haben?

Möge die nachstehende Untersuchung in dem allgemeinen Fragen, Rütteln und Neubilden der Anschauungen noch manchem Denkenden einen Dienst leisten.

Winterthur, September 1925.   Dr. J. N.

Inhalt

Zur Einführung 15
  Was ist Charakter? 15
  Die Frage nach dem Charakter Jesu 18
  Unsere Aufgabe 21

Wille 25
  Willenskraft 25
  Entschlossenheit 28
  Zorn 33
  Wahrhaftigkeit 46
  Selbstzucht 57
  Reinheit 73
  Macht und Zucht des Geistes 82
  Herrschwille 93
  Ungeduld 108
  Geduld 116
  Selbstvertrauen 120

Glaube 127
  Glaubenskraft 127
  Gotteshunger 133
  Schriftgehorsam 141
  Gewissenhaftigkeit 160
  Freiheit vom Besitz 168
  Geistesgegenwart 186
  Selbstbewußtsein 197
  Demut 210

   Hoffnungsfreudigkeit 220
Liebe 226
   Liebeskraft 226
   Gottesliebe 229
   Gerechtigkeit 242
   Barmherzigkeit 260
   Treue 270
Gesamtbild 279
   Die Grundzüge 279
   Das Neue 288
   Das Nachzuahmende 301
   Das Göttlich-Erlösende 309
Literatur 317

Abkürzungen und Zitate

Die Schriftstellen werden entweder in eigener Verdeutschung oder nach den Übersetzungen von Kurt Stage und Carl Weizsäcker angeführt. Die vier Evangelisten sind durch Mt, Mk, Lk, Joh bezeichnet, die andern biblischen und außerkanonischen Bücher in der üblichen Weise. Sonstige Verweise unter dem Text beziehen sich, wo nicht ausdrücklich anderes bemerkt ist, auf Kapitel- und Seitenziffern dieses Buches.

1. Kapitel

Zur Einführung

Was ist Charakter?

Die Frage nach dem Charakter eines Mannes führt hinein in das Innerste seiner Persönlichkeit. Indem wir seine äußere Erscheinung betrachten, Lebensgang und Handlungsweise erforschen, sucht unser Auge in die Tiefe zu dringen. Von Taten, Worten, Gebärden, Gewohnheiten zu den verborgenen Quellen des Ichs aufsteigend, möchten wir die geheimsten Triebe und Gefühle, Absichten und Beweggründe belauschen. Nicht bloß „Was treibt der Mann?" sondern „Was treibt *den* Mann?" möchten wir wissen.

Es unterliegt keinem Zweifel, daß jeder Mensch eine bestimmte Anlage mit auf die Welt bringt: seine eigene Art, die von außen kommenden Anregungen aufzunehmen und zu verarbeiten, seine besondere Reizbarkeit und Empfänglichkeit gegenüber andern Menschen. Zum Angebornen tritt das Anerzogene, zur Anlage das Schicksal, zum eigenen Genius der Dämon der äußeren Verhältnisse, der jenem so oft einen Streich spielt – um das zu formen, was wir schließlich den Charakter nennen. Es ist das, was der Mensch aus sich selbst gemacht hat, nicht nur das ihm Eingelegte, sondern „das von ihm Ausgeprägte", wie das Wort sagt; aber nicht bloß ein Äußerliches, wie das Gepräge einer Münze, sondern das Allerinnerlichste, wie die reife Frucht eines Baumes, die, aus dem Innern des Stammes hervorquellend, den vollkommenen Keim künftiger Bäume zusammengefaltet in sich schließt. Der Charakter ist die aus dem eingebornen Keim erzeugte, fortzeugende Gestaltungskraft, Mittelpunkt einer neuen Welt, Ursprung einer ewigen Bewegung.

Aber auf welche Weise bildet sich der Charakter? Was ist das bestimmende Gesetz, die prägende Kraft? Diese schwierige Frage suchen die einen, so der französische Gelehrte Fr. Paulhan, durch die einfache Formel zu lösen: „Was der Mensch liebt, das treibt ihn vorwärts und bildet seinen Charakter." Michelangelo liebte früh den Bildnermeißel; das entschied sein Lebensschicksal, bestimmte seine Entschlüsse, prägte seinen Charakter. Allerdings liegt die Sache nicht bei allen Charakteren so einfach, wie es bei diesem Großen der Fall zu sein scheint. Wenn sieben junge Zweige die Krone einer aufstrebenden Waldtanne bilden, und die Mittelkerze erlischt – welche von den sechs übrigen wird sich aufrichten? Welche von den im Kindesgemüt nebeneinander wachsenden Neigungen wird bestimmend hervortreten und warum gerade diese? Aber vor allem: Hat nicht die Charakterentwicklung längst begonnen, wenn jene Neigungen noch schlummern? Gewiß trägt eine zu vollem Bewußtsein erwachte, mit ganzer Seele verfolgte Neigung wesentlich zur weiteren Bildung des Charakters bei, aber anderseits ist sie selbst schon eine Frucht des Charakters, und bei vielen Menschen kommt es gar nicht zu ausgesprochenen Neigungen, geschweige zu einer Einheit des Strebens.

Andere, wie Alfred Fouillée, lassen die Vernunft den Charakter gestalten, sie, die erleuchtende Ideen in das Dämmer der Seele hineinstrahlt und dadurch die schlummernden Neigungen weckt, die gebundenen Kräfte löst. Unleugbar stehen wir alle unter der Herrschaft von Ideen, welche unser Leben und Streben entweder ordnen oder verwirren – seien es nun begründete Einsichten oder Zwangsvorstellungen, frei Überlegtes oder Eingebildetes, persönliche Grundsätze oder Schlagwörter des Zeitgeistes. Allein bei näherer Betrachtung zeigt es sich, daß auch die Vernunft mit ihren besten Ideen nicht unabhängig dasteht. Sie ist vielmehr ein schwankendes Licht, das eine starke Hand nach ihrem Belieben entzündet oder verdunkelt, hierhin oder dorthin richtet, braucht oder mißbraucht. Diese Hand ist der Wille. Der Verstand kann alles beweisen oder verwerfen, einleuchtend machen oder schwarz malen, je nachdem der Wille befiehlt. Die Intelligenz ist lediglich Werkzeug des Willens, sagt Schopenhauer.

So suchen denn wohl die meisten Psychologen heute den Charalter durch den Willen zu erklären. Und mit vollem Rechte. Der Wille ist das erste, das in der Seele erwacht und wirkt. Nicht die Ideen ergreifen den Willen, sondern der Wille ergreift die Ideen und bildet sie seiner Richtung gemäß aus; danach erst beeinflussen die Ideen auch den Willen. Der Wille ist das Ich im Ich. Der Wille macht den Charakter. Unter einem starken Charakter verstehen wir einen festen Willen, unter einem schwachen Charakter einen willensschwachen Sklaven der Leidenschaften. „Charakter" schreiben wir einem Menschen zu, der weiß was er will; charakterlos nennen wir den, der willenlos, der Wetterfahne gleich hin und her schwankt.

Der neueste Charakterforscher, Paul Häberlin, erklärt in seinem umfangreichen Werke (Der Charakter, 1925) den Charakter als die bestimmte eigene Ausprägung der Persönlichkeit oder genauer die geeinte Gesamtheit der Eigenschaften einer Person. Wodurch aber werden sie geeint? Durch die allumfassende „Absicht" oder Interessenrichtung. Jeder Mensch nimmt schon früh eine bestimmte Stellung zum Leben, zur Umwelt ein; er bringt sein persönliches Interesse in ein bestimmtes Verhältnis zum Gesamtinteresse, und danach gestaltet sich seine Lebensführung. Nun erlebt er mehr und mehr bewußt diese von ihm eingenommene. Stellung, prüft, beurteilt, verändert sie je nach den Gedanken und Grundsätzen, die er sich zu eigen gemacht, und je nach der Energie, die in ihm wohnt. Dies ist die Einstellung, die ein jeder zum Leben vollzieht, und auf der seine Verantwortlichkeit beruht. Lebenseinstellung ist die grundsätzliche Stellungnahme zur eigenen Lebensrichtung, und also vorausschauend Lebensideal, abwägend aber zwischen Ideal und Wirklichkeit, Gewissen.

Der Charakter besteht demnach im Verhältnis einer bestimmten Einstellung zu einer bestimmten Stellung. In beiden aber, Stellung wie Einstellung, gibt der immer bewußter werdende Wille den Ausschlag. Ideen, Urteile, Grundsätze vermitteln und fördern die Einstellung, immer im Bereiche des vorherrschenden Interesses, d. h. der treibenden Willensrichtung und Energie. Soweit Häberlin.

Wie und was der Mensch will, das bildet seinen Charakter. Jeder Willensakt prägt den Charakter tiefer. Die Willens*kraft* bestimmt die Schärfe der Ausprägung, die Willens*richtung* die Schönheit des Charakters. Der Wille ist das Entscheidende im Menschen.

Aber damit werden wir zuletzt doch wieder in ein Geheimnis verwiesen. Woher kommt uns der Wille? Er ist uns angeboren, mitgegeben, wie alles andere. „Was hast du, das du nicht empfangen hast?" Die Vorherbestimmungslehre ist nur einer von vielen Versuchen, den menschlichen Einzelwillen durch einen dahinter waltenden höheren Willen, die Rätsel des geschaffenen Geistes aus göttlichen Tiefen zu erklären.

Die Frage nach dem Charakter Jesu

Müssen diese Fragen an sich schon jeden Denkenden fesseln, so steigert sich naturgemäß unsere Aufmerksamkeit, je merkwürdiger und rätselhafter eine Persönlichkeit ist. Als eine der eigenartigsten aber steht Jesus von Nazareth vor uns. Von ihm sagt Leopold von Ranke in seiner Geschichte der römischen Päpste: „Unschuldiger und gewaltiger, erhabener und heiliger hat es auf Erden nichts gegeben als seinen Wandel, sein Leben und Sterben: in jedem seiner Sprüche weht der lautere Gottesodem; es sind Worte, wie Petrus sich ausdrückt, des ewigen Lebens; das Menschengeschlecht hat keine Erinnerung, welche dieser nur von ferne zu vergleichen wäre." Ähnlich preist Thomas Carlyle das Leben Jesu als „ein vollendetes, ideales Gedicht", ihn selbst als den größten aller Helden, der in der ganzen Reihe alter und neuer Heroen nicht seinesgleichen habe.

Mag man solchen Urteilen zustimmen oder nicht, so viel ist sicher, daß dieser Jesus der Stifter einer Weltreligion, der Quellort einer neuen Menschheit geworden ist. Keine andere Religion fällt wie die christliche mit der Person ihres Urhebers zusammen. Christus ist das Christentum, das Jdeal für einen großen Teil der Menschen, sein Leben und Sterben ihre Trostquelle, sein Charakter das Muster, nach dem sie den ihren bilden. Sie finden hier etwas ausgesprochen, was dunkel in ihrer eignen Seele gelebt hat, sie sehen zur klaren Anschauung gebracht, was sie in ihren besten Stunden ahnten, sie vernehmen Töne, die in ihrem Leben alsbald beherrschend fortklingen. Die weltgeschichtliche Bedeutung Jesu liegt zuletzt in seiner lebendigen, leuchtenden, herrlich ausgebildeten Persönlichkeit. Hier erwahrt sich im vollsten Sinne das Wort: „Höchstes Glück der Erdenkinder ist nur die Persönlichkeit"; nicht minder der andere Goethespruch: „Das eigentliche Studium der Menschheit ist der Mensch." Völker aus ihrer Bahn wirft der mächtig waltende und gestaltende Wille eines großen Mannes. Unsere Religion verdankt ihre Entstehung und Verbreitung im Grunde dem überwältigenden Eindruck, den die Person Jesu immer wieder auf die Menschen macht. Nicht sein Wort bloß, sondern sein Wesen ist das Wirksame. Dieser Charakter fesselte die ersten Jünger und fesselt bis heute. Alles, was man je über die Person Jesu ausgesagt hat, die Verehrung und Liebe, welche Tausende ihm geschenkt haben, aber auch die Abneigung und der scheue Unwille, die diesem vielgeschmähten Manne von andern entgegengebracht werden, müssen sich irgendwie aus seinem Charakter erklären. Auf die Gedankenbildung der christlichen Religion, auf unsere eigenen heutigen Anschauungen fällt Licht vom Charakter Jesu her. Seine Erforschung führt uns an die Quelle der Quellen, sie stellt uns vor höchste und letzte Fragen.

Die Frage nach dem Charakter Jesu ist eine moderne. Es gibt zwar noch immer weite Kreise solcher, welche vor ihr wie vor einer unheiligen zurückschrecken. Selbst ein Karl Hase „hütete sich weislich davor", eine Charakteristik Jesu zu schreiben, weil in seinem Leben das eigentlich Charakteristische fast gar nicht vorhanden sei. „Ein charakteristisches Gesicht, meint Hase, ist nie vollkommen schön, weil bestimmte, scharf eingeprägte Züge vortreten, dagegen bei voller Schönheit alle Teile und Züge so gleichmäßig sind, daß sich nichts charakteristisch geltend macht als eben das ganze, das vollkommene Ebenmaß." Dem dürften wohl irrige Begriffe von Schönheit und Vollkommenheit zugrunde liegen, gepaart mit unrichtigem Anschauen der Persönlichkeit Christi.

Viele lassen den Menschen Jesus sich nicht menschlich nahe treten. Er schwebt ihnen in den Wolken, statt auf der Erde zu wandeln. Der Folgerung wird aber schwerlich auszuweichen sein: War Jesus ein Mensch, so war er auch ein Charakter. Reinheit und Vollendung eines Menschen schließt Eigenart nicht aus. So vollendet uns die Gestalten eines Raffael erscheinen, nichtsdestoweniger zeigt dieser Einzige seine scharf abgegrenzte Besonderheit gegenüber andern Meistern. Weit mehr Jesus.

Schon die ältesten Darsteller haben seinen Charakter von verschiedenen Seiten und in verschiedener Weise aufgefaßt. Er war ein ungewöhnlich scharfgeprägter, sehr ausgesprochener Charakter, mit Tiefen, welche den Mitmenschen Rätsel aufgaben, mit Ecken, an welchen sich die Leute stießen. Keineswegs von vornherein fertig, unterlag dieser Charakter denselben Werdegesetzen wie der jedes andern Menschen. Jesus hat sich selbst bis zuletzt als Werdender, Kämpfender gefühlt. „Es wird kein Meister geboren" – und dieser am allerwenigsten; Christus wäre für uns kein Meister, kein Muster, kein Hochziel, wenn er sich nicht auch persönlich hätte erringen müssen, was er der Welt als bleibendes Vermächtnis gelassen. Hat Paulus recht, wenn er mit den Worten eines griechischen Dichters sagt: „Wir sind göttlichen Geschlechts" – dann dürfen wir das Göttliche und das Menschliche nicht in der Weise auseinanderreißen, wie es bei der Person Jesu vielfach geschieht; sondern je klarer wir das echt Menschliche an ihm erfassen, desto reiner wird uns das Göttliche aus ihm entgegenleuchten. Beides ist nicht widereinander, sondern ineinander! Nur wer das Menschlichgroße zu würdigen weiß, der kann über den Menschen hinausgeführt werden.

Neunzehn Jahrhunderte haben aus dem Reichtum dieser Persönlichkeit geschöpft. Haben sie ihn erschöpft? Hat Jesus dem zwanzigsten Jahrhundert nichts mehr zu sagen? Für das Gegenteil spricht der Eifer, mit dem von allen Seiten am Verständnisse seiner Person gearbeitet wird. Aber freilich, je mehr Bilder von ihm gezeichnet worden sind, desto schwerer wird es, zum wahren Bilde Jesu hindurchzudringen. „Von der Parteien Gunst und Haß verwirrt, schwankt sein Charakterbild in der Geschichte." Ein jeder bildet sich sein eignes Christusbild. Welche Mannigfaltigtkeit ergab die vor Jahren in Berlin abgehaltene Ausstellung von Gemälden, die Jesus zum alleinigen Gegenstande hatten! Sind die Theologen einiger im Erfassen und Darbieten seiner Person als die Künstler? – Das Halbdunkel unserer mittelalterlichen Kirchen ist für die richtige Wertung seines Wesens ebenso ungünstig wie das Glühlicht moderner Hörsäle.

Unsere Aufgabe

Das Bild Jesu zu malen, das erheischt Freilicht und Freiluft.

Wer lauter Gold aufträgt statt lebendiger Farbe, wer Jesum in der Weise byzantinischer Mosaiken zu einer starren Gestalt versteint oder nach Art römischer Heiligenbilder in weichen Formen verflüchtigt, wer ihn nur im Lichte des eignen engen Webens und Strebens betrachtet, fürwahr, der fördert sein Charakterbild nicht. Wir wollen den Mann, der

Jesus heißt, schauen unter dem tiefblauen morgenländischen Himmel, zu dem er aufblirkte, an dem smaragdgrünen Bergsee, dessen Wellen und Gestade ihn anzogen, unter den markigen Fischergestalten, die er sich zu Gefährten erkor. Unbekümmert um die Sätze irgendwelcher Kirchenlehre, wollen wir sein schlichtes Menschenbild betrachten, wie es durch die Zeiten zu uns herableuchtet.

Wie tief immer die Wissenschaft des vorigen Jahrhunderts in die Fragen der Person Jesu eingedrungen, so finden wir heute doch kaum die Grundlinien seines Charakterbildes mit gehöriger Bestimmtheit festgestellt. So viel neue Forschungen über das Leben Jesu, die Lehre Jesu vorliegen, so wenig ist bisher sein Charakter planmäßig untersucht und zusammenhängend dargestellt worden.

Das vorliegende Buch will weniger Antworten geben als Fragen anregen, und ein jeder möge an ihrer Lösung mitarbeiten. Niemand aber fürchte, daß die Person Jesu durch wissenschaftliche Untersuchungen Schaden leiden könne. Sie kann nur gewinnen. Jesus ist ein Mann, der das Kennenlernen verträgt! Schon die verstandesmäßige Prüfung seiner in Worten und Taten ausgeprägten Art verspricht dem Unbefangenen und Ausdauernden reichsten Gewinn; ja, sie müßte jedem, der Mensch heißt, diesen Einzigen, diesen „Menschen", wie Jesus sich selbst mit Vorliebe nannte (Luther: Menschensohn), näher bringen. „Der Weise, sagen die Chinesen, belehrt hundert Zeitalter. Wenn man von dem Leben Luhs berichtet, wird der Törichte klug und der Schwankende fest". Dem Charakter Jesu kann niemand näher treten, ohne es am eignen Charakter zu spüren. Seine Glut verlöscht nicht.

Wie sollen wir diesen Charakter erforschen?

Bekanntlich reichen unsere Quellen nicht aus, uns ein klares Bild des Lebensganges Jesu zu geben. Sie fließen zu spärlich, um uns die Frage nach seiner Entwicklung zu beantworten. Vieles von dem, was von Jahrhundert zu Jahrhundert als sicherer Bestand der Geschichte Jesu überliefert worden, sehen wir durch die historisch-kritische Forschung in Frage gestellt. Unsere ehrwürdigen Quellen, voran die vier Evangelien, sind der gründlichsten Prüfung und Sichtung unterworfen worden. Formgeschichtliche Untersuchungen haben gezeigt, daß hier sehr verschieden zu bewertende Fäden mündlichen Überliefers ineinander geflochten sind. Wollen wir ein einigermaßen sicheres Bild Jesu gewinnen, so werden wir aus alle wichtigeren Bedenken ernster Wissenschaft Rücksicht nehmen müssen. Die schwierigste Frage betrifft das Verhältnis des vierten Evangeliums zu dem Christusbilde der drei übrigen.

Glücklicherweise sind die meisten der von Markus, Matthäus, Lukas überlieferten Herrenworte im Feuer der schärfsten Kritik erprobt; sie tragen den Stempel der Echtheit an der Stirn. Allesamt sind sie nicht dürre Lehren, sondern quellende Lebensäußerungen einer großen, starken Seele, scharfe Prägungen einer glutvollen Persönlichkeit. Aus ihnen allein müßte sich schon der dahinterstehende Charakter erfassen lassen. Dazu gesellen sich aber nicht minder beglaubigte Züge des Handelns. Und genügt nicht oft eine einzige Handlung, um mit einiger Sicherheit den ganzen Charakter eines Menschen daraus zu bestimmen?

Der Charakterzeichner befindet sich also in günstigerer Lage als der Biograph. Fußend vor allem auf den durch gewissenhafte Forschung gesichteten und gesicherten Worten Jesu, sodann auf seinen Taten und Wirkungen, versucht er nach festen psychologischen Gesetzen ein scharfes Bild seines Helden herzustellen, das neue Entdeckungen nicht zu fürchten braucht und das so unabhängig wird von der Quellenkritik, daß es dieser vielmehr die Wege weisen kann. *Ex ungue leonem!* Steht der Biologe nicht an, aus wenigen Knochenresten die Gestalt eines vorsintflutlichen Tieres aufzubauen, so unternimmt es der Psychologe, den Charakter eines großen Mannes selbst aus dürftiger Überlieferung zu erkennen und so geschlossen herzustellen, daß sein Umriß zur Beurteilung der zweifelhaften Tradition die beste, die ausschlaggebende Richtung bietet. Wir können und dürfen mit dem Entwurf eines Seelenbildes Jesu nicht warten, bis die zahllosen, z. T. unlöslichen Fragen der Textkritik, der Geschichtsquellen, des zeitlichen Verlaufs, der innern Entwicklung erledigt sind. Vielmehr wird jeder Forscher, der jene Fragen fördern will, ohne ein bestimmtes quellenmäßiges Bild Jesu vor Augen zu haben, im Trüben fischen. Der Historiker kann des Psychologen nicht entbehren.

Wo wird die psychologische Untersuchung einsetzen? Da der Wille oben als der eigentliche Charakterbildner gezeigt worden, als die letzte im menschlichen Bereiche auffindbare Kraft, welche die eigne Persönlichkeit gestaltet und auf andere bis in ferne Zeiten fortwirkt, werden wir zunächst die auffallendsten Willenserscheinungen im Bilde Jesu zu prüfen haben.

Die Ideen, die seinen Geist beherrschten und seinen Willen bestimmten, schließen sich zu seinem *Glauben* zusammen, dessen Einzelzüge wir in einem zweiten Abschnitte würdigen.

Die Gefühle und Neigungen Jesu, seine Liebe als die Frucht seines Glaubens und die stete Tat seines Willens, wird sodann unser Blick von der gewonnenen Höhe aus umfassen.

„Was der Mensch liebt, das vollendet seinen Charakter" – dieser Satz findet uneingeschränkte Anwendung auf das Seelenleben Jesu.

Der seelische Zusammenhang jener gewaltigen Dreiheit: Wille, Glaube, Liebe, bisher nur angedeutet, wird im Verlaufe der Untersuchung schärfer zu erfassen sein.

Vor dem aus den Einzelzügen sich ergebenden *Gesamtbilde* müssen wir schließlich suchen zu einem Werturteil über die Persönlichkeit Jesu zu gelangen und ihre Bedeutung für uns selber zu ermessen.

Wille

2. Kapitel

Willenskraft

Jesus war ungefähr dreißig Jahre alt, als er „anfing", so schreibt Lukas[1] bedeutungsvoll. Mit der Reife des Mannesalters ist ihm der große Entschluß „aufzutreten" gereift, der Entschluß, die Werkstatt[2] mit der Weltbühne, die Stille des Bergdorfs mit dem Schauplatz verkehrsreicher Städte[3] zu vertauschen. Wir müßten das Neue, zu dem er überging, etwas völlig Einziges nennen, wenn er nicht an dem Wüstenprediger Johannes und an früheren Propheten seines Volks gewisse Vorbilder gehabt hätte. Immerhin hat er sich bald von allen Vorgängern bedeutsam unterschieden und einen durchaus neuen, unbetretenen Pfad eingeschlagen.

Wie gern müßten wir Näheres über die Entstehung und Entwicklung jenes Entschlusses, über die Vorgeschichte seines Auftretens! Unsere Berichterstatter lassen uns hier völlig im Stich, vermutlich weil Jesus selbst sich darüber nicht geäußert hat. Eine Quelle kommt, je mächtiger sie hervorströmt, aus desto tieferem Bergesdunkel. Lange mag der innerste Beruf Jesu geschlummert haben, ehe er durch bedeutsame Erlebnisse geweckt ward.

Bei dem ältesten Befreier und Religionsstifter des israelitischen Volkes, bei Mose, war der Wunsch einzugreifen über seinem langen Hirtenleben eingeschlafen; bis eines Tages unter jener merkwürdigen Lichterscheinung „am Berge Gottes" das Ringen seiner Seele durchbrach und der Entschluß geboren ward. Der andere semitische Religionsgründer, Mohammed, kam zu seiner neuen Auffassung durch jahre-

---

[1] Lk 3 23.
[2] Mk 6 3.
[3] Mt 4 13–25 Lk 4 14 Joh 2 12.

langes Nachdenken, wozu er sich manchen Tag in eine Höhle zurückzog. In seinem vierzigsten Jahre will er eine erste Engelerscheinung erlebt haben, durch die er die göttliche Sendung zum Propheten empfing. Auch die fünfzehnjährige Johanna von Orleans glaubte in der Zurückgezogenheit, der sie sich mit Vorliebe hingab, wiederholt und immer deutlicher ein helles Licht zu ihr herabstrahlen zu sehen und eine himmlische Stimme zu hören: „der Erzengel Michael" rief ihr aus der Höhe zu, es sei der Wille Gottes, daß sie „nach Frankreich" gehe und das französische Königreich wieder aufrichte. Von der Zeit ab war ihr Leben ein Träumen; sie mied die Menschen und vertiefte sich in ihr inneres Schauen. Nach drei Jahren brach der Entschluß, der Stimme Folge zu leisten, mit unwiderstehlicher Kraft hervor.

Erinnert sei auch an die himmlische Erscheinung, die den nachmaligen Apostel Paulus plötzlich mitten aus der Bahn warf; sowie an die Visionen, durch welche andere Propheten erweckt und vorwärts getrieben wurden. Wie immer man auch über den tatsächlichen Hintergrund solcher Erlebnisse denken mag, jedenfalls bezeichnen sie den mächtigen Durchbruch eines inneren Berufs und gaben dem Berufenen die unerschütterliche Gewißheit göttlicher Sendung, unfehlbaren Erfolges.

Eine ähnliche Erscheinung ist dem Auftreten Jesu unmittelbar vorangegangen, verbunden mit einer „Stimme", bei der Taufe am Jordan. Allein es läßt sich nicht mehr ausmachen, ob dieser innere Ruf hier zum ersten Male ergeht oder ob er nur die Wiederholung und Bestätigung früherer „Stimmen" ist; ob also der Entschluß aufzutreten damals erst blitzartig aufleuchtete und sogleich feststand, oder ob er sich langsam in der Stille vorbereitet hatte. Die Stimme[4]: „Du bist mein geliebter Sohn, den ich erkoren habe" scheint auf ein längst bestehendes Verhältnis zu deuten. Dann hätte sich unter dem Frühlingshauch des geistgewaltigen Johannes nur die Knospe zur Blüte entfaltet und die Taufe sich

---

[4] Mk 1 11.

zum Weiheakt gestaltet, auf den neuen, nunmehr deutlicher werdenden Beruf.

Mit Seherblick scheint Johannes bei dieser Begegnung die Bedeutung des vor ihm Stehenden erkannt zu haben[5]. Jesus wollte ja nichts anderes als die Gedanken verkörpern, für die Johannes kämpfte. Nach der Gefangennahme des Wüstenpredigers hat er an dessen Fäden angeknüpft[6].

Dabei kam ihm eine durch die politischen Verhältnisse gesteigerte messianische Erwartung aus dem Volke entgegen. Aber eine unmittelbare persönliche Hilfe und Förderung wurde ihm wohl von niemandem zuteil. Insbesondere konnte ihm von seiner Heimat oder Familie keinerlei Beistand erwachsen; kein wegbereitender Ruf ging ihm von dorther voraus. Seine Herkunft stand ihm eher im Wege[7]. Ohne jede äußere Unterstützung, ohne den Rückhalt irgendeiner Partei mußte er sich selber den Weg bahnen.

Zweifellos brachte Jesus aus seinem Vorleben bestimmte Gedanken und bedeutende Gaben für seinen neuen Beruf mit; aber seine Heimat kannte ihn nur als „den Zimmermann". Eine außerbiblische Überlieferung hat den Spruch von ihm aufbehalten: „Kein Prophet ist in seinem Vaterlande willkommen; kein Arzt vollzieht Heilungen an seinen Bekannten." Auf den Bergen, die das Städtchen Nazareth einschlossen, mit ihrem über das Weltmeer und die Wüste schweifenden, das ganze „Heilige Land" vom Schneegipfel des Hermon bis zum Salzkessel des Toten Meeres umspannenden, schier weltbeherrschenden Blicke, mag der Plan, in das Volk hinauszutreten, mit manchen Einzelheiten gereift und der erste Überschlag über die dazu nötigen Mittel gemacht worden sein – aber nicht einmal im Schoße der Familie hat er seine ersten Versuche angestellt, geschweige denn im Bannkreis des Heimatdorfes. Woher sonst das von den Evangelisten hervorgehobene allgemeine Verwundern in Nazareth bei seinem ersten dortigen

---

[5] Mt 3 14 Joh 1 26 ff.
[6] Mt 4 12. 14 3 2 14 2 11 12 ff.
[7] Joh 1 46 7 41–52 Mk 6 1 ff; Mt 13 54 ff 21 11 Lk 4 16–30.

Auftreten? Er hatte seine gewiesene schlichte Aufgabe daheim mit keiner neuen vermengen wollen, um nicht „einen Lappen von neuem Tuch auf das alte Kleid zu flicken". So erschien er als ein Mann schroffer Übergänge. Zuerst ganz Sohn und Baumeister; nachher ganz Volkslehrer und Gottesbote. Er brachte vom Alten nichts mit ins Neue als einen reichen Schatz von Erfahrungen, Grundsätzen, Erkenntnissen, Wahrheiten, eine vollkräftige, reife, auf der Höhe des Menschtums stehende Persönlichkeit.

Und doch in der kurzen Frist von höchstens drei Jahren, vielleicht auch nur eines einzigen, diese in ihrer Art einzige, in ihren Folgen weltbewegende Tätigkeit! Da muß, wenn wir einmal lediglich die seelischen Ursachen ins Auge fassen, jedenfalls eine *ungewöhnliche Willenskraft* im Spiel gewesen sein.

Eine Reihe von auffallenden Betätigungen einer solchen sind wir denn auch imstande nachzuweisen.

3. Kapitel

Entschlossenheit

Welches war wohl der packendste Zug im Auftreten Jesu? Sein überlegener Verstand oder seine volkstümliche Beredsamkeit? Seine lautere Frömmigkeit und Reinheit oder seine aufrichtige Menschenfreundlichkeit? Sein Seherblick und sein Zukunftsahnen oder seine Heilgabe und die geheimnisvolle Kraft, so vielen an Leib und Seele zu helfen?

Alles dies fiel dem ersten Blicke vielleicht weniger auf als seine Entschlossenheit! Aus den Augen mag sie ihm geleuchtet, in festgeschlossenem Munde sich bekundet haben. Der Mann wußte was er wollte! Nicht umsonst hatte er sein Heim und Gewerbe in Nazareth aufgegeben. Für immer aufgegeben. Die Brücken hinter sich abgebrochen. Ein unaufhaltsam Voranstürmender, vor nichts Zurückschreckender.

Mit ungeteilter Seele lebte er seiner neuen Aufgabe, seinen ganzen Sinn und Willen darauf richtend. Ohne sich bei irgendeinem Meister geübt zu haben, bewies er in seinem Wirken alsbald eine geniale Sicherheit, als ob er gerade hierfür geboren wäre. Nicht tastete er, ein Träumer, aufs Geratewohl ins Land hinein, noch weniger ließ er sich, ein Schwärmer, von bloßen Gefühlen treiben oder von Volksstimmungen tragen! Lag nicht von Anfang an der ganze Weg offen vor seinem Auge, so standen doch Richtung und Ziel ihm durchaus fest. Unverwandten Blickes verfolgte er seinen klar erfaßten Beruf. In den verschiedensten Wendungen, aber immer mit gleicher Schärfe wußte er zu sagen, wozu er gekommen sei. „Ihr sollt nicht wähnen, daß der ‚Mensch' gekommen sei, die bisher gültige Wahrheit abzuschaffen. Ich bin nicht gekommen zum Abschaffen, sondern zum Vollenden[8]." „Gekommen, das Verlorene zu suchen und zu retten[9]". „Nicht Gerechte zu rufen, sondern Sünder[10]". „Nicht gekommen, mich bedienen zu lassen, sondern zu dienen[11]." „Gekommen, Feuer auf die Erde zu werfen, und wie wünschte ich, es wäre schon entzündet[12]!" Sein letztes Ziel faßt sich zusammen in das eine Wort: „Gottesherrschaft!" oder Reich Gottes, Himmelreich[13].

Vor seinem öffentlichen Wirken hatte sich Jesus für Wochen in die tiefe Einsamkeit des zerklüfteten Gebirges am Toten Meere begeben und über seine Ziele wie die möglichen Wege die letzte Klarheit gewonnen. Wie man sich auch die „Versuchungsgeschichte« vorstelle, sicherlich kündet sie eine dem Auftreten vorangehende Entscheidung Jesu über das, was er wollte und nicht wollte. Die Klarheit und Sicherheit, die er in sein neues Wirken mitbrachte, verlieh ihm jene weise Selbstbeschränkung:

---

[8] Mt 5 17.
[9] Lk 19 10.
[10] Mt 9 13.
[11] Mt 20 28.
[12] Lk 12 49.
[13] Mk 1 14 f.

„Mensch, wer hat mich zum Richter oder Etbteiler über euch gesetzt[14]?" „Ich bin nur gesandt zu den verlornen Schafen vom Hause Israel[15]."

Innerlich fertig trat er als Lehrer und Führer hervor. „Wie kann, fragt er, ein Blinder den andern leiten[16]?" Nicht blindlings hatte er sich in das ungeheure Wagnis seines Berufs gestürzt. „Erst wägen, dann wagen" war ihm Regel, die er in ein Bild aus seiner früheren Berufswelt faßt und durch ein zweites aus der hohen Politik verstärkt: „Wer setzt sich nicht, wenn er einen Turm bauen will, vorher hin und berechnet die Kosten, ob er es mit seinen Mitteln durchführen kann? Andernfalls möchten, wenn er den Grund gelegt hat und es nicht zu Ende führen kann, alle, die es sehen, anfangen ihn zu verspotten und möchten sagen: Dieser Mensch hat einen Bau angefangen und kann ihn nicht zu Ende führen."

„Oder welcher König, der einem andern König eine Schlacht liefern will, setzt sich nicht vorher hin und hält Kriegsrat, ob er imstande ist mit zehntausend Mann dem entgegenzutreten, der mit zwanzigtausend ausrückt? Ist er dazu nicht imstande, so schickt er Unterhändler, solange der Feind noch fern, und bittet um Frieden[17]."

„Wer nicht seinen Vater, seine Mutter, sein Weib, seine Kinder, seine Brüder und Schwestern, ja selbst sein eigenes Leben haßt und aufzuopfern bereit ist, kann nicht mein Jünger sein. Wer nicht sein Kreuz trägt und hinter mir hergeht, kann nicht mein Jünger sein. Wer nicht allem entsagt, was er hat, kann nicht mein Jünger sein[18]."

Was Jesus in diesen Worten von seinen Anhängern verlangt, das hatte er selbst getan. Ebenso, was er in den folgenden Gleichnissen schildert: „Das Himmelreich gleicht einem Schatz, der auf einem Acker vergraben lag. Den fand ein

---

[14] Lk 12 14.
[15] Mt 15 24 10 6.
[16] Lk 6 39 Mt 15 14.
[17] Lk 14 28–32.
[18] Lk 14 26 f. 33 9 23 Mt 10 37 f.

Mensch und versteckte ihn, und vor Freude geht er hin und verkauft *was er besitzt* und tauft jenen Acker. Das Himmelreich gleicht einem Händler, der gute Perlen suchte; als er eine Perle von hohem Werte fand, ging er und verkaufte *alles was er besaß* und kaufte sie[19]."

Scharf durchgreifende Entschlossenheit atmen alle diese und ähnliche Aussprüche. Jesus selbst war der Perlenhändler und Schatzfinder gewesen. Er selbst hatte „alles verkauft, allem abgesagt" im Blick auf sein großes Lebensziel. Er war der vorderste der Stürmer, die „seit den Tagen Johannis das Himmelreich mit Gewalt herbeizuführen suchen und für immer hineindringen[20]": dies Wort gibt den Hauptschlüssel zum Verständnis seines Wollens und Wirkens.

Ungemein einfach gestaltete sich von da an sein Leben, nach wenigen, aber für ihn unbedingten Grundsätzen. Er hatte seinen Kurs auf das ferne Gestade gerichtet und verfolgte ihn mit dem klaren Blicke und der festen Hand eines wetterharten Steuermanns. Kaum auf der Höhe des Mnnnesalters angelangt, wußte er die Tage zu nützen und mit jugendfrischer Schöpferkraft Unendliches zu leisten.

In seinem Vorgehen finden wir nicht das leiseste Zaudern oder Schwanken. Er weiß in jedem Falle, was er zu tun hat. In den schwierigsten Lagen ist er meist schnell entschieden. Hindernisse, etwa von Gegnern oder entgegenstehenden Meinungen, werden im Sturme genommen[21]. „Niemals zurück", das ist seine Losung. Vorwärts mit unwiderstehlicher Kraft. Darum verlief auch sein Leben so schnell. Nur zu bald trat die entscheidende Wendung ein, weil. er selbst völlig entschieden war.

Ein Aussätziger wirft sich vor ihm auf den Weg: „Herr, *wenn Du willst*, kannst Du mich reinigen." Sofort streckt

---

[19] Mt 13 44 ff.
[20] Mt 11 12 Lk 16 16 13 24.
[21] Mt 8 4 12 25 Lk 7 40 Mk 14 6.

Jesus die Hand aus: „*Ich will, sei rein*! zwei Worte in seiner Sprache. Und die Wirkung blieb nicht aus[22].

Vouloir, c'est pouvoir. Dieser starke, unverwandte, geübte und wohlausgebildete Wille allein wäre hinreichend, manche „Wunder" Jesu zu erklären.

Seine Entschlossenheit zeigte sich auch im völligen Verzicht auf jegliches, an sich noch so berechtigte Nebeninteresse. Ehre und Ansehen, Geld und Gut, Wohlleben, Behaglichkeit, Familie und hundert andere menschliche Bedürfnisse waren für ihn wie ausgelöscht. „Eins ist not[23]." Das eine große Ziel verfolgte er mit der Eile und Anspannung eines zu Felde ziehenden Königs, dem die höchsten Werte auf dem Spiele stehen. Ein ganzer Mann, griff er alles, was er tat, mit ganzer Seele an. Unter den Tausenden von überlieferten Satzungen erklärte er das für das Hauptgebot: „Du sollst Gott deinen Herrn lieben mit deinem *ganzen* Herzen, mit deiner ganzen Seele und mit deinem ganzen Denken und mit deiner ganzen Kraft[24]."

In jedes seiner Worte und seiner Werke legte er seine ganze Person. Nichts gedankenlos, knechtig, gewohnheitsmäßig, nichts mit Hintergedanken, Nebenabsichten oder mit Bedenken, alles in vollkommener Einfalt, Klarheit, Ganzheit, mit einer staunenswerten Sicherheit und Tatkraft – das war der Eindruck seines Handelns und Wandelns.

„Wer die Hand an den Pflug legt und rückwärts schaut, ist untauglich für das Reich Gottes[25]." Fast unheimlich erschien seinen Schülern diese Entschlossenheit, als er das Heiligtum säuberte und als er sich zum Todesgang anschickte[26].

Alle seine Aussprüche erhielten einen ungewöhnlichen Nachdruck durch die darin lebende Entschlossenheit. Sie sind

---

[22] Mt 8 2 f vgl 9 9. 19 Joh 5 6 usw.
[23] Lk 10 42.
[24] Mk 12 28 ff.
[25] Lk 9 62.
[26] Lk 9 45. 51 18 34 Joh 2 17.

zumeist schneidend gebieterisch, nicht Vorschläge, der Erwägung der Mitwelt unterbreitet, sorgfältig begründet, gewinnend dargeboten, sondern Machtworte, „Schwerter", unbedingte Befehle, durchschlagende Äußerungen einer zielbewussten, entschiedenen Persönlichkeit. „Ihr habt gehört, daß gesagt ist – ich aber sage euch. Wahrhaftig, ich sage euch[27]"…

Der Erfolg der Rede hängt nicht zum wenigsten ab von der Entschlossenheit, mit der sie auf das Herz zielt und einen bestimmten Zweck erstrebt. Man sehe daraufhin die Reden Jesu an. Der Stil Jesu, wiewohl durch die mündliche Überlieferung stark verwischt, ist sehr bezeichnend. Wenn in Gesichts- und Schriftzügen, in Hand und Handbewegung, in Gang und Stil der Charakter eines Menschen sich vorzugsweise ausprägt, so haben wir von Jesus nur noch den von zweiter oder dritter Hand festgehaltenen Stil vor Augen. „Der Stil zeigt den Mann". Die herzandringende, zur Entscheidung zwingende Willenskraft Jesu wird jeder fühlen, der sich seinen Worten hingibt – sie müssen wirken und bleiben schon wegen der persönlichen Gewalt, mit der sie geformt und entsandt wurden. Jeder Satz eine Tat.

Ein solcher Mann konnte allerdings die Welt bewegen. An willensstarken, entschlossenen Naturen finden zahllose schwächere Seelen Halt. An dem unbeugsamen, klaren Willen Jesu hat sich so vieler Menschen schwankendes und verwirrtes Wesen immer wieder aufgerichtet.

4. Kapitel

Zorn

Völlig verfehlt ist es, sich unter Jesus einen nur sanften Menschen vorzustellen. Seinem Angesicht blieb der süßlich sen-

---

[27] Mt 5 21 ff.

timentale, weiche Ausdruck, mit dem lange Zeit die Kunst sein Bild ausstattete, jedenfalls fremd.

Jesus war vielmehr schroff, schlagfertig, streitbar von Natur. Unter den vier alten Temperamenten müßte man ihm das cholerische zuweisen mit einer Beigabe des melancholischen. Nach neuerer Ausdrucksweise wäre er als sehr temperamentvoll zu bezeichnen. Wallenden Blutes, feurigen Auges, von sprechendem, rasch wechselndem Gesichtsausdruck und lebhaften, schnellen Bewegungen, dies Bild dürfte der Wahrheit näher tommen. Unsere Geschichtsquellen zeigen uns einen wehrhaften, kampfbereiten Mann, dessen Zorn hell auflodern konnte, dessen Eifer ihn verzehrte.

„Mir aus den Augen, Satan!" so scheuchte er nicht nur die versucherische Erscheinung in der Einöde von sich[28], mit dem gleichen heftigen Wort strafte er den Petrus[29]: „Mir aus den Augen, Satan, du willst mich verführen."

„Mir aus den Augen, ihr Frevler, ich habe euch nie gekannt", so werde ich denen erklären, sagt er selbst[30], welche nur zum Schein meine Jünger sind. „Ich sage euch, ich weiß nicht, woher ihr seid. Mir aus den Augen, ihr Frevler! Da wird es Wehklagen und Zähneknirschen geben, wenn ihr Abraham, Jsaak, Jakob und alle Propheten im Reiche Gottes seht, euch aber ausgeschlossen!"

Heller Zorn glüht in vielen seiner herrlichen Reden.

So im Gleichnis vom Unkraut[31]: „Wie das Unkraut zusammengelesen und im Feuer verbrannt wird, so wird es auch am Ende der Welt geschehen! Der Menschensohn wird seine Engel senden, und sie werden aus seinem Reiche alle Verführer und Übeltäter zusammenlesen und in den Feuerofen werfen; da gibt's Wehklagen und Zähneknirschen."

---

[28] Mt 4 10.
[29] Mt 16 23.
[30] Mt 7 23 Lk 13 27.
[31] Mt 13 41 ff.

Fast gleichlautend im Gleichnis vom Netze[32]. „Die Engel werden ausgehen, werden die Bösen von den Gerechten absondern und sie in den Feuerofen werfen; da gibt's Wehklagen und Zähneknirschen."

Im Gleichnis von der großen Schuld läßt zuletzt der König voll Zorn den bösen Knecht den Folterknechten übergeben, bis er seine ganze Schuld bezahlen würde; und in dem allerdings hinsichtlich der Echtheit angefochtenen Schluß der „Hochzeit des Königsohns" wird der König zornig, schickt seine Heere aus und läßt die Mörder umbringen, ihre Stadt verbrennen. Nachher im Hochzeitssaal bemerkt er einen Menschen ohne Festgewand und befiehlt, entrüstet über diese Gleichgültigkeit: „Bindet ihn an Händen und Füßen und werft ihn in die Finsternis hinaus. Da gibt's Wehklagen und Zähneknirschen[33]."

Mit ähnlichem Zorngericht endigen die drei von Matthäus ans Ende gestellten Gleichnisse Jesu[34], von den zehn Jungfrauen, von den Talenten, von den Schafen und Bücken. „Den unbrauchbaren Knecht werft in die Finsternis draußen, da gibt's Wehklagen und Zähneknirschen." „Fort von mir, ihr Verfluchten, in das ewige Feuer, das bereitet ist für den Teufel und seine Engel!"

Das Gleichnis vom Edelmann, der eine Königskrone zu gewinnen auszog[35], schließt mit einem scharfen Strafgericht über seine Widersacher: „Und meine Feinde da, die mich nicht zu ihrem Könige haben wollten, die bringt hieher und haut sie vor meinen Augen nieder."

Im Gleichnis von dem über die Dienerschaft gesetzten Hausverwalter[36] kommt der Hausherr unvermutet zurück und

---

[32] Mt 13 49 f.
[33] Mt 22.
[34] Mt 25.
[35] Lk 19 12–27 vgl 1 Kö 18 40.
[36] Lk 12 42–48.

wird dann den gewissenlosen Beamten „in Stücke hauen und ihm das Los der Treulosen bereiten".

Diese Beispiele aus den Reden Jesu offenbaren sein glühendes, zornkräftiges Fühlen. Mit solcher psychologischen Erklärung soll die Wucht und Wahrheit jener Stellen nicht abgeschwächt werden. So gewiß aber sich jene Wahrheiten in anderer Form darbieten ließen, so gewiß tritt hier ein bestimmtes Naturell Jesu zutage.

Die falschen Propheten nennt er räuberische Wölfe[37], den König Herodes einen Fuchs[38], die Kananäerin fertigt er mit dem Wort von den Hunden ab[39], über seine Jünger bricht er einmal aus: „O du ungläubiges und verkehrtes Geschlecht, wie lange muß ich noch bei euch sein, wie lange soll ich noch bei euch aushalten[40]?" – „Ihr Schlangenbrut", so schmettert's in einer Rede an die Pharisäer[41], „wie könntet ihr Gutes reden, so schlecht wie ihr seid?" „Ihr Heuchler!" (oder Schauspieler) – das wird fast seine stehende Anrede an sie[42]. „Ihr Heuchler, von euch hat Jesajas richtig geweissagt: Dies Volk ehrt mich mit den.Lippen, aber – so erwidert er einmal scharf auf eine Anfrage der Pharisäer[43], und auf eine Bitte derselben ein andermal[44]: „Dies böse und gottvergessene (ehebrecherische) Geschlecht verlangt ein Wunderzeichen – die Niniviten werden im Gericht als Zeugen auftreten gegen das heutige Geschlecht und seine Verurteilung herbeiführen." Und endlich in einer schneidenden Strafrede gegen diese

---

[37] Mt 7 15.
[38] Lk 13 32.
[39] Mt 15 26.
[40] Mt 17 17.
[41] Mt 12 34.
[42] Mt 15 7 16 3 22 18 23 13. 14. 15. 23. 25. 27. 29.
[43] Mt 15 7.
[44] Mt 16 4.

Schriftgelehrten-Zunft mit vielfachem Wehe[45]: „Wehe euch, ihr Toren und Blinden, ihr Heuchler! Ihr gleicht getünchten Gräbern, die von außen freundlich aussehen, innen aber voller Totengebeine und jeglicher Unreinigkeit sind. So erscheint auch ihr äußerlich den Menschen als Gerechte, inwendig aber seid ihr voll Heuchelei und Frevel. Ihr Schlangen, ihr Otternbrut, wie wollt ihr dem Höllengerichte entgehen?"

Wie rollen und grollen da die Donner, wie blitzt der Zorn aus den befruchtenden Wolken der „frohen Botschaft"!

Als die Gegner ihn belauern in der Synagoge und ein gutes Werk an einem Lahmhändigen nicht geschehen lassen wollen an ihrem Sabbat, da blickt er zornig um sich und voll Betrübnis über ihre Verhärtung[46]. Zorn sprühen seine gegen die Verführer geschleuderten Worte vom Mühlstein um den Hals[47], wie seine Sprüche gegen die Unversöhnlichkeit[48], gegen den Richtgeist[49], vom dummgewordenen Salz[50] und vom faulen Baum[51].

Welch ein Schelten und Verdammen der Städte, die ihm Enttäuschungen bereitet haben[52]: „Wehe dir Chorazin, wehe dir Bethsaida, wären in Tyrus und Sidon – heidnischen Städten – die Wunder geschehen, die bei euch geschehen sind, sie hätten längst in Sack und Asche Buße getan. Ich sage euch, es wird Tyrus und Sidon am Tage des Gerichts erträglicher gehen als euch." „Und du Kapernaum, wardst du nicht zum Himmel erhöht? In die Hölle sollst du hinabgestoßen werden! Wären in Sodom…"

---

[45] Mt 23.
[46] Mk 3 5.
[47] Mt 18 6.
[48] Mt 5 22 ff 6 15.
[49] Mt 7 1 ff.
[50] Mt 5 13.
[51] Mt 7 19.
[52] Mt 11 20 ff.

„Jerusalem, Jerusalem, – und sie werden dich und deine Kinder in dir zu Boden schmettern und keinen Stein in dir auf dem andern lassen, weil du die Zeit der Fürsorge für dich nicht erkannt hast[53]..."

Hierzu stimmt die Art, wie er Mutter und Geschwister preisgab[54], als sie ihn aus der Versammlung riefen; wie er böswillige Frager anherrschte und stehen ließ[55].

Das merkwürdigste Beispiel seiner Zornkraft ist dies:

Jesus ging in den Tempel und warf alle, die dort verkauften und kauften, hinaus und stieß die Tische der Geldwechsler und die Stände der Taubenhändler um und ließ nicht zu, daß jemand ein Gerät durch den Tempel trüge, und schärfte ihnen dabei das Wort ein: „Steht nicht in der Schrift: Mein Haus soll ein Bethaus heißen? ihr aber macht es zu einer Räuberhöhle."[56]

Alle drei Berichte schildern die verblüffende, weittragende Wirkung dieser Zornestat[57]. Selbst das vierte Evangelium, welches nach Ansicht einzelner Forscher den in Rede stehenden Charakterzug Jesu abzuschwächen oder in vornehme Überlegenheit aufzulösen strebt, malt mit noch stärkeren Farben eine Tempelreinigung[58]: Jesus fand im Tempel die Verkäufer von Ochsen, Schafen, Tauben und die Geldwechsler sitzen. *Da machte er sich aus Stricken eine Geißel* und trieb sie alle zum Tempel hinaus samt ihren Ochsen und Schafen, schüttete den Wechslern das Geld aus, warf ihre Tische um und sagte zu den Taubenhändlern: „Nehmt das hier fort, macht das Haus meines Vaters nicht zum Bazar." Da dachten seine Jünger an das Schriftwort: „Der Eifer für dein Haus verzehrt mich."

---

[53] Lk 13 34 21 20 ff 23 28.
[54] Mt 12 46 ff.
[55] Mk 7 5 ff 8 11–13 10 5 11 27 ff Mt 21 15 f.
[56] Mt 21 12 ff.
[57] Mt 21 15 Mk 11 18 Lk 19 47.
[58] Joh 2 13 ff.

Der gleiche Evangelist läßt Jesum in Bethanien gegenüber der Trauer der Maria und ihrer Leute über den Lazarus in heftige Erregtheit und zornige Wallung geraten[59]; läßt ihn vom ersten Auftreten bis zum letzten Verhör an Gereiztheit und Erbitterung sich steigernde Kämpfe mit der Judenschaft ausfechten[60]. Demnach macht nicht das Johannesevangelium den ersten Schritt in der Richtung des späteren weichen, temperamentlosen Christusbildes.

Alle großen Propheten und Reformatoren waren zornmütig, streitbar; sie brauchten solchen Naturgrund für ihren Beruf. Luther überragt Melanchthon als Reformator im selben Maße, als er zornkräftiger ist, womit aber nicht alle Ecken und Härten jenes derben Bergmannssohns gerechtfertigt werden sollen. Ein ähnliches Verhältnis besteht zwischen Calvin und Oecolampad, zwischen Paulus und Barnabas, zwischen dem Jesus der Evangelien und dem Christus des spätern Kirchenbildes.

Der erregbare, zornglühende und -sprühende Jesus ist als Reformator wirkfamer und durchgreifender bis heute. Zweifellos hat ihm diese Naturanlage manchen Kampf bereitet. Birgt die Entschlossenheit die Gefahr des Starrsinns in sich, der sich in unwegsame Höhen versteigt, so ist auch starkes Empfinden und Aufwallen eine gefährliche Waffe.

Jesus hat sie führen gelernt im Kampf mit sich selbst, im Schoß einer zahlreichen, eng beieinander wohnenden Familie, im Handwerkerleben. Das Ergebnis seiner Selbsterziehung finden wir niedergelegt in der Seligpreisung der Sanftmütigen[61], in den Sprüchen über das Zürnen und Schelten[62], das

---

[59] Joh 11 33.
[60] Joh 2 19 3 10. 12. 20 5 37–47 6 26 7 19 8 14. 19. 21. 23 f. 37 ff 9 39 ff 10 8. 10. 12 f. 25 f 12 48 18 20 ff 19 11.
[61] Mt 5 5.
[62] Mt 5 22.

Vergeben und sich Versöhnen[63], in dem Gebot der Feindesliebe, in dem Rat, dem Bösen mit stiller Großmut und Güte zu begegnen, statt es mit Bösem zu vergelten[64]: „Wer dich auf die rechte Wange schlägt, dem biete auch die andere. Wer mit dir um deinen Rock rechten will, dem überlasse auch den Mantel. Und wer dich für eine Meile zwingt, mit dem gehe zwei!"

Solche gesunden und hohen Grundsätze hat Jesus nur in heißem Ringen mit seinem Temperament gewonnen. Und welche Selbstbeherrschung zeigt sich nun hier der Welt! Nicht widerstehen dem Bösen! Ja, gute Miene zum bösen Spiel machen im besten Sinn des Worts! Nicht aus Schwäche, sondern mit wahrer Stärke des Charakters; nicht ein mattes Geschehen- und Übersichergehenlassen, sondern der allerschärfste und wirksamste Kampf gegen das Böse. Es erfordert die höchste sittliche Kraft, das Böse *an sich* geschehen zu lassen, weil man das Böse *in sich* entwaffnet und gebunden hat. Besser Unrecht leiden als Unrecht tun. Jede Ausübung von Gewalt stärkt die Gewalttätigkeit; jeder Verzicht auf Vergeltung schwächt den Rachegeist. Es handelt sich um furchtbare Mächte innerhalb der eigenen Persönlichkeit, gegen welche der Kampf geführt werden muß. Und weil die beste Abwehr im Angriff besteht, so lehrt Jesus, über das selbstbezwingende Ertragen hinausgehend die Feinde zu *lieben* und das Böse mit Gutem zu vergeltem Alle guten Regungen im Menschen werden aufgeboten gegen die unheimliche, böse Leidenschaft. Vermöge der angespanntesten Willenskraft wird im gefährlichen Augenblick, da durch Kränkung von außen Seele und Leib versucht und aufgerührt worden, die gewaltigste Selbstbehauptung des höheren Ichs erzielt, durch Sanftmut die Zornglut gelöscht, durch Liebe der Haß überwunden und eine großartige Unabhängigkeit des Geistes von dem Verhalten der Umgebung gewonnen. Wer durch wiederholte Siege zu solcher Selbstbeherrschung es gebracht, der ist vor Übereilung in Wort und Tat gesichert und zu großen Erfolgen über andere

---

[63] Mt 5 23 ff 6 12. 14 7 1 18 5. 21 ff Lk 17 4.
[64] Mt 5 38 ff. 44.

befähigt. „Die Herrschaft über den Augenblick ist die Herrschaft über das Leben" – oder, wie Jesus sagt: Die Sanftmütigen werden das Land besitzen.

Michael Faraday, der Begründer der modernen Elektrotechnik, nach dem Urteil seines Biographen Tyndall der größte naturwissenschaftliche Experimentator, den die Welt gesehen, wird von diesem geschildert als ein Mann von starkem, urwüchsigem, feurigem Naturell, doch von großer Zartheit und Weichheit des Gefühls. „Unter seiner Milde und Sanftmut lohte das Feuer eines Vulkans. Eine leicht erregbare, heftige Natur, wußte er durch hohe Selbstbeherrschung die Flammen zu einer stetig wärmenden Glut, zu seiner wirksamen Lebenskraft zu dämpfen und gestattete ihnen nie, in Leidenschaften nutzlos zu verflackern."

Ahnliches ließe sich von Jesus sagen. Sein Vertrauter, Petrus, bezeugt: „Er ließ sich schmähen und schmähte nicht wieder, er litt, aber drohte nicht, sondern stellte es dem anheim, der gerecht richtet[65]." Es ist der gleiche Jünger, der das Wort vernehmen mußte[66]: „Stecke dein Schwert in die Scheide!" wie es Jesus selbst in vollkommener Weise ihm vorlebte. Der wirksamste und ergreifendste Widerstand gegen die Bosheit ist der Entschluß, lieber zu leiden und zu sterben als sich von Bosheit hinreißen zu lassen.

Derselbe Jesus, der für seine Person gelassen blieb und nie Gewalt brauchte – der wußte allem Bösen mit erhobener Hand, mit schneidendem Wort[67], mit geschwungener Geißel entgegen zu treten, den Zorn als Werkzeug seines hohen Berufs schlagfertig handhabend.

Derselbe Jesus, der die Verleumdungen, er stehe mit Beelzebub im Bunde, für seine Person gleichmütig[68] hin-

---

[65] 1 Petr 2 23.
[66] Mt 26 52.
[67] Lk 11 45.
[68] Mt 12 32.

nahm – der vermochte den Dämonen zu drohen[69], daß sie auf der Stelle „verstummten und ausfuhren".

Derselbe Jesus, der die Feuer vom Himmel begehrenden Donnersöhne scheltend zurückweist[70], der auf persönliche Rache gegenüber jenen ungastlichen Samaritern verzichtet – der sendet seine Boten in die Ortschaften Israels mit der Weisung[71]: „Wo man euch nicht aufnimmt und eure Worte nicht hört, da verlaßt das Haus und die Stadt und schüttelt den Staub von euren Füßen. Wahrhaftig, ich sage euch, es wird Sodom und Gomorra am Tage des Gerichtes erträglicher gehen als solcher Stadt!"

„Wähnt nicht, ich sei gekommen, Frieden auf die Erde zu bringen – nein, nicht Frieden, sondern das Schwert! Ich bin gekommen, den Sohn von seinem Vater zu trennen und die Tochter von ihrer Mutter und die Schwiegertochter von ihrer Schwiegermutter; die eigenen Hausgenossen werden eines Menschen Feinde sein. Wer Vater oder Mutter mehr liebt als mich, ist mein nicht wert usw.[72]"

Also Krieg! Die Jünger sollen die Kriegsfackel, das Schwert, das Feuer in die Lande tragen und zur Entscheidung rufen allüberall. „Ich bin zur Entscheidung in diese Welt gekommen, so läßt der vierte Evangelist Jesum sagen[73], die Blinden sollen sehen lernen, und die Sehenden sollen blind werden." Dem entspricht durchaus die auffallende Erklärung, warum er die gleichnishafte Darbietung der Wahrheit bevorzuge[74]: „Jenen draußen wird alles nur in Gleichnissen zuteil, damit sie mit sehenden Augen nichts sehen und mit hörenden Ohren nichts verstehen, damit sie nicht umkehren und ihnen vergeben werde."

---

[69] Mk 1 25 ff 9 25 f Lk 4 41.
[70] Lk 9 55 f.
[71] Mt 10 14 f.
[72] Mt 10 34–37.
[73] Joh 9 39.
[74] Mk 4 11 f.

Ein sehr anstößiges Wort! Sollten also wirklich die Gleichnisse Jesu nicht der Enthüllung der großen neuen Wahrheit dienen, sondern ihrer Verhüllung? Sollten diese Perlen der Rede Jesu im Zorn dahingeschleudert sein? Allerdings. Darin eben zeigt sich die vorgeschrittene Verhärtung der Hörer, daß auch die allerdeutlichste Sprache nichts mehr hilft. Immer nur nach äußern Glücksgütern ausschauend, fassen sie die geistigen Gedanken Jesu, „das Geheimnis des Himmelreichs", nicht. Gegenüber solcher Unempfänglichkeit des Volkes erkennt sich Jesus als ein göttliches Werkzeug zur Scheidung der Geister, und mit schmerzlicher Ironie, zugleich aber mit heiliger Entschlossenheit, geht er auf diese ihm immer klarer werdende Tatsache ein. Übrigens sind jene harten Worte wahrscheinlich nur auf die im gleichen Kapitel bei Mt und Mk wiedergegebenen Gleichnisse von der Entfaltung des Gottesreiches zu beziehen, die der Norweger Bugge demgemäß Geheimnisparabeln nennt. Die meisten Gleichnisse Jesu sind in einer andern Stimmung gesprochen.

Aber freilich: mehr und mehr hat Jesus bittere Äußerungen über sein Volk getan: sie sind wie spielende Kinder, denen es niemand recht machen kann[75]; wie ein rückfälliger Besessener, mit dem es ärger wird als je[76]; wie das Geschlecht zur Zeit der Sintflut, ja wie Sodom und Gomorra. Sie leben in den Tag hinein; alles ist umsonst; unaufhaltsam naht das Verderben[77]!

Was ist zu tun? Mit verschränkten Armen zusehen, sich zurückziehen, jede Hoffnung aufgeben? Das war nicht Sache dieses mutigen Mannes mit der Losung vorwärts und nie zurück. Alles zielte bei ihm auf Entscheidung. Darum hinauf nach Jerusalem[78] zum letzten Kampf! Geradeswegs hinein

---

[75] Mt 11 16–19.
[76] Mt 12 43–45.
[77] Lk 17 25–30.
[78] Lk 9 51 ff 8 31.

ins Herz des Volkes, in die prophetenmörderische Stadt[79], ins Zentrum der Parteien! Unerhörte Kühnheit! Im Gleichnis von den bösen Weingärtnern malt er dem Volke die Lage vor Augen[80]. Seine Jünger aber waren ganz entsetzt, als er ihnen die ersten Mitteilungen vom bevorstehenden blutigen Ausgang machte und den Weg antrat; sie verstanden's nicht[81]. Sie wunderten sich, daß er der Gefahr entgegenging, und bekamen Furcht gegenüber solcher Hoheit und Entschlossenheit seines Wesens.

Dieser letzte Kampf zeigt uns Jesus auf dem Gipfel seiner Willenskraft: höchste Tapferkeit gepaart mit höchster Selbstverleugnung. „Niemand nimmt mein Leben von mir, sondern ich gebe es freiwillig", läßt ihn Johannes sagen[82]. Er hätte zehnmal entrinnen können. Er lieferte sich selber aus; doch nicht ohne lebhaften Einspruch gegen den feigen, verräterischen Überfall[83]. Er war ein Mann des Tages und nicht der Nacht, ein Kämpfer mit geraden Waffen und offenem Visier.

In dieser Hinsicht ist er ebenso ein Sohn des heldenmütigen tapfern David, als ein Sohn Galiläas. War das jüdische Volk schon kriegerisch, todesverachtend, so galt dies in hervorragendem Maße von dem Bergvolk der Galiläer, in dem ein Einschlag nordischen Blutes webte. Feigheit, sagt der Geschichteschreiber Josephus, war nicht Sache des Galiläers. Die fleißige, wohlhabende Bevölkerung dieses rauhen und doch fruchtbaren, um den See gelagerten Grenzlandes war durchdrungen von stolzem Bewusstsein selbsteigner, auch starken Feinden gewachsener Kraft. Wie viele treffliche, todbereite Soldaten hat Galiläa immer wie-

---

[79] Lk 13 33 ff.
[80] Lk 20 9–20.
[81] Lk 18 34 9 45.
[82] Joh 10 18.
[83] Mk 14 48 f.

der gestellt! Wie viele kühne Neuerer und Anführer[84] sind aus Galiläa hervorgegangen, wie viele tapfere Kriegshelden, von.Barak und Gideon an; wie viele Propheten endlich! Elia und Elisa, aus dem Karmel und in Sunem, dürfen Galiläer genannt werden, Hosea und Jona nicht minder. Nach Hieronymus stammten auch die Eltern des Apostels Paulus aus Giskala in Galiläa.

Aus Galiläa stammten die Apostel Jesu. Was sind es für Männer, mit denen sich Jesus umgab? Seine Auserwählten waren Simon, den er Kephas, Felsenmann nannte, der das Schwert an der Seite trug, und die beiden Zebedäussöhne, denen er den Beinamen Boanerges, Donnersöhne, gab, Leute von feurigster Gemütsart und donnerndem Dreinfahren[85]. Der Bruder des Simon Petrus, der zuweilen als vierter im engsten Kreise erscheint, hatte sich den griechischen Namen Andreas beigelegt, der Mannhafte. Hinter der übrigen Apostelschar finden wir einen Simon Zelotes, d. h. Eiferer[86], und einen Judas Lebbäus oder Taddäus[87], den Beherzten. Das weist doch wohl auf einen im Charakter Jesu selbst ausgeprägten Zug zurück. Soviel Not er mit diesen brausenden, streitbaren, knorrigen Charakteren gehabt haben mag, – ein willenskräftiger, tapferer Mann zieht andere an und braucht ähnlich energische Statuten zur Mitarbeit, während er laue, schwache Menschen nicht leicht erträgt[88].

Demnach hat die älteste germanische Darstellung im Heliand so unrecht nicht, wenn sie Jesus als einen Herzog, umgeben von streitbaren Recken, auftreten läßt.

---

[84] Apg 5 37 Lk 13 1.
[85] Mk 3 16 f 10 35 Lk 9 49. 54.
[86] Lk 6 15.
[87] Mt 10 3.
[88] Offb 3 16.

5. Kapitel

Wahrhaftigkeit

George Washington zeigte von Jugend auf hervorragenden Mannesmut und hielt sich frei von der dunklen Macht, von welcher der Dichter klagt: Weh, o weh der Lüge, sie befreit nicht! „Es ist kein Fall bekannt, schreibt Sparks in seiner trefflichen Biographie, wo er sich von unlautern Motiven leiten ließ oder sich unwürdiger Mittel für seine Zwecke bediente. Wahrhaftigkeit und Unbestechlichkeit waren tief in seinem Wesen eingewurzelt, und nichts konnte ihn so aufbringen, als wenn er krummen Wegen auf die Spur kam, nichts wurde ihm so schwer zu verzeihen, als Unehrlichkeit, Hinterlist, Täuschung. Er war durch und durch wahr und aufrichtig, treu gegen seine Freunde, ja gegen alle, ein Feind jeglicher Verstellung, zu stolz für „Kunstgriffe", nicht imstande Hoffnungen zu machen, die er nicht fest im Sinne gehabt hätte zu erfüllen. Seine Leidenschaften waren starke und brachen bisweilen mit Heftigkeit hervor, aber er vermochte sie im Augenblicke zu bemeistern. Selbstzucht war vielleicht der hervorstechendste Zug seines Charakters." Jene Ehrlichkeit war gerade bei einem Staatsmanne doppelt bemerkenswert. Im „weißen Hause", das er als erster Präsident des neuen Staates bezog in der nach ihm benannten Stadt, bei den schwierigsten Lagen der Politik unbedingt wahr zu bleiben, das erforderte die gleiche Tatkraft, welche die Unabhängigkeit Amerikas erkämpfte.

Auch an einem Bismarck ist die Ehrlichkeit gerühmt worden. Während sonst die Diplomaten lügen, sagte dieser reckenhafte Deutsche oft mit der verblüffendsten Geradheit seine Meinungen und Absichten heraus.

Für einen religiösen Lehrer ist die Gefahr der Unaufrichtigkeit fast noch größer als für den Politiker. Wenn die römischen Augurn einander begegneten, lachten sie sich an, wegen des dummen, von ihnen betrogenen Volkes. Unter den amtlichen Vertretern des Christentums empfinden gerade die Besten den im Wesen straffen Kirchentums liegenden Bekenntnis- und Dogmenzwang als die Unaufrichtigkeit fördernd.

Die jüdische Kirche zur Zeit Jesu war durch und durch unaufrichtig. Die Scheinfrömmigkeit war zur Seuche geworden, besonders bei den Dienern und eifrigsten Vertretern der Religion.

Gegen nichts ist Jesus mit gleicher Schärfe und Beharrlichkeit aufgetreten wie gegen die Heuchelei. Er verfolgt diese Krankheit bis in ihre geheimsten Schlupfwinkel und weist ihre Spuren nach in ganz überraschenden Symptomen[89]. Man lese die Bergpredigt und die Strafreden gegen die Schriftgelehrten und Pharisäer.

Sehr bemerkenswert ist die Anerkennung, die ihm selbst halb unfreiwillig von eben diesen Gegnern gezollt wurde, bei Anlaß eines Vorstoßes[90]: „Meister, wir wissen, daß du wahrhaftig bist und dich um niemanden kümmerst. Du fragst nicht nach dem Ansehen der Menschen, sondern lehrst in Wahrheit den von Gott vorgeschriebenen Weg." Runder konnten Jesu Wahrhaftigkeit und Freimut, diese Hauptzüge seines Charakters, von Feindesmund nicht zugestanden werden.

In vierfacher Stufenfolge hatte sich der tapfere Wille Jesu gegenüber der erkannten Wahrheit zu bewähren. Erstlich im *Verwirklichen der Wahrheit*, im schonungslos entschiedenen Anwenden und Ausführen des Erkannten bei sich selbst, im inneren und äußeren Leben. Die, welche „die Wahrheit im Unrechttun aushalten[91]", werden, statt tiefer in die Wahrheit einzudringen, immer stumpfer, blöder, sinnlicher. Solchen aber, welche mit blitzendem Schwerte den Drachen des

---

[89] Mt 7 7 16 3 23 25. 29 Lk 13 15.

[90] Mt 22 16.

[91] Rö 1 18.

wahrheitsfeindlichen Bösen zerhauen, tun sich alle Türen auf. Indem Jesus mit seiner Erkenntnis zuerst an seinem eigenen Leibe schneidenden Ernst machte, brach er der welterneuernden Wahrheit mächtig Bahn.

An sich selbst hatte er zuerst die Heuchelei der Kirche, in die er hineingeboren war, zu bekämpfen. Hierbei begünstigte ihn vielleicht sein galiläischer Standort mehr, als wenn er in Judäa aufgewachsen wäre. In dem von heidnischen Einflüssen bewegten Galiläa[92] scheint ein gewisser religiöser Freisinn heimisch gewesen zu sein. Anderseits hielt man in der Familie Jesu wahrscheinlich auf die Davidische Abkunft[93] und auf jüdische Reinheit, und dies vielleicht nur um so strenger gegenüber der freisinnigen Umgebung.

Ohne Zweifel hatte Jesus von dem Augenblick an, da ihm ein neues Erkennen sich aufgetan, die ihm angelernten, eingeprägten, aufgedrängten Formen und Formeln der Frömmigkeit und Sittlichkeit Stück für Stück mit seinem Gewissen zu durchleuchten, zu richten, zu sichten. Das mag eine Arbeit von Jahren gewesen sein; und im selben Maße, als er für seine Person mit dem Hergebrachten „nach väterlicher-Weise", mit dieser „Erbsünde" brach und Schein in Sein verwandelte, im selben Maße muß ihm die Schuld seines Volkes zum Bewußtsein gekommen, zum Druck geworden sein – eine Schuld, die ihn in seiner Wahrhaftigkeit zur Buße und Taufe des Wüstenpredigers und weiter trieb.

Die neuen Erkenntnisse, die Jesu in Nazareth aufleuchteten, waren nicht sowohl eine Frucht vernünftigen Denkens als des innersten Erlebens und Empfindens, der Intuition. Nicht Philosophie, auch nicht Theologie, sondern echte Religion. Aus dem Lichtherd einer neuen Gotteserkenntnis[94]

---

[92] Mt 4 15 f.
[93] Mt 9 27 12 23 15 22 20 30 21 9 22 43 ff 1 1 ff Rö 1 3 Offb 5 5 22 16.
[94] Kap 2. 15. 27.

hervorbrechend, bestrahlten sie immer mächtiger die ganze Mannigfaltigkeit der Beziehungen, in welchen Jesus stand. Es ist begreiflich, daß nicht alle menschlichen Gebiete während seines kurzen Lebens von seinem bei aller Größe begrenzten Ich[95] umfaßt und durchleuchtet werden konnten – wir vermissen beispielsweise die Gebiete der Kunst und Wissenschaft, der Politik und Kriegführung, des ehelichen Zusammenlebens und des Greisenalters. Aber was er erfaßte, das faßte er in der Tiefe und mit der äußersten, dem Menschen erreichbaren Klarheit, von Goethe anerkannt in den Worten: „Mag der menschliche Geist sich erweitern wie er will – über die Hoheit und sittliche Kultur des Christentums, wie es in den Evangelien schimmert und leuchtet, wird er nicht hinauskommen."

Solche Reinheit und Stärke des Wahrheitslichtes hängt ab von der Treue, mit der die allmählich aufleuchtenden Erkenntnisse jedesmal im Leben verwertet werden, von dem entschlossenen und unbedingten Gehorsam, den die Stimme des Gewissens findet.

„Wer da hat, dem wird gegeben bis zum Überfluß; wer aber nicht hat, d. h. anwendet, dem wird auch das genommen, was er hat[96]" – so lautet Jesu Erfahrungssatz hinsichtlich des Fortschreitens in der Wahrheit durch Treue und Wahrhaftigkeit. Sein eigenes Erleben und Tun schildert er in den Gleichnissen vom Senfkorn und vom Sauerteig[97], sowie von den anvertrauten Talenten[98].

Sinnig redet ein altes Buch, die „Theologia deutsch", von den beiden Augen Christi. Mit dem einen blickte er in die Sinnenwelt, mit dem andern in das Reich des Geistes. Alltägliches schauend, erfaßte er die darin wirksamen ewigen Gesetze,

---

[95] Kap 29.
[96] Mt 13 12 25 29.
[97] Mt 13 31 ff.
[98] Mt 25 14 ff.

und in Himmlisches sich versenkend, verlor er nicht die Fühlung mit dem Irdischen. Menschliches miterlebend und erleidend, stieg er auf zu göttlicher Betrachtung; dem Göttlichen nachdenkend und nachstrebend, verklärte er das Menschliche. Hinter jedem seiner Worte stand die Himmelfahrt einer vollkommenen Selbstüberwindung, doch redet er nicht aus den Wolken, sondern aus den Tiefen des wirklichen Lebens.

Sodann trat an ihn die innere Nötigung als göttlicher Ruf heran, die erkannte Wahrheit *öffentlich zu verkünden*. Es wäre für ihn eine Unwahrhaftigkeit gewesen, sein Licht unter den Scheffel zu stellen. „Ich bin dazu geboren und in die Welt gekommen, die Wahrheit zu bezeugen", läßt ihn der Evangelist Johannes erklären. Seine Redegabe, seine Denkkraft und Geistesklarheit, seine gesamte Anlage machte es ihm zur gebieterischen Pflicht, das ihm anvertraute Pfund nicht für sich zu behalten, sondern in Umlauf zu setzen und zu mehren. Erst auf dem Markte des Lebens bewährt die Wahrheit ihren innern Gehalt und steigt demgemäß im Werte.

Aber welch eine Unerschrockenheit und Mannesstärke brauchte es, um die Dinge zu sagen, die Jesus zu sagen hatte! Es galt das zähe Denkgefüge eines „halsstarrigen" Volkes zu durchbrechen, es galt die Geschichte von Jahrhunderten zu berichtigen, es galt uraltem Wahn und Trug gegenüberzutreten. Als Nathan einem David den Spiegel vorhalten wollte, brauchte er ein festes Rückgrat. Als Elias einem Ahab entgegenzutreten gewagt, mußte er fliehen und sich versteckt halten. Als Johannes der Täufer des Herodes Ehebruch gestraft, kostete es ihm Freiheit und Leben.

Wie viele bittere Wahrheiten nach oben und unten hatte Jesus zu sagen! Beständig wurde er belauert, und die Gegner umringten ihn wie eine Mauer; aber uneingeschüchtert brach er durch und redete tapfer die Wahrheit. Oft antwortete er auf noch unausgesprochene Gedanken seiner Laurer[99]. Er „sah

---

[99] Mt 9 4 Lk 6 8 7 40. 50 14 3 Joh 2 24 f.

ihre Gedanken". Seine Antworten, seine Aussprüche hatten jedes Mal etwas Schlagendes. Sie trugen allesamt den Stempel der Wahrheit. Warum? Weil er selbst alles zuvor erlebt, an seinem Leibe erhärtet, in seinem Wesen ausgeprägt und so die Wahrheit gleichsam verkörpert hatte.

Deswegen sind wir berechtigt, seine Worte samt und sonders zu seiner eigenen Charakteristik zu verwenden, indem wir von ihnen unbedenklich zurückschließen auf seine Lebenserfahrungen und Herzenseigenschaften. Das ist nicht bei jedem großen Manne, am wenigsten bei Philosophen möglich.

In Jesu Charakter leuchtend sichtbar dargestellt, haben sich seine Aussprüche Schülern und Hörern so fest eingeprägt, daß viele nach Jahren noch im wesentlichen getreu niedergeschrieben werden konnten. Bei ihm stimmten Wort und Werk und Wesen zusammen. Er lehrte sein Leben und lebte seine Lehre. Insofern ist der Ausdruck erlaubt: er war die Wahrheit[100].

In keiner Weise das Licht scheuend, konnte er sich vor Gericht erhobnen Hauptes auf die Geradheit und Öffentlichkeit seines gesamten Wirkens berufen[101]. Nach einer Überlieferung des vierten Evangeliums sagte er zum Hohenpriester: „Ich habe öffentlich zur Welt geredet, ich habe allezeit in der Synagoge und im Tempel gelehrt, wo alle Juden zusammenkommen, und habe nichts im Verborgenen geredet. Was fragst du mich? Frage die, die es gehört haben, was ich zu ihnen geredet habe. Sieh, die wissen, was ich zu ihnen gesagt habe!"

Die Wahrhaftigkeit Jesu bewährte sich drittens darin, daß er auch im öffentlichen Leben *Ernst machte mit allen Folgen* seiner neuen Erkenntnisse. Ein vorsichtiger Weltmann hätte den Zöllnern und Dirnen gegenüber sich mehr zurückgehalten und erst einmal durch jahrelange mündliche Erörterungen den Boden für ein freieres Verhalten zu bereiten gesucht.

---

[100] Joh 14 6.
[101] Lk 22 53 Joh 18 20 f.

Jesus trat vom ersten Tage seines Wirkens an mit ganzer Person für die verachteten Volksschichten ein, erwählte Fischer und Zöllner zu seinen Lebensgefährten, aß mit ihnen[102] und ließ sich von keinerlei „höheren Rücksichten" abhalten, Farbe zu bekennen. Er predigte nicht bloß von einer tiefern Auffassung des Gesetzes, sondern brach auch vor aller Augen auf Schritt und Tritt den jüdischen Sabbat[103], die jüdischen Reinheits- und Speisegesetze[104], die Kasten- und Fastenordnungen[105] und sonstige Menschensatzungen[106], unbekümmert um die daraus entstehenden Konflikte.

Nur ein Mann von Charakter hat den Mut, die Wahrheit auch dann auszusprechen und zu betätigen, wenn sie mißliebig ist; den Mut, ungeachtet der herrschenden Meinung das Rechte zu tun einfach, weil es recht ist. „Wehe euch, rief Jesus[107], wenn euch jedermann wohlredet!" Bloße Beliebtheit, Volksgunst, Popularität sind nicht wert, daß man danach strebt. Der Beifall des eigenen Gewissens, die Treue gegen die erkannte Wahrheit, der unbeirrte Aufbau der gesamten Persönlichkeit ist wichtiger. Übe dich, „du selber" zu sein und nicht bloß das Echo anderer. Schaffe dir deine eigene Überzeugung und betätige sie. Wer nicht den Mut und die Kraft hat, seinem Gewissen nachzuleben unter den Menschen, dessen Leben wird zerrissen und unwahr.

Endlich viertens, den abschließenden Beweis seiner Wahrhaftigkeit leistete Jesus durch seinen *Märtyrertod*. Der griechische Volksstamm der Lokrer hatte den seltsamen Brauch, daß, wer einen Vorschlag, bestehende Gesetze zu ändern, einbrachte, der mußte in der Volksversammlung, in der er ihn begründete, mit einem Stricke um den Hals reden, und er

---

[102] Mt 9 10 Lk 15 2 19 7.
[103] Mk 2 23 ff 3 2 ff Lk 13 10 ff 14 3 ff usw.
[104] Mt 15 2 ff 11.
[105] Mt 9 14.
[106] Mt 8 3 Lk 7 39.
[107] Lk 6 26.

wurde daran aufgehängt, wenn er seine Mitbürger nicht zu überzeugen vermochte. Ein sinnreicher Brauch, meint Friedrich Paulsen; die Geschichte halte es auch so, jedoch mit dem Unterschiede, daß sie erst von dem Stricke Gebrauch macht und dann sich überzeugt.

Jesus fühlte wohl bald in seiner öffentlichen Tätigkeit, mindestens seit Gefangensetzung des Täufers[108], das Schwert über sich schweben. Um so heldenhafter sein Eintreten für die Wahrheit. Um dieses Gold ließ sich nicht markten, von seinem Wert ließ sich keine Unze abfeilschen; und wenn seine Echtheit im Feuer des schmachvollsten Martertodes geprüft werden sollte, Jesus war bereit dazu. Er hatte alles im voraus für seinen Schatz dahingegeben, auch sein Leben. Er schrak vor dem schmalen Weg und vor der letzten engen Pforte nicht zurück, durch welche seine Wahrheit siegreichen Ausgang und ewiges Leben finden sollte. Er sagte seinen Nachfolgern[109]: „Wer nicht sein Kreuz auf sich nimmt" – in der Sprache der Gegenwart: „wer nicht zum Schafott sich bereit macht – der kann nicht mein Jünger sein." Napoleon I., aufgefordert eine neue Religion zu gründen, soll erwidert haben: Dazu muß man über ein Golgatha, und das kann ich nicht.

Ein edler Tod ist die Krone eines edlen Lebens. Kein Charakter wird ohne Kampf und Leiden vollendet. Schmach und Schande, Verleumdung und Lästerung gehören wesentlich zum Siege. Sokrates mußte zweiundsiebzigjährig den Schierlingsbecher trinken, weil seine erhabene Lehre den Vorurteilen, dem Parteigeist seiner Zeit zuwiderlief; und sterbend redete er von der Unsterblichkeit. Sein Schüler Plato beschreibt den Gerechten als einen, der selbst nichts Unrechtes tut und doch den Schein des größten Unrechts hat, und der seine Gerechtigkeit durch feste Ausdauer trotz Verleumdung

---

[108] Mt 4 12 14 12 f 17 12 9 15 10 16. 25. 28 Lk 13 31 ff.
[109] Lk 9 23 f 14 27.

bis zum Tode beweist; ja er erhebt sich zu dem Spruch[110], daß, wenn jemals ein solcher Gerechter auf Erden erscheinen sollte, er gegeißelt, gemartert, gebunden, des Augenlichts beraubt und nach Erduldung aller möglichen Schmach an einen Pfahl genagelt werden würde!

Jean Jacques Rousseau, überrascht durch diese Weissagung, sagt dazu im Emile: *Quand Platon peint son juste imaginaire, couvert de tout opprobe du crime et digne de tout les prix de la vertue, il peint trait par trait Jésus-Christ: la ressemblance est si frappante, que tous le pères l'ont sentie, et qu'il n'est pas possible de s'y tromper.*

Nach der bestrickenden, immer noch fortwirkenden Darstellung eines Ernest Renan hätte Jesus, ein galiläischer Schwärmer, seinen Anhang durch leichtfertige Versprechungen in beständiger Täuschung gehalten, bis endlich die unvermeidliche Katastrophe hereinbrach. „In einer reizenden Gegend Galiläas als unwissender Bauer von außerordentlichem Genie und tadelloser Tugend aufgewachsen, wurde er ein unvergleichlicher, entzückender Lehrer, *un rabbi délicieux*, von bezaubernder Schönheit, ein Prediger des reinsten Sittengesetzes und ein Arzt für mancherlei Krankheiten Leibes und Geistes. Als er aber endlich fand, daß er entweder den einfältigen messianischen Erwartungen seines Volkes genügen oder seine Mission aufgeben müsse, gehorchte er seinen Freunden und ließ sich auf die Politik einer feinen Täuschung ein, die infolge einer plötzlichen und unerklärlichen Umwandlung seines Charakters in vollständige Scharlatanerie und krassen Betrug ausartete, bis er seinen Irrtum mit seinem Blute bezahlte."

Nenan hat von der welterobernden Tapferkeit und dem unwiderstehlichen Wahrheitsdrang Jesu keine Ahnung. Ein „feiger Schwindler" hätte sich nicht kreuzigen lassen. Was aber die leichtfertigen Versprechungen und Täuschungen betrifft, so sei nur auf das aus den Quellen deutlich hervor-

---

[110] *Der Staat* 74 Amsterd. Ausg.

tretende Verhalten Jesu gegenüber seinen Bewerbern verwiesen. „Meister ich will dir folgen, wohin du willst", rief einer voll Begeisterung[111]. Mußte nicht wie ein kalter Wasserstrahl die Antwort wirken: „Die Füchse haben ihre Gruben und die Vögel des Himmels ihre Nester, aber der ‚Mensch' hat keine Stelle, wo er sein Haupt hinlegen könnte." Ein andermal, von großen Volksmassen umdrängt, sichtete er den Haufen, indem er sich umwandte und die allerhärtesten Bedingungen stellte in sechs oder sieben herben Sätzen[112], als wolle er mit wuchtigen Schlägen die Masse gleichsam von sich treiben.

Sehr schwierig bleibt allerdings die Frage, wie weit Jesus die zahllosen falschen, sinnlichen, übertriebenen Erwartungen, die an seine Person und an das von ihm verkündigte Reich Gottes geknüpft wurden, berichtigt hat oder hätte berichtigen sollen. Wir finden Spuren genug von solchen Berichtigungen[113]. Wir finden aber auch Spuren, daß Jesus seine eigene Erwartung erst nach und nach berichtigt oder vertieft hat[114]. Endlich wäre es wohl nicht ratsam gewesen, bei Neulingen oder bei der großen Menge die Verkündigung mit lauter Berichtigungen anzufangen; um die Wahrheit zu fördern, empfahl es sich eher, das Neue zunächst im Rahmen des Gegebenen einzuführen. Die Zukunftshoffnungen und andere vorgefundene Anschauungen konnten als Baugerüst dienen, um das Gebäude einer neuen Frömmigkeit und Sittlichkeit im Volke aufzurichten. Im selben Maße als der innere Bau wuchs, wurde das Gerüst entbehrlich und konnte schließlich ganz abgebrochen werden. Erst bauen, dann abbrechen, das ist die Reihenfolge des Reformators. Ein höl-

---

[111] Mt 8 19.

[112] Lk 14 25 ff vgl Joh 6 60. 66.

[113] Mt 5 17 7 21 9 16 11 19 20 12. 20 ff.

[114] Mt 8 10 ff 11 25 12 28 13 13. 28. 32 15 28 16 21 19 30 20 16 22 8. 43 ff Mk 6 6.

zernes Bein, sagt Schopenhauer, ist besser als gar keines; irgendeine Religion besser als keine überhaupt.

Die Wahrheit findet ihren Sporn an der Liebe, aber ihren Zügel an der Weisheit. Die Wahrhaftigkeit wird von der Erzieherkunst zwar nicht eingeschränkt, aber doch so gelenkt, daß sie das Rechte zur rechten Zeit, am rechten Ort und auf die rechte Weise sagt. „Ich hätte euch noch viel zu sagen, aber ihr könnt es jetzt nicht ertragen[115]." Erzieherische Rücksicht nötigte Jesus auch, die meisten Wahrheiten in bildlicher Rede auszusprechen. Einer spätern Stunde und höheren Stufe der Entwicklung seiner Lehre bleibt es, laut dem vierten Evangelium, vorbehalten, nicht mehr in Bildern, sondern gerade heraus von den göttlichen Dingen zu reden[116].

Eine Neigung dagegen zur Anbequemung an fremde Anschauungen, zur „Akkommodation an den Volksglauben", hat Jesus nicht gehabt. Wenn er beispielsweise von Dämonen oder unsaubern Geistern redet, so können wir gewiß sein, daß er solche Geister geschaut hat[117], ebenso wie die lichten Engel, und diese Begriffe nicht bloß vor dem „dummen Volke", sondern auch in seinem innersten Denken festhält. Der Menge zulieb etwas Unwahres in den Mund nehmen – das konnte er ebensowenig als schmeicheln oder sich schmeicheln lassen[118]. Jesus war ein Feind jeglicher Täuschung, Übertreibung, leichtfertiger Beteuerung[119], leerer Versprechung. „In seinem Munde fand sich kein Trug[120]".

---

[115] Joh 16 12.
[116] Joh 16 25.
[117] Lk 10 18.
[118] Lk 18 19.
[119] Mt 5 33–37.
[120] Pe 2 22.

6. Kapitel

Selbstzucht

> Halt Leser an! ob auch dein Geist
> Phantastisch um den Erdpol kreist,
> Tiefgrabend auch dein Eisen reißt
> Die Erde wund –
> Selbstzucht allein ist, daß du's weißt!
> Der Weisheit Grund!
>
> Robert Burns.

Buddha Gautama von Kapilavastu in Indien, genannt Sakyamuni, d. i. der Aszet aus dem reichen Kriegergeschlecht der Satya, heiratete mit sechzehn Jahren die Prinzessin Gopa und verbrachte mit ihr und mit andern Frauen in feenhaftem Palaste und paradiesischen Lustgärten die nächsten dreizehn Jahre im üppigsten Lebensgenuß und Sinnenrausch, kurz im Vollbesitz irdischen Glückes. Den Neunundzwanzigjährigen erfasste plötzlich der Weltschmerz. Mitten im höchsten Glück geängstet, verstieß er das Glück, oder dieses ihn. Von mehreren Lustfahrten heimkehrend, erblickte er, nach der Legende, das menschliche Elend immer wieder, in wechselnden Gestalten, an den Toren seines Gartens, als zitternden Greis, als Fieberkranken, als Leiche auf der Bahre. Dem dadurch in tiefes Sinnen Versenkten winkte am vierten Tore der Weg zum Frieden in Person eines Bettelmönchs in gelbem Gewande, der, wie ihm sein Wagenlenker erklärte, allem entsagt habe, um ohne Leidenschaft und Neid von Almosen zu leben.

Zum Eindruck fremden Elendes gesellten sich eigene Bedrängnis, Unterjochung des Sakyageschlechtes seitens eines mächtigen Nachbarstammes, um den unwiderruflichen Entschluß zu zeitigen, den er alsbald ausführte: er verließ heimlich Schloß, Gemahlin, Sohn und alles, um fern und unerkannt dem aszetischen Hochziel eines Entsagenden nachzuleben.

In zerlumptem Bettlergewand begab sich der Büßer in die tiefen Wälder am Nairanjana-Flusse und erwählte sich unter den zahlreich dort hausenden Einsiedlern zu geistlichen Führern zwei Weise, die durch harte Kasteiungen zu völliger Leidenschaftslosigkeit zu gelangen trachteten. Jahrelang beschränkte sich seine Nahrung auf „täglich ein Gerstenkorn oder Reiskorn oder Sesamkörnlein", so daß sein ausgedörrter Körper zuletzt einer zusammengeschrumpften Melone, ja einem schwarzen Schatten glich und man ihn nur den dunklen Gautama nannte. Allmählich aber erschien ihm solch übermäßiges Entbehren als ein Irrtum, der ihn weder zur höchsten Erkenntnis noch zum wahren Seelenfrieden führte. Er sagte seinen Eremiten Lebewohl – nach sechsjährigem Verweilen – und nahm wieder kräftigere Kost. In stiller Einsamkeit unter einem „Bodhibaum" in vieltägiges tiefes Nachdenken sich versenkend, erschaute er endlich das ersehnte Licht; unter dem „Erleuchtungsbaum" ward er zum Erleuchteten, zum „Buddha". Vor seinem Geist erstand das Gebäude der „vier erhabenen Wahrheiten": vom Leiden, der Erzeugung des Leidens, der Vernichtung des Leidens und dem Weg zu dieser Vernichtung durch höchste, den Geist völlig entsinnlichende Beschaulichkeit, die fortan zum Kern seiner von Millionen bewunderten, ja vergötterten Lehre werden sollten.

Achtundzwanzig Tage nach der ältern Überlieferung, neunundvierzig nach einer jüngern, hat Buddha unter dem Bodhibaum gesessen und seine neue Erkenntnis gegen die wütenden Angriffe des Todesgottes Mara und seiner bösen Geister siegreich behauptet. Ob zwischen dieser Sage und der Versuchung Jesu in der Wüste eine Beziehung besteht, ist bisher nicht aufgeklärt.

Später predigte Buddha verhältnismäßig milde aszetische Grundsätze. So verwarf er die Forderung völligen Nacktgehens oder bloßer Lumpenbekleidung und verlangte von seinen Büßern nicht einmal unbedingtes Fliehen vor den Weibern, nur Vorsicht. Mit unerbittlicher Strenge dagegen verbot er ihnen jeden Eigenbesitz. Eine sehr alte Kunde läßt den achtzigjährigen Ordensstifter am Genusse eines Eberbratens erkranken und sterben.

In Indien ist man der milden Weise des Meisters im wesentlichen treu geblieben. Buddhas Mönche und Nonnen sollten nach seinem Willen und Vorbild einen Bettelorden bilden, aber in anständiger Zucht und Beschränkung, damit sie als Sendboten einer edleren Gesittung auf die Mitmenschen einwirken könnten. Dem Buddhajünger soll der Stifter als Inbegriff seiner irdischen Habseligkeiten eine Achtzahl von Gegenständen vorgeschrieben haben, weil eben diese acht Stücke ihm selbst, als er zum Büßerleben überging, ein Engel überbracht habe. Das merkwürdige Inventar ist folgenders: 1. eine Schale als Eßnapf für die zu erbettelnde Kost, 2. Unterkleid, 3. Oberkleid, 4. Mantel oder Kutte, 5. Rasiermesser, 6. eine Nadel, 7. ein Band oder Gürtel, 8. ein Sieb. Zu dieser armseligen Habe hat eine spätere Zeit noch Zahnstocher und Rosenkranz hinzugefügt. Fußbekleidung und Sonnenschirm, ursprünglich verboten, wurden später vereinzelt gestattet; Geldbesitz dagegen blieb stets durchaus untersagt.

Viel strenger und umständlicher gestaltete sich die Aszese der Buddhisten außerhalb Indiens, z. B. in Tibet, worauf wir hier nicht eingehen dürfen. In ähnlichem Verhältnits sind ja auch ins Christentum durch die Berührung mit den Völkern sehr weitgehende und verschiedenartige asketische Strömungen eingedrungen, nicht zum Vorteil.

War Jesus ein Aszet? Zur Antwort auf diese Frage kann der Seitenblick auf Buddha, den um ein halbes Jahrtausend früheren Stifter der mit der christlichen wohl am härtesten wetteifernden Religion, mithelfen. Ohnehin schwingt mancher von Indien her erklungene Ton auf jüdischen Saiten im A. T. nach[121]. Auch ein Vergleich des neuen indischen Chri-

---

[121] Vgl beispielsweise Th. J. Plange, *Christus ein Inder? Entstehungsgesch. des Christentums unter Benutzung der indischen Studien Louis Jacolliots.* 5. A. Stuttgart.

stusverkünders im gelben Aszetengewande, des Sadhu Sundar Singh, würde manchen lehrreichen Gleichklang ergeben, zumal für die vorliegende Frage[122].

Während Buddhas Leben ein gebrochenes, zwischen Gegensätzen schwankendes war, das erst allmählich den Mittelweg fand, scheint die Bahn Jesu einfach, geradlinig, stetig fortgelaufen zu sein. Auf das jugendliche Genußleben des reichen indischen Prinzen mußte eine harte Büßerzeit folgen, wenn noch ein Meister aus ihm werden sollte; Jesus steht an der Schwelle des Mannesalters, in Gautamas kritischem Alter, bereits als vollendeter Meister vor uns. Buddhas Weg war die Selbsterlösung durch planvolle Selbsttötung, der langsame Tod; sein Ziel das Nirwana, die völlige Befreiung vom Leiden, vom Sein überhaupt. Jesu Weg und Ziel waren durchaus andere. Buddha, persönlich Atheist, wird von seinen Anhängern als gestorbener Gott, als erloschenes Feuer verehrt. Jesus verkörpert für alle Zeiten das Leben, die ewig fortwirkende, wachsende göttliche Kraft.

War Jesus ein Aszet?

John Locke meinte, ein rechtschaffenes Bauernhaus sei der beste Ort, an dem ein Kind aufwachsen könne. Jesus, Sohn eines ländlichen Handwerkers in Nazareth, scheint seine Jugend weder im Reichtum noch in drückender Armut verbracht zu haben. Nicht Wohlleben, aber maßvolles Stillen der natürlichen Bedürfnisse nebst ernsthafter körperlicher Arbeit – das war die bestmögliche Grundlage für spätere Großtaten. Zeichnete sich doch die Bevölkerung Galiläas durch Fleiß und Betriebsamkeit aus, und reichlich lohnte der Ackerbau in dem fruchtbaren Lande. Das treffliche Gebot der Israeliten: Sechs Tage sollst du arbeiten! und ihr Spruch: „Geh hin zur Ameise, du Fauler, siehe ihre Wege und werde klug!" stand im wohltuenden Gegensatz zur Arbeitsscheu

---

[122] Vgl besd. Friedrich Heiler, *Apostel oder Betrüger? Dokumente zum Sadhustreit.* Basel 1925.

anderer Nationen, zum Trägheitsgeist selbst hochstehender Kulturvölker. Der altägyptische Sinnspruch, der sich auf dem Papyrus Prisse II gefunden: „die Handarbeit ist erniedrigend, und das Nichtstun ist ehrenvoll" gibt ziemlich genau auch die Anschauung der Griechen. Wie anders die der Juden! Sie entspricht dem gesunden aszetischen Zug, der überhaupt von der jüdischen Religion aus durch die nationale Sitte ging. Umfangreiche Speisegesetze regelten die Kost, beschränkten insbesondere den Fleischgenuß. Seit alters hielt das ganze Volk anläßlich der großen jährlichen Versöhnungsfeier am sog. langen Tage ein vierundzwanzigstündiges Ganzfasten, nach dem Exil dazu noch vier andere öffentliche Bußfasten, in Erinnerung an schwere nationale Schicksalsschläge, also fünf große allgemeine Fasttage im Jahre. Diesen aszetischen Bräuchen, in denen er aufgewachsen war, hat sich Jesus ebenso wie den mosaischen Sabbat-, Fest- und Opfersitten bis an sein Ende unterzogen[123]. Sie ordneten das Leben in feste Regeln und stellten es unter heilsame Zucht.

Eine Steigerung zu dieser milden Nationalaszese bilden die zur Zeit Jesu mündlich überlieferten „Aufsätze der Ältesten"[124], welche der gesetzesstrengen Partei der Pharisäer, der „Abgesonderten", als Richtschnur dienten[125]. Ihre beiden Wochenfasten am Montag und Donnerstag griffen tief ins gesamte Volksleben ein. Sie wurden freilich nur von den Strengsten das ganze Jahr hindurch gehalten, wie von dem Pharisäer in Jesu Parabel[126], von den andern nur zeitenweise.

Wurde gelind gefastet, so wusch und salbte man sich noch, bei der strengsten Fastenübung jedoch enthielt man sich jeglichen frohen Verkehrs mit der Mitwelt, selbst des Grüßens, man verstellte sein Angesicht, um zu scheinen vor

---

[123] Mt 6 16–18 Kap 15. 20.
[124] Mt 15 2 ff Mk 7 4. 8. 13.
[125] Mt 12 2 9 14 Lk 11 38.
[126] Lk 18 12.

den Leuten[127]. Ein besonders strenges Fasten sollte beispielsweise für den Fall anhaltenden herbstlichen Regenmangels in Kraft treten. Auch eine Reihe persönlicher Fastenbräuche wurde eingeführt, vor allem zum Gedächtnis teurer Verstorbener an deren Todestagen. – Den Gipfel endlich der jüdischen Aszese brachten die Essäer mit ihrer gänzlichen Enthaltung von Fleisch und Wein und der sonstigen rauhen Kost: Ausdruck der dumpf verzweifelnden Gemütslage eines dem Untergang zueilenden Volkes.

Jesus verhielt sich gegen dies Übermaß ablehnend, ohne zum Sadduzäer, zum unbedenklichen Lebemann zu werden. Er fastete nicht wie die Pharisäer[128]. „Die Brautführer können doch nicht trauern, solange der Bräutigam bei ihnen ist!" So hielt er den Schild über seine Jünger, als er von der strengeren Gruppe wegen des Nichtfastens zur Rede gestellt ward. Er ließ sich von keiner Partei in Beschlag nehmen und schloß sich keiner der bestehenden Schulen an – der gärende Wein seiner neuen Lehre durfte nicht in die alten Schläuche gefaßt werden[129].

Er trat mit seiner Lebensweise in bewußten Gegensatz zu Johannes dem Täufer[130]. „Johannes ist gekommen, aß nicht und trank nicht, so daß man ihn für gestört erklärt. Der ‚Mensch' ist gekommen, isset und trinket, so daß man ihn als Schlemmer und Weintrinker, als Zöllner- und Sündergenossen bezeichnet." In der Tat, neben einem Johannes in seinem härenen Mantel nimmt sich Jesus fast wie ein Weltkind aus. Jener führt ein Eremitenleben, nährt sich von Heuschrecken und wildem Honig, bleibt in der Wüste; dieser, geselliger Natur, Freund einer „bürgerlichen Kost", mönchischem Wesen abhold, tritt unter die Menschen und

---

[127] Mt 6 16.
[128] Mk 2 19 f.
[129] Lk 5 37–39.
[130] Mt 11 18 f.

geht auf ihre Anliegen, Nöte, Leiden und Freuden ein. Johannis Wesen ist herbe, düster, gebunden, Jesu Predigt sonnig und freudig, seine Stimmung heiter und zuversichtlich, sein Standpunkt königlich frei.

Wenn Nietzsche meint[131], Jesus habe nie gelacht, so stimmt das nicht zu dem Bilde, das uns aus den Evangelien von ihm entgegenleuchtet, noch weniger zu dem galiläischen Volkscharakter, wie er aus den Schriften des Josephus herausschimmert. Dieser jüdische Autor zeichnet die Galiläer gelegentlich als einfach in ihren Sitten, rasch begeistert, witzig, fröhlich. Im Gegensatz zu der Felsenwüste Judäas war und ist Galiläa ein lieblich lachendes Land, mit sonnigen Bergtälern, mit fruchtbaren Auen der Ebene, mit dem zaubrischen grünen See.

Wir beobachten an Jesus auf der Höhe seines Wirkens einen ruhigen, harmlosen Lebensgenuß. Er läßt sich einladen in Familien zu Gastmählern und eigens für ihn veranstalteten Festlichkeiten[132]. Er empfindet es, wenn bei solchen Anlässen der Gastgeber ihn um die üblichen Ehren, wie feierlichen Empfang, Fußwaschen, Salben des Hauptes, kürzt[133]. Er nimmt eine „Salbung", von dankbar liebender Hand verschwenderisch gespendet, gerne entgegen[134]. Er geht in würdigem Gewand einher[135] und zeigt so gar nichts Auffallendes, Absonderliches in seinem äußern Erscheinen, daß die Berichte hier nie etwas zu erwähnen Anlaß haben. Während ägyptische Priesteraszeten das Salz ausdrücklich verboten, weil es Durst und Eßlust reizt, ermahnt Jesus seine Jünger: Habt Salz bei euch[136]! selbstverständlich in bildlichem Sinne,

---

[131] vgl Kap 10 S 114.
[132] Lk 5 29 4 39 7 36 10 38 11 37 14 1 15 2 19 6 22 11 f Mk 14 3 Joh 12 2 (2 2).
[133] Lk 7 44 ff.
[134] Lk 7 37 f Mk 14 3 ff Joh 12 1 ff.
[135] Mt 9 20 14 36 17 2 26 31. 35 Joh 19 23.
[136] Mk 9 50.

aber offenbar ausgehend von dem wirklichen Salze, das sie für ihr tägliches Bedürfnis mit sich führten. Jesus liebt es, das Reich Gottes mit einer Hochzeit[137] oder einem Gastmahle[138] zu vergleichen, wo die Frommen aller Zeiten zu Tische liegen und sich's wohl sein lassen, wo man auch im Festkleide erscheinen muß[139]. Ein Fest malt er mit Schlachtung des Mastkalbes, nebst Musik und Reigen, zu Ehren des verlorenen Sohnes[140]. Er selbst scheint sich wiederholt auch um den leiblichen Hunger seiner Zuhörer bekümmert zu haben[141]. Seine schönsten Parabeln hat er den Gebieten der Garten-[142] und Ackerbaues[143], des Fischfanges[144] und des Winzerlebens[145] entnommen; und nach einem außerhalb der Bibel überlieferten Ausspruch schildert er den Zustand der künftigen neuen Welt als den üppiger Fruchtbarkeit, da Weinstöcke wachsen mit zehntausend Ranken, jede mit zehntausend Zweigen, jeder mit zehntausend Trieben, jeder mit zehntausend Trauben und jede Traube mit zehntausend Beeren. Als er bezeichnenderweise mit einem sorgfältig angeordneten Abschiedsmahle[146] sein Zusammenleben mit den Jüngern beschloß, sprach er davon, daß er den Rebensaft neu mit ihnen zu trinken hoffe in seines Vaters Reich[147]. Und bis heute erzählt nicht bloß von seinem Tode, sondern auch von seiner froh geselligen Weise zu leben das

---

[137] Mt 9 15 22 2 25 1 Lk 12 36 ff.
[138] Lk 12 16 13 26 ff Mt 8 11.
[139] Mt 22 11 f Lk 15 22.
[140] Lk 15 23–25.
[141] Mk 6 37 8 2 f vgl 8 17 ff Joh 2 7 ff 21 5 Lk 5 4.
[142] Mt 7 16. 17 13 31 f Lk 13 6 ff.
[143] Mt 13 1–9. 24–30. 44 Mk 4 26 ff Lk 9 62 12 22–27.
[144] Mt 13 47 ff.
[145] Lk 5 37 Mt 20 1–16 21 28–31. 33–46.
[146] Lk 22 8. 10. 15 Joh 13 ff.
[147] Lk 22 18 Mk 14 25.

Mahl, durch welches seine Anhänger mit Brot und Wein sein Gedächtnis feiern[148].

Das alles ergibt nicht das Bild eines harten Aszeten. Und wäre er's für sich noch gewesen, so gönnte er doch den andern die Genüsse, die er sich versagte, ohne jede Engherzigkeit. Von Weltschmerz keine Spur. Zu rauer Selbstquälerei, insbesondere zum Nahrungsentzug, lag in Jesu Vergangenheit kein sein Gewissen nötigender Grund ; vielmehr forderte seine Tätigkeit eine ausreichende Kost. Jesus hatte andere Kämpfe zu kämpfen als mit dem Hunger!

Er bedurfte zur Ausrichtung seiner Riesenaufgabe frischen Lebensmutes und leiblicher Vollkraft. Bernhard von Clairvaux hat es später an sich getadelt, daß er seine Gesundheit durch unerbittliche Kasteiung selbst zerstört habe; schien ihm doch in den ersten Jahren seines Mönchtums der Schlaf verlorene Zeit; seine Kost bestand aus Buchenblättern, ein wenig Haferbrot und Hirse; seine Füße schwollen, weil er stehend Tag und Nacht im Gebet verharrte; sein zart angelegter Körper ward hinfällig. Brach dann auch um so stärker die ungewöhnliche Kraft seines Geistes durch den schwachen Körper hindurch – nichtsdestoweniger war es ein Unmaß und ein Unrecht, was er sich angetan.

Wenn Dostojewskij sagt: „Wer den Mönch nicht kennt, der kennt auch die Welt nicht", so hat Jesus beides gekannt. Es fehlt uns jeder Anhalt dafür, daß er sich zeitweilig einem Orden angeschlossen oder einer bestimmten Regel hingegeben. Anderseits ist irgendeine Aszese, zu deutsch Übung, dem öffentlichen Wirken Jesu so gewiß vorangegangen, als dem Kampfspiel planmäßige Waffenübung vorausgehen muß. Woher sonst jene wunderbare Selbstbeherrschung, jene Bedürfnislosigkeit und Einfachheit seines Lebens, die stete Zucht, in der er stand? Woher sonst jene nicht zu verkennende Furche der Entsagung, die seiner Stirn eingegra-

---

[148] Lk 22 19 24 30 f 1 Kor 11 24. 25. 26 Apg 2 42. 46 20 7.

ben blieb bei aller Heiterkeit des Gemütes, bei aller Freudigkeit der Lebensauffassung?

Gleich zum Eingang seiner Geschichte jener seltsam anmutende Bericht eines vieltägigen Fastens. Die Evangelisten müssen ihn aus Jesu eigenem Munde haben[149]. Der Geist habe ihn in die Einöde hinausgejagt, wörtlich „hinausgeworfen", also wider seinen eigenen Plan und Willen, und er habe mit den Tieren gelebt, der Teufel habe ihn versucht, und die Engel haben ihm aufgewartet[150]. Diese Selbsterzählung – auch in der ausführlichern Form der beiden andern Nacherzähler[151] – macht nicht den Eindruck eines beifallsuchenden Heldentums, eines aszetischen Probestücks, aber doch den einer durch jahrelange gesunde Aszese wahrhaft „geübten" Natur. Indem sich Jesus mit den himmlischen Schauungen übermächtig hereinströmender Gedanken beschäftigte, vergaß er darüber Essen und Trinken, Tag und Nacht. Der vorhin erwähnte Bernhard ritt einen ganzen Tag längs des Genfer Sees, und als man abends vom Genfer See sprach, hatte er nichts von ihm wahrgenommen; „was ihn innerlich lebhaft beschäftigte, entzog ihn gänzlich der Außenwelt", weil seine feurige Willenskraft durch die Enthaltsamkeit in der Beschaulichkeit geübt war. Das Eindringen und sich Aufschwingen in überweltliche Gebiete setzt den Sieg über die Sinnlichkeit voraus. „Gebt acht, daß eure Herzen nicht beschwert werden durch Rausch und Trunk und Nahrungsgelüste" empfahl Jesus seinen Schülern[152]. Seine Selbstzucht dort in der Wüste bewährte sich darin, daß er, statt den zuletzt sich heftig meldenden Hunger in stürmischem Drange zu stillen, vielmehr die daran anknüpfende Versuchung mit ruhigem

---

[149] vgl Mt 12 29 Lk 10 18 22 31 Joh 12 31 14 30 Mt 13 25 16 23.
[150] Mk 1 12 f.
[151] Mt 4 1 ff Lk 4 1 ff.
[152] Lk 21 34 12 29 Mk 4 19.

überlegen zurückweisen konnte[153]. Übrigens steht in der Geschichte der Aszese und Mystik die körperliche Leistung Jesu bei jenem Anlasse keineswegs einzig da, zumal wenn man in dem jüdischen Ausdruck „Vierzig Tage" eine ganz unbestimmte Frist erkennt.

Diesen Fasttagen gesellen sich die Wachnächte, die Jesus meist vor oder nach besonders angestrengten Tagen betend auf dem Berge unter freiem Himmel verbringt[154]. Ein übermächtiges geistliches Bedürfnis, ein Hunger nach Gott, ein Durst nach neuem Licht – und der Körper gehorcht! Die Müdigkeit wird durch einen unbewußten Willensakt überwunden, und folgenden Tages sieht die Welt den Meister wahrscheinlich so frisch austreten, als hätte er die gewöhnliche Nachtruhe genossen. Die Wachnächte waren so bezeichnend für Jesus, daß die christliche Kirche früh begann, eine fromme Regel daraus zu machen. Die Ostervigilie, die Nacht vom Ostersamstag zum Auferstehungsmorgen, unter Fasten in gottesdienstlicher Versammlung verbracht, reicht wahrscheinlich nah an die apostolische Zeit zurück. In dieser „großen" oder „engelischen" Nacht wurden mit Vorliebe Taufakte vorgenommen und lange Homilien gehalten, man maß ihr die Bedeutung einer der schwereren aszetischen Leistungen des altkirchlichen Jahresringes bei. Infolgedessen schlichen sich dann auch bald die schwersten Mißbräuche ein, so daß sie mit Verboten verzäunt werden mußte. Die Vigilien, Frühgebete (Matutinen) und sonstige klösterliche Schlafbrechsitten haben sich nur allzuweit entfernt von ihrem Vorbild Jesus, dem jedes gesetzliche, verdiensthaschende, gezwungene Wesen fremd, dem das Wachen so natürlich war wie das Beten[155]. Seine Fasttage, Wachnächte und alle die Stunden, wo er über fortgesetzter Inanspruchnahme Mahlzeit

---

[153] Mt 4 3 ff Lk 4 3 ff.
[154] Mk 1 35 6 46 9 2 Lk 9 28 6 12 22 39 ff 21 37 Joh 18 2.
[155] Mt 26 41.

und Schlaf verschob, Hunger, Durst, Müdigkeit und andere leibliche Bedürfnisse fröhlichen Angesichts überwand[156] – waren keine beabsichtigten Krafttaten, sondern nur der unwillkürliche Ausdruck eines übermächtigen Geisteslebens, waren nicht Selbstzweck, sondern nur Staffeln des Höherstrebenden und erhalten Licht aus dem begeisterten Wort am Jakobsbrunnen[157], das das Johannisevangelium uns aufbehalten: „Ich habe etwas zu essen, was ihr nicht kennt. Meine Speise ist die, daß ich den Willen dessen tue, der mich gesandt hat, und sein Werk vollende."

Welche Selbstverleugnung und Anspruchslosigkeit verlangte das fortgesetzte Wanderleben! Jesus verzichtete auf die Bequemlichkeit eines eigenen Bettes, auf die Behaglichkeit eines eigenen Heims. Angewiesen auf die Gastfreundschaft seiner Anhänger, eilt er rastlos von Ort zu Ort, stets zu Fuß[158] und wahrscheinlich meist barfuß[159], schläft manchen Abend an einem des Morgens noch nicht geahnten Platz[160], wohl oft auf dem bloßen Erdboden in den Mantel gewickelt – und führt also nach unsern Begriffen ein höchst ungemütliches Leben. „Die Füchse haben ihre Gruben und die Vögel des Himmels ihre Nester, aber ‚der Mensch' hat keine Stelle, sein Haupt hinzulegen!" So ruft er einem jugendlichen Schriftgelehrten zu[161], der blindlings sein Leben teilen will. Wilhelm Steinhausen hat's in ergreifendem Gemälde zur Anschauung gebracht, allerdings nicht ohne den Gedanken der büßenden Aszese hineinzulegen, während die großartige Freiheit Jesu, seine Unabhängigkeit von Begierden, seine Herrschaft über sich selbst und somit auch über die Natur,

---

[156] Mk 3 20. 32 4 38 Joh 4 6 ff Mt 6 17.
[157] Joh 4 32. 34.
[158] Mt 21 2.
[159] Mt 10 10 Lk 10 4.
[160] Lk 9 53.
[161] Mt 8 19 f Lk 9 57 f.

zurücktritt. Diese Freiheit ist nach der andern Seite doch nicht ausgeartet in nomadische Ungebundenheit und fast leidenschaftliches Schweifen und Wohnen unter freiem Himmel, das Renan von den Beduinen auf Jesum überträgt. Das Wanderleben Jesu war weder eine selbstauferlegte Strafe noch eine bloße Naturschwärmerei, sondern einfach der gebotene Weg zur Erreichung seines Zieles. Vor wenigen Jahren entdeckte ein englischer Gelehrter auf dem 49m hohen, prächtigen Siegestor in Fathepur Sikri, der Siegeestadt Akbars in Indien, die folgende Inschrift in arabischer Sprache: „Jesus, Friede sei mit ihm, hat gesagt: die Welt ist nur eine Brücke, schreite darüber, aber baue nicht deine Wohnung darauf. Das Leben währt eine Stunde bloß, widme diese Stunde der Andacht." Ihrem Sinne nach könnte wenigstens der erste Satz ganz wohl von Jesus stammen; so lebte er und so lehrte er's seine Nachfolger[162]. „Wer mein Nachfolger sein will, der verleugne sich selbst und nehme sein Kreuz und folge mir." Er verlangt von ihnen Verlassen der Angehörigen, Aufgeben der Heimat, Verzicht auf Behagen[163]. Das Reiseinventar seiner Sendboten ist nicht viel reichhaltiger als das der Buddhajünger. Vor allem kein Gold noch Silber noch Kupfer im Gürtel! Also schlechterdings kein Geldbesitz. Kein Beutel, keine Tasche. Kein Wechsel- oder Doppelgewand. Keine Fußbekleidung. Kein Stecken. Kein Brot[164]. Betreffs der Sandalen und des Stabes scheint später Freiheit gestattet worden zu sein, ebenso wie bei den Buddhamönchen[165]. Sie sollten alles nötige unterwegs von den Leuten erhalten. Aber nicht erbetteln – und hier tritt nun der bedeutsame Unterschied hervor, der Jesus von den buddhistischen und von den „christlichen" Bettelorden trennt. Der Herr,

---

[162] Lk 9 23.
[163] Mt 10 37 Lk 14 26. 33 18 29 f 9 59. 62 5 27 18 22.
[164] Mk 6 8 ff Mt 10 9 ff Lk 9 3 10 4.
[165] Mk 6 9 Lk 9 3 Mt 10 10.

schreibt Paulus, hat den Verkündigern des Evangeliums befohlen, vom Evangelium zu leben[166]. „Ein Arbeiter ist seines Lohnes wert", so lauten Jesu Worte[167], „er verdient seine Nahrung. Wenn ihr in eine Stadt oder ein Dorf kommt, so erforscht, wer dort würdig ist, euch zu beherbergen, und da bleibt dann, bis ihr weiter zieht. Und wo man euch nicht aufnimmt, da verlaßt das Haus und die Stadt, und schüttelt den Staub von den Füßen…" Die Sendlinge Jesu sollen nicht herumbetteln, sondern, mit Würde und Standesbewußtsein auftretend, die Gastfreundlichkeiten als verdienten Lohn empfangen[168]. Die Dürftigkeit ihrer Ausrüstung sollte teils ihrer Erziehung, teils dem Zweck ihrer Sendung dienen. Es ist anzunehmen, daß Jesus selbst nicht besser ausgerüstet ging. Er war kein Freund von weichen Kleidern, von Purpur und köstlicher Leinwand[169]. „Den Armen wird die frohe Botschaft verkündet[170]" – von Armen. Die Losung Vorwärts verbietet alles Gepäck; sie erlaubt kein Verweilen[171], kein Wohlleben, kein Sichumschauen und Ergötzen in dem „Wahnheim und Wunschheim[172]" dieser Welt!

Läßt sich Jesus somit sein aszetischer Zug nicht absprechen, zumal im Vergleich mit dem heutigen aszeselosen Geschlecht, so unterscheidet er sich doch von Buddha und andern Büßern des Altertums wie des Mittelalters auf das Vorteilhafteste durch seinen wahrhaft befreiten Geist. Nicht Weltflucht, sondern Weltüberwindung, nicht Selbstertötung, sondern höchste Selbstbehauptung ist sein Ziel. Die Aszese füllt bei ihm nicht das Leben aus, sondern bildet nur den

---

[166] 1 Kor 9 14.
[167] Mt 10 10 Lk 10 7.
[168] Mk 6 10 f Mt 10 11–15 Lk 9 4 f 10 7–16.
[169] Mt 11 8 Lk 7 25 16 19 12 33.
[170] Lk 7 22.
[171] Lk 10 4 f vgl 2 Kö 4 29.
[172] Richard Wagner.

verschwiegenen Untergrund seines segensreichen Wirkens; es ist die Aszese des Soldaten, der die Heimat verläßt, um für die Heimat zu kämpfen: Entbehrungen, Wunden, Leiden, Mühen nimmt er als selbstverständlich hin, um Sieg und Frieden zu erringen.

„Die Aszese, schreibt ein neuerer Erziehungslehrer, hat für den ganzen Menschen die hohe Bedeutung, daß durch die häufige Betätigung und die Konzentration aller Vorstellungen auf diese Aufgaben die Herrschaft des Geistes über Körper und Nervensystem geübt und sozusagen zu einer festen Tradition des ganzen Organismus gemacht wird, welcher sich allmählich alle Triebe und Reize unterordnen... Erst die rechte Übung in der Kraft der Entsagung gibt jene Helligkeit und Frische des Geistes, innerhalb deren sich der Mensch dann auch der Lebensfreude mit wahrer Freiheit überlassen kann, weil für ihn der Genuß jene verborgenen Gefahren verloren hat, mit denen er den Unfreien und Charakterlosen stets umstrickt und dessen Freuden in Leid und Gewissensnot verwandelt."

Rechtverstandene Aszese war den Weisen aller Zeiten der gewiesene Weg zur Weisheit und zu Gott. Sie gibt dem Willen eine bleibende Richtung nach oben und verschafft dem Geist eine Ahnung der göttlichen Uberweltlichkeit. „Wer sich nie etwas Erlaubtes versagt hat, von dem kann man nicht mit Sicherheit erwarten, daß er sich Unerlaubtes versagt", sagt John Stuart Mill; und Goethes Grundsatz, im Umgang mit dem jungen Herzog Karl August, lautete: „Wer andre wohl zu leiten strebt, muß fähig sein, viel zu entbehren." Wer durch freiwillige Enthaltsamkeit und fleißige Zähmung der Begierden, bei den untersten anfangend, seinen Leib an Zucht und Gehorsam gewöhnt, der wird überhaupt seine Pflicht erfüllen, im Guten mächtig zunehmen und allmählich den schwersten Versuchungen gewachsen, den höchsten Erleuchtungen zugänglich sein. Die Selbstüberwindung ist der Schlüssel zu allen Tugenden.

Der Stoiker Epiktet, der die Bergpredigt kannte, und sein kaiserlicher Geistesjünger Mark Aurel huldigten dem rauhen Wahlspruch: „Dulde und entsage!" Dem Neuplatoniker Plotin rühmten die Bewunderer nach, er habe seinen Leib als „Kerker der Seele" förmlich gehaßt und deshalb aufs Härteste behandelt. Auf den gleichen Abweg sind später zahllose Anhänger Jesu geraten. Der Meister ist dafür nicht verantwortlich. Seine Aszese zeigt ein schönes Ebenmaß. Sie führt ihn auf eine Höhe der Selbstbeherrschung, da der Geist im Leibe ein unbedingt gehorsames Werkzeug hat und der größten Wirkungen auch auf andere fähig wird.

Die Selbstzucht, mit der Jesus seinem Todesleiden entgegenschritt[173], die vollendete Ergebung, Gelassenheit, Großmut gegen seine Peiniger, womit er solche Qualen ertrug wie die blutige römische Geißelung[174], die noch grausamere Marter der Kreuzigung[175], unter Verzicht auf den Betäubungstrank[176], das Verschmachten im Sonnenbrand unter namenlosen Beängstigungen[177], von den Seelenleiden ganz zu schweigen – kann nur Staunen der Verehrung selbst bei rohen Menschen wecken. Hier leuchtet wahre Größe in der tiefsten Schmach, ein hehres Siegen mitten im Unterliegen.

Die Passion Jesu nennt Lessing das erhabenste Bild, welches die Künstlerin Weltgeschichte gemalt hat, so voll von dramatischem Geschehen, von plastischen Einzelbildern, daß kaum eines Stecknadelkopfes Raum darin ist, der nicht Ursache gegeben hätte zur künstlerischen Darstellung.

„*J'ose vous défier, tous que vous êtes*, rief der Philosoph Denis Diderot, Mitherausgeber der berüchtigten freidenkerischen Enzyklopädie, in einer jener Abendgesellschaften der

---

[173] Mt 20 18 f 22 39 26 12. 21. 28. 39.
[174] Mt 27 26 Joh 19.
[175] Lk 23 33 Joh 19 18. 31 f.
[176] Mk 15 23 Mt 27 34.
[177] Mk 15 36 Joh 19 28 ff.

berühmtesten Ungläubigen bei Baron Holbach, *de faire un récit qui soit aussi simple, mais en même temps aussi sublime, aussi touchant que le récit de la passion et de la mort de Jésus-Christ, qui produce la même effet, qui fasse une sensation aussi forte, aussi généralement ressentie, et dont l'influence soit encore la même après tant de siècles.*" Diese unerwarteten Worte setzten alle, die soeben noch gespottet, in Erstaunen, und es folgte ihnen ein langes Schweigen.

7. Kapitel

Reinheit

Das niedrigste gesetzliches Heiratsalter für einen jüdischen Jüngling zur Zeit Jesu war das dreizehnte Jahr, das gewöhnliche Heiratsjahr das achtzehnte. *Ben schemona esre lechuppah*, sagt der Talmud in den Sprüchen der Väter, „der Achtzehnjährige muß unter den Baldachin"[178]! Die Ehe galt als eine selbstverständliche Pflicht des Israeliten, für die man sich auf „das erste und älteste Gebot" der Schrift berief[179]. Nur wer sich ganz dem Gesetzesstudium widmen wollte, durfte allenfalls ledig bleiben. Bis heute ist Ehelosigkeit bei den Juden, bei den Orientalen überhaupt, eine seltene Erscheinung. Hat Jesus sein Jünglings-alter verstreichen lassen, ohne eine Jungfrau heimzuführen? und mit welchen Gründen hat er sich deswegen vor den kirchlichen Wächtern verantwortet? War er wirklich, wie wir Abendländer uns ihn zu denken gewöhnt haben, von jeher unbeweibt und von allen Ehegedanken unberührt? Wer diese Frage als eine Entweihung seiner Person, wer Jesu Ehelosigkeit als selbstverständlich betrachtet, der ermißt gar nicht sein Opfer, und er vergißt, daß die Ehe eine aus der guten Hand Gottes hervorgegangene, eine „aus dem Paradiese stammende" reine und

---

[178] *Schulchan Aruch* 4.
[179] 1 Mo 1 28.

heilige Einrichtung ist, daß Jesus selber sie als solche öffentlich preist[180], und daß er sich nie für zu gut gehalten hat, irgendeine Gottesordnung an sich zu vollziehen. Warum finden wir ihn bei seinem Auftreten ehelos?

Als er einmal öffentlich von der Heiligkeit und Unlöslichkeit der Ehe gesprochen[181], riefen seine Jünger: „Wenn es so steht, dann ist es besser, nicht zu heiraten"; worauf Jesus mit dem Rätselwort von den „Verschnittenen" (so Luther für Eunuchen, Entmannte) erwiderte: „Nicht alle fassen diesen Gedanken von dem Vorzug des ledigen Standes, sondern nur die, welchen es verliehen ist. Es gibt nämlich dreierlei Verschnittene. Solche, welche von Geburt zeugungsunfähig, andere, welche von Menschen dazu gemacht sind. Endlich gibt es Verschnittene, welche um des *Himmelreichs* willen sich selbst dazu gemacht haben. Wer es verstehen kann, verstehe es!" Was für Leute meint Jesus mit den zuletzt Genannten? An Verstümmelung hat er sicher nicht gedacht; stand sie doch, schon am Vieh vollzogen, unter dem ausdrücklichen Verbot des mosaischen Gesetzes[182]. Die Selbstentmannung des Origenes, von ihm später bitter bereut, und so mancher anderer, beruhte auf einem beklagenswerten Mißverständnis des in Rede stehenden Spruchs und jenes andern vom Abhauen eines Gliedes[183]. Jesus redet von Menschen, welche durch die freie, innere Tat eines sieghaften Entschlusses, um des Reiches Gottes willen, auf die Ehe und auf alles geschlechtliche Genießen verzichtet haben: voran er selber und der Wüstenprediger Johannes; sodann solche unter den Aposteln und Anhängern, welche vielleicht in die Ehe getreten wären, wenn sie nicht Jesu Ruf vernommen hätten, und in anderm Sinne auch solche, welche, um Jesu zu folgen, Weib und Haus verlassen hatten[184]. In diesen allen

---

[180] Mt 19 4 ff.
[181] Mt 19 3 f.
[182] 5 Mos 23 2 3 Mos 22 24.
[183] Mt 5 29 f 18 8 f.
[184] Mt 19 27 ff 8 14 Lk 8 3 Mk 15 40.

war die hohe Gesinnung Jesu verkörpert: volle innere Freiheit gegenüber dem bloßen Triebe.

„Um des Himmelreichs willen", so begründet Jesus hier seine Ehelosigkeit[185]. Das kann offenbar beides umfassen: das Himmelreich als Gegenstand der Hoffnung, der stillen Erwartung, und als Gegenstand der Tätigkeit, des Berufs. Es kann bedeuten: „um des Himmelreichs persönlich würdig zu werden", aber auch „um der Sache des Himmelreichs besser dienen zu können".

Beides trifft zu für den zum Herold des Himmelreichs sich berufen Fühlenden. Ob er es aber schon als Achtzehnjähriger dem an ihn herantretenden jüdischen Ehezwang entgegengehalten, das entzieht sich unserer Kenntnis. Die Möglichkeit ist nicht von vornherein auszuschließen, daß Jesus eine Zeitlang verheiratet war, gleich seinen leiblichen Brüdern, von denen wir dies wissen[186].

Aber der Jesus, den wir kennen, der im reifen Mannesalter von Himmelreichsgedanken Gepackte, ergibt sich diesem Hochziel mit so klarer Entschlossenheit und ungeteilter Hingabe, daß die Ehe und alles, was mit ihr zusammenhängt, keinen Raum mehr in seinem Leben findet.

Da Paulus hinsichtlich der Ehe in die Fußstapfen Jesu getreten und er seine Stellung zur Frage ausdrücklich von Jesus herleitet, so dürfen vielleicht seine Ausführungen zum Verständnis des Standpunktes Jesu herangezogen werden. „Wegen der bevorstehenden Bedrängnis, schreibt Paulus an die Korinther[187], ist es gut, ledig zu sein. Bist du an eine Frau gebunden – suche keine Trennung ! Bist du ledig – suche keine Frau! Wenn du dennoch heiratest, ist es keine Sünde. Bedrängnis für den äußern Menschen werden die Betreffenden freilich davon haben, und ich möchte euch gerne ver-

---

[185] Mt 19 12.

[186] 1 Kor 9 5.

[187] 1 Kor 7 26 ff.

schont wissen. Das versichere ich euch, meine Brüder: Die Zeit drängt. Deshalb müssen die Verheirateten leben, als wären sie unverheiratet... die mit der Welt Verkehrenden, als berühre sie dieser Verkehr nicht. Denn der jetzige Zustand dieser Welt wird bald aufhören. Da möchte ich dann, daß ihr nicht mit Sorgen beschwert wäret. Der Unverheiratete sorgt um die Sache des Herrn, er möchte dem Herrn gefallen; der Verheiratete aber sorgt um weltliche Dinge, er möchte seiner Frau gefallen. So ist sein Herz geteilt."

Ähnlich, vielleicht noch entschlossener, mag Jesus gedacht haben. In der Parabel vom Festmahl schildert er nach Lukas als die beiden Hindernisse, welche die Berufenen vom Reiche Gottes fernhalten und ausschließen: irdischen Besitz – und Heirat[188], „ich habe ein Weib genommen, darum kann ich nicht kommen"! Und den Hereinbruch des Reiches schildert er mit den Worten: „Wie die Menschen in den Tagen vor der Flut aßen und tranken, heirateten und verheirateten bis zu dem Tage, wo Noah in den Kasten ging, und nichts merkten, bis die Flut kam und sie alle wegriß, so wird es auch in den Tagen des ‚Menschen' sein[189]." Das schließt doch wohl den selbsterprobten Rat ein: Um die Augen offen zu halten für das Reich Gottes und seiner teilhaft zu werden, ist's gut, die leiblichen Bedürfnisse zu beschränken und an Heiraten überhaupt nicht mehr zu denken.

Nicht bloß ehelos trat Jesus vor sein Volk, sondern auch gelöst von seiner Familie in Nazareth[190]. Er wollte von seinen Angehörigen als solchen keinerlei Bevormundung, Beeinflussung, Hemmung[191]. Seine Wege schieden sich jetzt von denen seiner Brüder[192]. Jesus stellte neue, geistliche

---

[188] Lk 14 20.
[189] Lk 17 26 Mt 24 38 f.
[190] Mt 4 13 Mk 6 3. 4.
[191] Mk 3 21. 31 ff Joh 2 4 7 3 ff ?
[192] Joh 7 5 Apg 1 14 Mk 6 3.

Bande über solche des Bluts und fand seine wahren Verwandten im Kreise seiner Jünger und Jüngerinnen, ohne übrigens einen Bruch mit Mutter und Geschwistern herbeizuführen. Auch seine Begleiter scheint er geflissentlich von ihren Familien getrennt zu haben, wenigstens eine Zeitlang. Als ein von ihm zur Nachfolge Aufgeforderter um die Erlaubnis bat, zuvor seinen Vater begraben zu dürfen, wies er ihn mit den Worten zurecht: „Laß die Toten ihre Toten begraben, du aber geh' und verkündige das Reich Gottes – folge mir[193]!" Es handelt sich hier wahrscheinlich um einen lebenden alten Vater, bei welchem halb pietätvoll, halb sentimental der Sohn zu bleiben wünscht, bis er ihn begraben muß, obwohl offenbar noch andere Familienglieder vorhanden wären. Jesus schneidet kurz ab und wünscht solche Rücksichten auf die Seite gesetzt gegenüber dem einen großen Ziele: Das Reich Gottes. „Ich bin gekommen, den Sohn von seinem Vater zu trennen und die Tochter von ihrer Mutter und die Schwiegertochter von ihrer Schwiegermutter; die eigenen Hausgenossen werden eines Menschen Feinde sein. Wer Vater oder Mutter mehr liebt als mich, ist mein nicht wert…[194]" Mit dieser fast feindlichen Stellung zu Familie und Ehe ist durchaus kein Mißachten der Ehe gepaart, so wenig als der Eltern. Niemand vor Jesus hat so hohe Worte von der göttlichen Würde und Unlöslichkeit der Ehe gesprochen wie er[195].

Seinem persönlichen Verzicht auf die Ehe entsprach ein willensstarker Verzicht auf jegliche stille Neigung sowohl als überhaupt auf jede Sinnlichkeit – anders als bei so manchen priesterlichen Eheverächtern seines spätern Anhangs. Man betrachte sein Verhalten in den Fällen[196], wo über Begeg-

---

[193] Lk 9 60.
[194] Mt 10 35 ff.
[195] Kap 26.
[196] Lk 7 37 ff Joh 8 2 4 7 ff ?

nungen mit sittenlosen Frauen ausführlicher berichtet wird. Welch eine Reinheit, welcher Seelenadel! Als man ihm das beim Ehebruch ertappte Weib frühmorgens in den Tempel brachte, mitten in eine Ansprache hinein, und die schändliche Geschichte vor aller Ohren schamlos ausbreitete, bückte er sich auf den Boden und schrieb mit den Fingern auf die Steinfließen[197]. Warum wohl? Offenbar aus keuscher Verlegenheit und mitfühlender Zartheit. Erst als die Unfeinen weiter mit Fragen in ihn drangen, richtete er sich auf und sprach die großen Worte: Wer unter euch ohne Sünde ist, werfe den ersten Stein auf sie! Und er beugte sich wieder nieder und schrieb auf den Boden. Geschlagen gingen die Ankläger einer nach dem andern davon, und Jesus blieb allein mit der dastehenden Frau zurück. „Frau, wo sind sie? Hat keiner dich verurteilt?" – Keiner, Herr. – „Auch ich verurteile dich nicht; gehe hin, sündige von nun an nicht mehr!" So milde urteilt nur einer, der selber gekämpft und überwunden hat! Seine persönliche Entschlossenheit, seine Strenge auf diesem Gebiet zeigt am besten seine Auslegung des Gebots: Du sollst nicht ehebrechen[198].

„Ich aber sage euch: Jeder, der eine Frau mit lüsternem Begehren ansieht, hat schon mit ihr Ehebruch getrieben in seinem Herzen. Gesetzt, dein rechtes Auge will dich verführen, so reiß es aus und wirf es weg. Besser eins deiner Glieder wird vernichtet, als daß dein ganzer Leib in die Hölle geworfen wird. Und wenn deine rechte Hand dich verführen will, so haue sie ab und wirf sie weg. Besser eins deiner Glieder wird vernichtet, als daß dein ganzer Leib in die Hölle kommt."

Nur der ist ein Mann, der den männlichen Trieb zu bewachen gelernt hat. Jeder Sieg auf diesem Gebiet führt eine mächtige Stärkung des Willens und Charakters, einen Auf-

---

[197] Joh 8 6. 8.
[198] Mt 5 27 ff.

schwung des Geistes mit sich, während jede Niederlage gegenüber den sinnlichen Trieben das höhere Wesen des Menschen nachteilig beeinflußt. Zum Siege hilft stete Wachsamkeit und Einhalten der guten Sitte. In dieser Hinsicht verdient vielleicht Beachtung, daß Jesus sich in der Kammer des zwölfjährigen Mägdleins nicht einschloß, ohne die Eltern zu sich zu nehmen[199]. Als die Kananäerin ihn für ihre Tochter bat, ist er nicht mit ihr gegangen[200]. Seine Berührungen mit dem weiblichen Geschlechte und Heiltaten an Frauen sind weit seltener als an Männern[201]. Die „Jüngerinnen", welche, zum Teil von ihm geheilt, sich seinem Kreise anschlossen und eine Zeitlang mitzogen durch Stadt und Land[202], indem sie „sich ihm und seinen Jüngern mit ihrem Vermögen zur Verfügung stellten", gehörten einem reiferen Alter an, es waren Ehefrauen, Witwen, Mütter seiner Schüler, Verwandte Jesu. Dennoch würde dieses Zusammenwandern und -wohnen der Frauen mit den um Jesus gescharten Männern unter morgenländischem Himmel die größten Gefahren in sich geborgen haben – wenn nicht eben der eine große Gedanke alle beherrscht hätte: das Reich Gottes; wenn nicht die gewaltige Persönlichkeit Jesu jeden Nebel von Unreinheit von vornherein ferngehalten hätte. Kühnlich kann der späteste Evangelist wagen in die Welt hinauszuschreiben: Jesus hatte Martha lieb und ihre Schwester und Lazarus[203], wobei er das edelste Wort gebraucht, das die griechische Sprache für Liebe hat. Tatsächlich ist dem bei seinem Volke so arg verlästerten Jesus der Vorwurf des losen Lebens, der Unsittlichkeit erspart geblieben, den sonst die Welt so gern erhebt und so unerbittlich ausschlachtet: hinsichtlich

---

[199] Mk 5 40 vgl 1 Kön 17 19 2 Kön 4 33 Apg 9 40 Mt 6 6.
[200] Mk 7 29.
[201] Mk 1 30 5 25! Lk 13 11 vgl Joh 4 27!
[202] Lk 8 2 f vgl Mk 16 9 15 40 f. 47 f Joh 20 11 ff.
[203] Joh 11 5.

seiner weiblichen Begleitung finden wir einen Tadel oder auch nur ein Mißtrauen seitens der Zeitgenossen nirgends gegen Jesum ausgesprochen. Erst unserer Zeit ist vorbehalten geblieben, von Liebesverhältnissen Jesu zu phantasieren, sündige Romane um sein lichtes Haupt zu weben und ihn, den fast ängstlich Reinen, in den Schmutz der Ehebruchstheater hinabzuziehen.

Atmet nicht die ganze Redeweise Jesu die ungetrübteste Reinheit? Nirgends ein auch nur die Grenze streifendes Bild. Während beispielsweise die Reden und Schriften der jüdischen Propheten von häufigen Vergleichen aus dem Geschlechtsbereich durchflochten sind, ist uns aus dem Munde Jesu nichts Derartiges aufbehalten. In poetischer, ebenso schwungvoller als leidenschaftsloser Weise vergleicht er gern das Himmelreich einer Hochzeit[204]; aber nie tut er der Braut Erwähnung. Gedanken eines türkischen Paradieses weist er mit klaren Worten ab. Während er hin und wieder vom „Essen und Trinken in meines Vaters Reich" redet[205], versichert er ausdrücklich, daßie in der Auferstehung weder heiraten noch sich verheiraten lassen, sondern sind „wie Engel im Himmel" – über jede Sinnlichkeit erhaben[206]. „Und jene himmlischen Gestalten, sie fragen nicht nach Mann und Weib, und keine Kleider, keine Falten umgeben den verklärten Leib."

Wie ganz anders Mohammeds Stellung zum weiblichen Geschlechte! Welche persönlichen Gefahren Jesus auf diesem Gebiete überwunden und welche sittliche Höhe er – noch dazu unter orientalischen Verhältnissen – errungen, daß ermißt am besten, wer einen Blick wirft in das Eheleben des arabischen Religionsstifters[207]. Nachdem Mohammed vom 25.-50. Lebensjahre eine glückliche, mit sechs Kindern gesegnete Ehe zu

---

[204] Mt 9 15 22 2 ff 25 1 ff Lk 12 36 14 8 vgl auch Joh 2 1 ff.
[205] Kap 6.
[206] Mt 22 30.
[207] Vgl besd Sprenger, *Leben Mohammeds III* c 17 Anhang.

seiten einer älteren, vornehmen Witwe geführt hatte, deren Karawanenführer er gewesen war, gewann mit deren Tode die volle semitische Vielweiberei bei dem Propheten die Oberhand, samt ihren Auswüchsen und schädlichen Einflüssen. Gegen vierzig Frauen hat er von da an noch heimgeführt. Einzelne trugen sich ihm selber an. Andere fielen ihm als Beute zu im „heiligen Krieg" oder wurden ihm von unterwürfigen Familien und Häuptlingen in schmeichlerischer Weise geschenkt. Viele erwarb er selbst. „Während der letzten zwei Lebensjahre war seine ganze Aufmerksamkeit auf die Vergrößerung seines Harems gerichtet. Wenn er von einem schönen Weibe hörte, machte er ihr einen Heiratsantrag[208]." Da Überzahl von Frauen selbst bei den Arabern für unsittlich galt, fand es Mohammed nötig, durch eine besondere Offenbarung die öffentliche Meinung zu beschwichtigen – zumal ihm keine Kinder mehr geschenkt wurden. Gott erlaubt ihm im Koran 30, 49 betreffs Anzahl und Wahl der Frauen eine größere Freiheit als andern Menschen. Überhaupt fiel es dem Propheten nicht schwer, für seine ehelichen Wünsche und Verwicklungen zur rechten Zeit neue, besondere Offenbarungen vorzuweisen, die im Koran auf uns gekommen sind. Den wahren Grund seiner Ausschreitungen spricht er in wohlverbürgter Tradition selber also aus: „Mein einziges Vergnügen aus Erden sind Weiber, Wohlgerüche und das Gebet." Das Prophetentum, fügen die Moslim hinzu, ist eine so schwere Aufgabe, daß Gott dem Propheten im Liebesgenuß einen Ersatz gewährte und ihn mit ungleich größerer Kraft dafür ausstattete als andere Männer – der gleiche Vorzug, den schon Abraham, David und Salomo, jene Lieblinge Gottes, nach ihrer Auffassung genossen[209].

Kehrt man von Mohammed und seinem Koran wieder zu Jesus und den Evangelien zurück, so ist's, als ob man aus sumpfiger Niederung zur reinen Luft erhabner Bergeshöhe

---

[208] Sprenger III Seite 82.
[209] Sprenger III 87.

emporsteige. Von Jesus weht uns die Wahrhaftigkeit, Selbstzucht und Sittenstrenge eines wahren Propheten entgegen. Man kann bedauern, daß er das Gebiet der Ehe nicht schärfer mit seinem Worte beleuchtet hat. Man mag seine Stellung einseitig nennen, wiewohl sie für ihn durchaus die gegebene war[210]. Hausvatertugenden hat er in seinem Wanderhaushalt bewiesen[211], und als einen Kinderfreund malt ihn deutlich die biblische Erzählung[212]. Aber die Vorsehung hatte ihm höhere Schulen zugedacht als die der Ehe, eine unendlich größere Nachkommenschaft als die leibliche, und ein zu kurzes Wirken, als daß er in behaglicher Ruhe einer Familie hätte leben dürfen. Um so mehr ist immer wieder die Selbstbeschränkung zu bewundern, mit der er sein Leben seinem innersten Beruf unterwarf und dem Höchsten dienstbar machte, das ein Mensch erstreben kann. .

8. Kapitel

Macht und Zucht des Geistes

Unter den Förderern der Menschheit läßt sich nach dem Stärkegrade, in dem das Persönliche sich ausprägt, etwa die folgende Stufenleiter aufstellen: Entdecker und Erfinder, Heerführer, Richter und Staatsmann, Reichslenker, Gelehrter, Philosoph, Prophet und Volksmann, Apostel, Reformator, Künstler, Religionsstifter.

Am wenigsten oder gar keine persönlichen Spuren sind vorhanden im Werke des Entdeckers oder Erfinders, am meisten Persönlichkeit kommt zum Ausdruck im Werke des schaffenden Künstlers und in der neuen Religion dessen, der sie stiftet.

---

[210] Kap 5. 26. 29.
[211] Kap 9. 26.
[212] Mk 9 36 f 10 13 ff Mt 11 16. 25 7 11 21 15 f.

Soweit nur Geschicklichkeit und noch so glänzendes einseitiges Können sich äußern, sprechen wir von Talent. Je tiefer und umfassender aber der Geist, desto mehr nähert er sich dem Genie.

„Ein Mensch ist desto genialer, je mehr Menschen er in sich vereinigt[213]." Kraft solcher Vereinigung ist der geniale Mensch der beste Menschenkenner und durchschaut die andern, wie der Flieger den See, bis auf den Grund. Der geniale Mensch sieht auch zu den meisten Dingen der Natur in innigstem Verhältnis; er weiß alles, ohne es gelernt zu haben.

Höchstes Menschentum, höchste Genialität kennzeichnet die Religionsstifter, die kraft einer eigenen vollständigen Neugeburt der Menschheit einen neuen Weg zeigen.

Wo steht Jesus auf jener Leiter der Menschheitsführer? Jedenfalls war er ein Prophet und Reformator. Für einen Propheten hielt er sich selbst[214], für einen großen Propheten nahm ihn das Volk[215]. Alle Quellen geben uns Beispiele seiner Sehergabe[216], besonders aus der letzten Zeit seines Lebens[217]. Wichtiger als die mancherseits angefochtenen Voraussagungen Jesu ist der Scharfblick, mit dem er die Gesamtlage seines Volkes durchdrang, das sichere

---

[213] Otto Weininger, *Geschlecht und Charakter 19*; Wien u. Lpz. 1920 S. 130. Der dort entwickelte Begriff des genialen Menschen leuchtet gerade auch hinsichtlich Jesu sehr ein. Ähnlich bei Paul Häberlin.

[214] Mt 13 $_{57}$ Lk 4 $_{24}$ ff 13 $_{33}$ f.

[215] Mt 21 $_{11.46}$ 16 $_{14}$ Mk 6 $_{15}$ 8 $_{28}$ Lk 7 $_{16.39}$ 9 $_{8.19}$ 24 $_{19}$ Apg 3 $_{22}$ f 7 $_{37}$ Joh 4 $_{19.44}$ 6 $_{14}$ 7 $_{40}$ 9 $_{17}$.

[216] Mt 8 $_{11}$ 10 $_{17}$ ff Mk 9 $_{1}$ 10 $_{39}$ Lk 10 $_{18}$ Joh 1 $_{42.47}$ 2 $_{21}$ 4 $_{17-21}$.

[217] Mt 26 Mt 26 $_{12.21}$ ff. $_{31.34}$ 21 $_{2}$ Mk 11 $_{2-6}$ 14 $_{13}$ ff Mk 2 $_{20}$ 10 $_{39}$ Mt 16 $_{21}$ 17 $_{12}$ f. $_{22}$ f. $_{28}$ 21 $_{37}$ 26 $_{29}$ Lk 12 $_{50}$ 13 $_{32}$ Mt 24 $_{2}$ (26 $_{61}$ 27 $_{40}$ Joh 2 $_{19}$) Mt 22 $_{7}$ 23 $_{36}$ ff Lk 19 $_{41}$ ff.

Gefühl, mit dem er die sittlichen Zustände erfaßte, die Klarheit, mit der er die Zeichen der Zeit verstand, die Schärfe, Furchtlosigkeit und „Vollmacht", mit der er sich über das alles ausspricht[218].

Der Reformator war es, der den Tempel säuberte und der frommen Anmaßung zu Leibe ging, der mit so manchem toten Brauch aufräumte und das Kastenwesen zertrümmerte; der wie Elias mit Donnerwort und Feuergeist das ganze Volk in Bewegung brachte und vor die Entscheidung stellte. Ein „Sozialreformer" im heutigen Sinne des Worts ist Jesus nicht gewesen. Statistik hat er nicht getrieben, Tatsachen nicht gesammelt, mit Behörden nicht verhandelt, eine Partei nicht organisiert, der „Presse" sich nicht bedient, in Ratssälen keine Reden gehalten, volkswirtschaftlichen oder Verfassungsfragen keine Beachtung geschenkt. Er war nicht so sehr Wühler als Tröster; sein letztes Ziel war nicht, die Leute unzufrieden zu machen, sondern sie zu erquicken, auszurichten und mit neuem Mute zu erfüllen. Kurz, sein Wirken bewegte sich durchaus auf dem religiösen und sittlichen Gebiet. Hier war seine Reform allerdings so durchgreifend, daß sie dem ganzen Menschengeschlecht zugute kommen konnte und ihn, ohne daß er es gewollt, zum Stifter einer neuen Religion erhob.

Über den Propheten und Reformator hinaus war Jesus jedenfalls ein schöpferischer Geist, nicht als Gelehrter, aber als Weiser, als Redner, als Dichter!

Betrachten wir einmal das *Gewand* seiner Reden genauer, so muß uns auf den ersten Blick die schlichte Schönheit, die Farbe, die Frische auffallen, dann aber auch die Festigkeit seines Gewebes. Bezeichnend für die Lehrweise Jesu ist ebenso die Bildform wie die Spruchform, die reizvolle Anschaulichkeit wie die zwingende Vernunft, der ahnende Aus-

---

[218] Mt 8 12 11 16 12 28.41 f 16 4 17 12 21 32 ff 22 1 ff Lk 19 11 ff Joh 4 35 ff usw.

blick wie die schlagende Lebenswahrheit, der poetische Schmuck wie die begriffliche Klarheit, die Allgemeinverständlichkeit wie die gedankentiefe Kürze. Schon aus der Form seiner Lehren erkennen wir die reiche natürliche Veranlagung dieses Lehrers: seine scharfe Urteilskraft, seine lebhafte Phantasie, seine treffliche Beobachtungsgabe, seine Beherrschung der Sprache, seinen Schönheitssinn, sein Feingefühl für das Denken und Fühlen anderer und sogar etwas von jener Fertigkeit augenblicklichen Verknüpfens, die wir Esprit nennen.

Orient und Okzident berühren sich aufs glücklichste in der Person des heute zum Lehrer des Erdkreises Gewordenen. In seinem zwischen den drei Erdteilen gelagerten Heimatländchen Galiläa ertönten die griechische und die syrische Sprache, römische Laute und semitische Mundarten nebeneinander, strömten europäische, asiatische und alexandrinische Einflüsse zusammen. So fand sich Jesus gewissermaßen vom gesamten damaligen Geistesleben umflutet, und sein beweglicher, reicher Geist vermochte auch ohne gelehrte Bildung aus den verschiedensten Quellen zu schöpfen, das Urteilen und Empfinden des Morgen- und des Abendlandes in sich aufzunehmen.

Die Lehrweise Jesu erinnert auf der einen Seite an die eines Hillel und anderer jüdischer Schriftgelehrten. Ohne deren Spitzfindigkeiten, Trugschlüsse, Geschmacklosigkeiten finden wir bei ihm die gleiche morgenländische Vorstellungswelt, dieselbe gern an niedere Vorgänge und Erlebnisse anknüpfende Art der Belehrung, denselben Schriftbeweis: „es steht geschrieben[219]", die gleiche Neigung zu Paradoxien und Parabeln. Den edelsten Perlen hebräischer Spruchweisheit reihen sich die Sprüche Jesu an. Diese bei den Juden seit alters beliebte Form, die scharf

---

[219] Mt 4 4. 7. 10 11 10 21 13 26 24. 31 Mk 7 6 9 12 f Lk 10 26 20 17 22 37 usw.

zugespitzte und verdoppelte Sentenz, kommt dem Verständnis wie dem Gedächtnis trefflich zu Hilfe. Nicht selten hat Jesus jüdische Sprüche verwertet; aber gerade im Neuprägen hat er ein solches Geschick bewiesen, daß ein gut Teil seiner Sprüche heute in den sprichwörtlichen Gebrauch der Völker übergegangen sind[220]. Wie knapp und kernig runden sie sich; keine Silbe zu viel! „Ein Wort eine Welt, und ein Satz umspannt Himmel und Erde."

Auf der andern Seite hat man die Lehrweise Jesu auch mit der sokratischen Methode verglichen. Ähnlich dieser weckt sie eine gesunde Selbsterkenntnis, und, an die nüchternen Tatsachen des neuentdeckten Ichs wie der es umgebenden rauhen Wirklichkeit anknüpfend, nötigt sie den Hörer mit unerbittlicher Logik die daraus gezogenen Schlüsse einfach anzuerkennen[221]. Kurz und bündig werden die Folgerungen hingestellt[222]; ja oft wird dem Angeredeten selber das Schlußurteil überlassen[223]. Auf den einfachsten Kern werden die Dinge zurückgeführt und die Grundsätze durch keine einschränkenden Vorbehalte verdunkelt[224]. Aus der Tiefe geschöpft, hangen die Gedanken sichtlich untereinander zusammen, ein in sich geschlossenes Gefüge, wenn auch nicht als solches vorgetragen. Es sind ja nur Gelegenheitsreden, nicht im Schulmantel, sondern im Alltagsrock, darum nicht bloß für Gelehrte, sondern für jedermann. Aber jedermann wird ihre gewaltige Einheit erkennen.

Etwas wunderbar Weltumspannendes, Allgemeinmenschliches zeichnet die Denk- und Lehrart Jesu aus, eine Verbindung von Einfachheit und Tiefe, eine Verschmelzung von

---

[220] Mt 5 15 f 6 3. 21. 24. 34 7 3. 6. 7. 9. 15. 20 8 22. 9. 12 10 16 12 34 13 12 25 29 23 23 26 41 Lk 9 55 10 42 15 18. 21 usw.
[221] Mt 7 9–12 Lk 15 4 ff 14 7 ff 17 7 ff 7 40 ff 13 15 f 14 5 f usw.
[222] Mt 5 16. 26. 48 Lk 12 21 16 9 18 7. 14 usw.
[223] Mt 7 16 12 3 ff. 26 ff 9 4 f 16 26 21 31. 40 Lk 10 36 f usw.
[224] Mt 5 34. 39. 45. 48 6 33 7 8. 12 usw.

Prosa und Poesie, die seine Ideen allen Altersstufen und Bildungsgraden, allen Ständen, Rassen und Klassen zugänglich und genießbar macht. Wo er seinen Mund auftut, erkennen wir sein Streben, auf dem kürzesten Wege H die größte Deutlichkeit zu erzielen, mit den schlagendsten Mitteln den faßlichsten Ausdruck zu prägen. Lieber wird er einseitig als unklar, lieber schroff und kurz abgeschnitten als breit, schal und verschwommen[225]! Niemals braucht er Künste, um zu überreden, zu bestechen, über Schwierigkeiten hinwegzutäuschen, Anstöße zu beseitigen. Mit vollkommener Offenheit und ohne Zugeständnisse bringt er sein Urteil oder seine Forderung scharf zum Ausdruck. Aber er wendet alle Kunst an, um von der Wahrheit seines Worts zu überzeugen und immer neue Brücken zu schlagen zwischen Himmel und Erde, zwischen dem einfachsten Menschenverstand und den höchsten Erkenntnissen. Keine Geheimlehre will er ja bringen für wenige Auserwählte und Eingeweihte[226], sondern eine frohe Botschaft für alles Volk.

Von seinen Reden sind uns nur Bruchstücke erhalten, nachträgliche, mehr oder weniger unzuverlässige Aufzeichnungen von fremder Hand. Wieviel Schönheit mag da verwischt, wieviel Besonderheit verloren, wieviel Erhabenheit verflucht worden sein! Aber welch ein Duft und welch ein Glanz liegt noch heute über diesen schlichten Worten! Hier blinkt und perlt und glitzert alles wie Morgentau.

Das Eigentümlichste und Schönste im Vortrag Jesu st seine Bildersprache. Seine ausgeführten Gleichnisse, Fabeln und Beispielerzählungen, siebzig bis achtzig an der Zahl, machen mehr als die Hälfte des gesamten von ihm überlieferten Redestoffes aus. Dazu kommen, ungezählt und überall eingestreut, die oft in einem einzigen Wort oder

---

[225] Lk 6 29 f 10 42 14 12–14. 26 Mt 6 25 ff 8 22 11 25 f 10 34 ff 15 11 18 21 f vgl 15 ff 19 23 ff usw.
[226] vgl Kap 4 Seite 42, auch S 97.

Sätzchen enthaltenen Vergleiche, die bildlichen Ausdrücke, ohne welche sich das Höchste, das Jenseitige nun einmal nicht darstellen läßt. Dem Reichtum und der treffenden Art der Bilder verdankt die Rede Jesu hauptsächlich ihre lichte Anschaulichkeit. Sie sind die hellen Fenster in dem hehren Gebäude seiner Lehre.

Die Parabeln Jesu sind so mannigfaltig, so reizvoll, so urtümlich, daß man sie als den unersetzlichsten Teil seines Nachlasses bezeichnen darf, der uns den tiefsten Blick in sein Herz gewährt. Daher wendet sich sorgfältigste Einzelforschung in neuerer Zeit gerade diesen Früchten seines Geistes zu. Kein anderer biblischer Schriftsteller oder religiöser Lehrer hat es ihm, dem Meister in der parabolischen Lehrweise, gleichgetan. Die verwandten rabbinischen Erzeugnisse stehen in weitem Abstande zurück. Die Gleichnisse Jesu verraten in der Tat ein Genie und verdienen als Kunstwerke einen Platz in der Literatur der Völker.

„Wie kommt es, fragt Lavater im Vermächtnis an seine Freunde, daß keine kritische Poesie die Parabeln Christi, diese Meisterstücke populärer Dichtung, als Muster anführt und Jesum als den ersten Dichter der Welt darstellt?" Das letzte schießt natürlich über das Ziel hinaus. Jesus ist mit Homer oder Shakespeare nicht zu vergleichen. Er wollte überhaupt kein Dichter sein. Auch wird er an seinen Parabeln nicht gedreht und gefeilt und studiert haben. Sie sind Kinder des Augenblicks, freie Schöpfungen seiner Einbildungskraft, unwillkürliche Ausflüsse seines einzig auf Belehrung und Gewinnung der Menschen bedachten Geistes. Offenbar hat er nie nach Bildern suchen müssen, sie flogen ihm zu, sie tauchten ihm in unerschöpflicher Fülle aus der Tiefe des Gemüts aus. Aber gerade das verrät den Dichter. Der Vergleich ist der Anfang und das Hauptstück aller Poesie. Wenn Goethe von sich sagt, er könne gar nicht ohne Gleichnis reden, unwillkürlich gehe ihm alles in Gleichnis über, so gibt er ein Kennzeichen des echten Poeten. Religion und Kunst stehen in mannigfachem seelischen Zusammenhang. Bahnbrechende Glaubensmänner wie Franziskus, Luther, Zinzendorf sind zugleich poetisch schöpferische Kräfte gewesen.

Jesus war ein vortrefflicher Beobachter. Wo er hinkam, sah er sich um, und nicht das geringste entging seinem scharfen, bis in die Winkel dringenden Auge[227]. Auf Schritt und Tritt hat er gesammelt und nicht nur Auffallendes, Ungewöhnliches sich gemerkt sondern liebenden Blickes gerade das Unscheinbare gewürdigt, gerade das Unbedeutende hervorgezogen[228]. Wiewohl er kaum je aus seinem Lande herausgekommen ist, kennt er doch die Welt. Ein empfänglicher Naturmensch, lebt und webt er in der freien Gottesschöpfung, ist vertraut mit den Tieren[229], entzückt von den Blumen[230], achtsam auf Baum und Strauch[231]. Er weiß an seinem schönen See[232] und auf dem stillen Berg[233], in der Stadt[234] und auf dem Lande[235], im Garten[236] und auf dem Felde[237], im Hühnerhof[238] und auf der Viehweide[239] in der Küche und im Keller[240], im Palast und in der Hütte[241] Bescheid. Am liebsten greift er ins Menschenleben mit seinen Leiden und Freuden. Sein weltoffener, praktischer Sinn hat

---

[227] Lk 7 $_{32}$ 14 $_{1-3.7}$ 19 $_5$ 21 $_2$ 5 $_{20.22}$ 8 $_{50}$ usw.
[228] Mt 10 $_{29}$ 13 $_{31.33.47.52}$ Lk 5 $_{37}$ 6 $_{43}$ 9 $_{62}$ 12 $_{22}$ ff usw.
[229] Mt 6, $_{26}$ 10 $_{29.16}$ Lk 13 $_{32}$ 9 $_{58}$.
[230] Mt 6 $_{28}$ ff.
[231] Mt 7 $_{16}$ ff 12 $_{33}$ Lk 13 $_6$ 21 $_{29}$ 23 $_{39}$.
[232] Mt 13 $_{47}$ ff.
[233] Mt 18 $_{12}$.
[234] Lk 16 $_{19}$ ff Mk 25 $_{14}$ ff.
[235] Mt 13 $_1$ ff 24 $_{4.44}$ Lk 12 $_6$ ff.
[236] Mt 7 $_{16}$.
[237] Mt 20 $_1$ ff Lk 9 $_{26}$.
[238] Lk 13 $_{34}$.
[239] Lk 15 $_4$ ff. $_{15}$ f 14 $_{19}$.
[240] Mt 5 $_{13}$ 9 $_{17}$ 13 $_{33}$.
[241] Lk 16 $_{19}$ 15 $_8$ ff 14 $_{16}$ ff Mt 18 $_{23}$ ff 22 $_1$ ff.

in die verschiedensten Verhältnisse hineingeblickt – und zwar immer bis auf den Grund; er versteht die entlegensten Vorkommnisse[242] so gut wie die alltäglichsten Begebenheiten[243] zu verwerten. Hier paßt ohne Einschränkung das Wort „nichts Menschliches ist mir fremd"; überall hat er zugeschaut und lauschend mitempfunden. Dieser erstaunliche Reichtum Jesu an frischen Bildern aus den mannigfaltigsten Gebieten ist ja oft nachgewiesen worden.

Dazu kommt seine wunderbare Gestaltungskraft und Leichtigkeit des Ausdruckes; ein natürliches Geschick, das Geschaute neu zu erzeugen, das Beobachtete darzustellen, mit Worten zu malen; ein sicherer Takt, bald eine Geschichte mit verschwenderischer Fülle in Einzelzügen auszustatten[244], bald sie mit wenig Strichen, gleichsam nackt, aber desto schärfer und packender hinzuwerfen[245] – kurz, eine reiche Erfindungsgabe, ein entschiedenes Erzählertalent, womit er die Menge immer neu entzückt und an sich fesselt.

Und endlich kommt hinzu welch tiefe Kenntnis des menschlichen Gemüts, welch feines Geschick, die Saiten des Herzens zu rühren! Er wußte ruhig zu belehren und zu überzeugen, ernst zu strafen und zurechtzuweisen. Mit Vorliebe setzte er sich bei seinen Predigten[246], er konnte aber auch Standreden halten[247]. Gern erhob er sich in der Synagoge zu feierlicher Ansprache[248], aber nicht minder gern unterhielt er, auf das Polster gestreckt, seinen Wirt und die Gäste mit anmutigen Tischgesprächen[249]. Er verstand

---

[242] Lk 19 12.
[243] Mt 9 12 Lk 11 5–8 14 28 ff.
[244] Lk 15 11 ff.
[245] Mt 21 28 ff.
[246] Mt 5. 13 Joh 8 2 Mt 26 55.
[247] Mt 22 41 ff Joh 7 37.
[248] Lk 4 16. 31 6 6 13 10.
[249] Lk 14 7 ff.

ebenso freundlich einzuladen, aufzurichten, zu trösten[250], als jäh abzuweisen, niederzuschmettern, zu vernichten[251]. Ein Meister der Fragestellung, konnte er Rätsel schmieden, Knoten schürzen, unausgesprochene Bedenken beantworten, schiefe Fragen fein berichtigen, den wunden Punkt herausfühlen, die geheimsten Herzensregungen bloßlegen[252]. Er verfügte über Humor und Ironie[253], über Jubelton und Klagelaut[254], über den Stab Sanft und den Stab Wehe[255]; er war gewohnt mit Gegensätzen und Steigerungen, mit Häufungen und Wiederholungen, mit Gleichklängen und Schlußakkorden zu wirken[256]. Und dies alles quoll und floß ihm wohl meist „aus dem Stegreif". Solch offenbares Redetalent wurde von seinen Zuhörern laut anerkannt.

Ohne Zweifel hätte er in allen diesen Künsten noch Glänzenderes leisten können. Was er uns davon spendete, das spendete er wie von ungefähr, nirgends aber als Selbstzweck. Warum hat Jesus auf jegliches Streben in dieser Richtung verzichtet? Hätte er sich aufs Dichten verlegt oder sich als Redner ausgebildet, er wäre vielleicht nicht gekreuzigt worden. Wir erkennen aufs neue die zielbewusste Selbstbeschränkung seines festen, gesammelten, verklärten Wollens. Dem großen Berufe muß alles dienen, dem einzigen Lebenszwecke die glänzendste Gabe sich unterordnen.

Der Beruf hat die reichen Talente geweckt, die vorher wohl meist geschlummert. Unter der das Höchste erstreben-

---

[250] Mt 9 2. 22 11 28 15 28.
[251] Mt 15 24 f 23 Lk 12 14 11 39 ff.
[252] Mt 23 17 ff 15 11. 20 21 25. 28 22 41 ff 9 2. 4 Lk 10 29. 36 7 39. 40 6 8 14 3.
[253] Mt 6 27. 29 7 3 ff 9 12 19 24 23 24 21 28 ff Lk 12 16–21 13 15 f. 32 f 14 5 16 3 ff. 22 ff 18 5. 10 ff 20 25 Joh 8 7 10 32.
[254] Mt 11 25 ff Lk 13 34 f.
[255] Mt 11 20 ff 23 Lk 6 20–26 vgl Mt 5 3 ff usw.
[256] Mt 6 19 f 12 33 16 26 6 26 ff 7 7 ff. 16 ff. 24 ff 11 7 ff 13 1 ff.

den Willenskraft Jesu wurde sein Innerstes entzaubert und jedes Vermögen in ihm entbunden. Der gleiche Beruf aber hat, mittels der gleichen Willenskraft, die Talente wieder gebunden und in den Schranken eines ganz einseitigen Wirkens gehalten. Der Geschlossenheit dieses Geistes verdanken wir seine Meisterschaft. Statt seine Gaben in alle vier Winde zu zerstreuen und bald diesem, bald jenem Augenblickserfolge nachzujagen, steckt er sich das erhabenste Ziel und bringt ihm sein Alles rückhaltlos zum Dienst und zum Opfer.

So ist dieser Mann trotz dem Reichtum seines Geistes immer in der Einfalt geblieben. Nie prunkte er mit seinen Gaben und Schätzen, nie ließ er seinen Verstand in bloßer Beweis- und Redekunst schillern, nie feine Phantasie züngellos schweifen und betören, nie sollte sein Gemälde durch Farbenglanz die Blicke von dem großen Gegenstande der Darstellung ablenken. Vielmehr hat er sich im öffentlichen Vortrag einer beschämenden Enthaltsamkeit und steten Rücksicht auf seine Hörer befleißigt. Klarheit war sein Streben, Wahrheit sein Ziel, Schönheit eine lächelnde Beigabe zu all dem heiligen Ernst, ein freundliches „Nebenprodukt" und eine nicht zu verachtende Lockung für das menschliche Gemüt. Meister der Form, aber ein noch größerer des Gedankens, Meister der Sprache, aber ein noch größerer der Gefühle, muß er durch sein Wort immer wieder eine wahre Zaubermacht ausgeübt haben. „Alle drückten ihm Beifall aus und bewunderten die anmutigen Worte, die sein Mund sprach", so erzählt Lukas von seinem Besuch in der Vaterstadt. „Noch nie hat ein Mensch so gesprochen!" läßt Johannes die gegen ihn ausgesandten Diener den Hohenpriestern erklären. Mit geheimnisvollen Fäden zog er seine Hörer aus der Sinnenwelt hinauf in die Geisteswelt, aus dem alltäglichen Daseinskampf in ein höheres Leben und Streben, aus dem Naturreich in das Gottesreich, aus dem Erdenstaub in die reine Himmelsluft.

Selbst der eiserne Napoleon konnte sich dem Eindruck solcher Redemacht nicht entziehen. Sein berühmtes Zeugnis darüber, in der Stille von St. Helena abgegeben, lautet nach John Abbots Wiedergabe etwa: „Christus schwankt und zaudert nicht in seinen Absichten, das geringste Wort von ihm trägt das Siegel einer Einfalt und Tiefe, welche den Unwissenden und den Weisen einnehmen, sofern sie nur darauf achten. Nirgends sonst findet man eine solche Reihe schöner Gedanken, schöner sittlicher Lebensregeln; sie ziehen vorbei wie die Bataillone der himmlischen Heerscharen und erwecken in unsern Seelen dasselbe Gefühl, welches man bei der Betrachtung des unendlichen, glänzenden Sternenhimmels in einer schönen Nacht empfindet."

9. Kapitel

Herrschwille

Der Mann, welcher „die Herrschaft Gottes" auf seine Fahne schrieb und nichts anderes in Wort und Wert vertrat[257], der muß selber mit einer nicht gewöhnlichen Herrschergabe ausgerüstet gewesen sein. Wer es unternimmt, einem König sein Reich zu schaffen, der muß selber etwas von einem König in sich tragen, muß befehlen können und machtvoll durchgreifen[258]. Um das Reich Gottes nicht nur als eine große Idee zu erfassen und zu verkörpern, sondern es auch in den gegebenen Verhältnissen werbend und wirtend, kämpfend und leidend anzubahnen – dazu bedurfte es nicht geringer Umsicht und Obsorge. Oder mit einem andern, von Jesus ebenfalls gebrauchten Bilde: um das neue Gebäude des Tempels Gottes auf Erden aufzuführen, feinen Aufriß im Geiste zu entwerfen und seine Fundamente im

---

[257] Kap 3. 19. 21 Mt 4 17. 23 9 35.
[258] Mt 8 9.

Volke zu legen – dazu brauchte es einen Baumeister von außerordentlichem Schlage[259].

Der Arbeitsplan Jesu ging dahin, einerseits auf die Masse des Volkes zu wirken[260], anderseits einzelne Schüler anzuwerben und auszubilden[261]. „Das Himmelreich gleicht einem Netz, das in den See geworfen wird und allerlei Beute macht[262]." Aber der Netzfischer braucht Gehilfen. „Von nun an wirst du Menschen fangen", verheißt er in der Berufungsstunde leuchtend dem Petrus und seinen Gesellen[263]. Oder „mit dem Reich Gottes verhält sich's, wie wenn ein Bauer mit voller Hand Samen auf das Feld streut...".[264] Aber der Bauer braucht Knechte[265], auf dem Felde geht es nicht ohne helfende Hände.

„Beim Anblick der ihn umdrängenden Volksmenge wurde Jesus von Mitleid ergriffen, erzählt Matthäus[266], weil sie verwundet und verschmachtet waren, wie hirtenlose Schafe. Da sagte er zu seinen Jüngern: Die Ernte ist groß, der Arbeiter aber sind wenige. So bittet den Herrn der Ernte, daß er Arbeiter in seine Ernte sende. Und dann berief er die Zwölfe."

Jesus begnügte sich nicht, die Schlasenden zu wecken, die Erweckten zu fördern, die Neugierigen zu fesseln, die Suchenden zu befriedigen, große Scharen zu packen, tiefe Bewegungen zu entfachen, das öffentliche Leben zu beeinflussen, das ganze Volk zur Entscheidung zu treiben. Je länger je mehr ging er darauf aus, hin und her im Lande

---

[259] Mt 26 61 27 40 Joh 2 19 vgl Mk 6 3 Lk 14 28 20 17.
[260] Mk 1 14 f. 21. 33 Mt 9 13 22 14.
[261] Mk 1 16 ff. 29 2 14 3 13.
[262] Mt 13 47.
[263] Lk 5 10 vgl Mk 1 16 ff.
[264] Mk 4 26. 3.
[265] Mt 13 27 20 1.
[266] Mt 9 36 ff vgl 14 4 Hes 34 5.

einen stillen Kreis von harrenden Gläubigen zu sammeln[267] und zudem eine abgesonderte Schar von Jüngern und Jüngerinnen anzuwerben, welche sich mit ihm zu gemeinsamem Leben und Streben verband. Diese Gefährten sollten ihm, dem Ehelosen, Vertraute werden[268], mit denen er über die höchsten Dinge reden könnte; sollten mit ihm hinausleuchten in die dunkle Welt als Musterbild, einer Bergstadt gleich, deren in der Sonne blinkende Zinnen weithin lockend die Blicke auf sich ziehen[269]; sie sollten unter seiner Hand Apostel des Himmelreichs werden[270].

Die Art, wie Jesus in der kurzen Spanne Zeit diese Aufgabe löste, verrät den gebornen Herrscher. Staunen erweckt gleich die gebieterische Hoheit, mit der er die ersten Jünger berief[271]. Zwei Brüderpaare, als Fischer am See beschäftigt, werden wie im Wirbelwind von ihren Netzen und Schiffen und Angehörigen hinweggerissen. „Folget mir nach, ich will euch zu Menschenfischern machen!" Widerstandslos lassen sie alles im Stich. Gegen seinen Willen war nicht aufzukommen.

Sicher war dem kurzen Befehlsruf ein früheres Begegnen vorangegangen. Lukas läßt Jesus schon vor der Berufung des Petrus in dessen Stadt eine aufsehenerregende Wirksamkeit entfalten, ja in dessen Heim eintreten[272]. Der vierte Evangelist weiß gar von einem begeisterten Zusammensein vorher am Jordan[273], und nach einer scharfsinnigen Erwägung wären zwei jener Erstberufenen leibliche Vettern Jesu

---

[267] Lk 9 18 10 1. 6. 21. 38 11 23 12 8 f. 32 14 26 ff 18 7. 22 19 5. 9 f usw.
[268] Mk 3 14.
[269] Mt 5 14–6 vgl Joh 8 12.
[270] Mk 3 14 Mt 4 19 5 14–16 Lk 6 13 Joh 20 21 ff.
[271] Mt 4 18 ff 9 9.
[272] Lk 4 38 vgl 5 10.
[273] Joh 1 35 ff.

gewesen[274]. Aber auch andere Jünger sind schließlich gleichsam im Sturm gewonnen worden, vor allem der Zöllner Levi-Matthäus[275]. Ein Blick Jesu und der einfache Befehl: Folge mir! scheinen genügt zu haben, diesen wohlhabenden Beamten, der vorher öfter sich zu Jesu Zuhörern gesellt haben mag, zu sofortigem Verlassen seiner Zollbank, ja zu völligem Aufgeben seines Berufs und zum Eintritt in die Schule Jesu zu veranlassen. Daß Jesus aus dem Kreise der Verworfenen einen Jünger erwählte, war eine entscheidende Tat und durfte wohl durch ein festliches Mahl im Hause des Erwählten mit andern Zöllnern gefeiert werden, nicht ohne lebhaften Einspruch seitens der Kirchenwächter[276]. Nicht minder musste es auffallen, daß er auch Frauen in seine Nachfolge zog, dem weiblichen Geschlechte eine ebenbürtige Stellung in Kirche und Gesellschaft anbahnend[277].

Jesus verfuhr königlich in der Auswahl seiner Genossen. Mit schlagfertiger Entgegnung wußte er jedes „Aber" abzuschneiden, das sich seinem Ruf entgegensetzte[278]. Seine Jünger sollten mit gleich entschlossener Opferbereitschaft wie er selbst dem Reiche Gottes sich weihen[279]. Der schneidende Befehl erprobte sogleich ihre Hingabe und Tapferkeit. Hatte der stürmende Elias dem Elisa bei der Berufung noch erlaubt heimzugehen, um Vater und Mutter zu küssen[280], so forderte Jesus, strenger, auf seinen Ansturm eine unverzügliche, unbedingte Übergabe. Aber merkwürdig, wer sich selbst ihm anbot, der konnte von ihm auch wohl abgeschreckt und zurückgewiesen wer-

---

[274] Mt 27 56 Mk 15 40 Joh 19 25.
[275] Lk 5 27.
[276] Mt 9 10–17.
[277] Lk 8 2 vgl Apg 1 14 Gal 3 28.
[278] Lk 9 59 ff.
[279] Mt 19 21.
[280] 1 Kön 19 20.

den[281]. Sein in die Tiefe der Herzen dringender Blick mag bei solchen Anlässen unterstützt worden sein durch ahnendes Schauen, durch die innere Stimme[282]. Desto mehr Bestimmtheit und Unwiderstehlichkeit in seinem Auftreten gegenüber den Berufenen. „Nicht ihr habt mich erwählt, sondern ich habe euch erwählt[283]."

Diese Schüler sollten also um ihn sein und persönlich von ihm lernen. Ihnen vor allem hat er gepredigt und seine innersten Gedanken ausgelegt[284]. „Selig, sprach er, die Augen, die sehen, was ihr sehet und die Ohren, die hören, was ihr hört[285]." Nicht als hätte er ihnen eine Geheimlehre vertraut, aber die Stumpfheit des Volkes und die Eigenart seiner Laufbahn nötigten ihn, seinen Schülern manches ins Ohr zu sagen, was erst später von den Dächern verkündet werden sollte[286]. Auf Wunsch gab er ihnen ein besonderes Gebet, welches nachher zur unterscheidenden Formel wurde, wiewohl es nichts hervorstechend Neues enthält[287].

„Vater, geheiligt werde dein Name. Es komme dein Reich. Das nötige Brot gib uns täglich. Und vergib uns unsere Fehler, denn auch wir vergeben allen unsern Schuldnern. Und führe uns nicht in Versuchung." Diese vielleicht ursprünglichste Gestalt des Gebets Jesu zeigt allerdings am deutlichsten die Richtung, die er seiner Jüngerschaft gab. Die Grundbitte, für das Reich Gottes, steht voran und klingt aus im Schlusse: bewahre uns vor Abfall, laß in allen Anfechtungen uns feststehen zu deinem Reich – eine Warnung, die in der Nacht der Gefangennahme besonders beweglich aus Jesu

---

[281] Lk 9 57 f 8 38.
[282] Joh 1 42. 47 2 24 f Mt 16 18.
[283] Joh 15 16.
[284] Mt 5 1 10 27 13 11 ff. 18. 23 Lk 6 17. 20.
[285] Mt 13 16 f.
[286] Mt 10 26 f.
[287] Mt 6 9 ff Lk 11 1 ff Kap 28.

Munde erklang[288]. Außerdem drückt das Gebet die Freiheit aus von irdischen Sorgen, das Wachen über dem Verhältnis zu Gott und das Gelübde vergebender Liebe, der eigensten Gesinnung der Reichsgenossen[289].

Übrigens lesen wir nichts von gemeinsamen Gebetsübungen oder besonderen frommen Bräuchen dieser Jüngerschaft Jesu. Sie scheint sich eher durch Freiheit von Formen ausgezeichnet zu haben[290]. Desto lieblicher war ihre Tischgemeinschaft, bei welcher der Meister selber segnend das Brot brach[291] und es gewiß an geistiger Würze nicht fehlen ließ. Dieser „Tisch des Herrn" blieb den Seinigen so unvergeßlich, daß sie nach seinem Hinschied in größerem Kreise die Liebesmahle fortsetzten, den Verklärten als Gast und Segensspender dazu bittend[292].

Jesus selbst betrachtete seine Jüngerschar in der Tat als seine Familie. Liebend war er für sie besorgt bis zuletzt[293]. Sie durften ihn begleiten auf seinen Fahrten und Wanderungen, sie teilten seine Leiden und Freuden, sie wirkten als sein verlängerter Arm und seine ihn vervielfachende Stimme[294], sie harrten bei ihm aus, wie er ihnen nachrühmt, in seinen Anfechtungen[295]! Kurz, sie verwuchsen mit ihm und untereinander, trotz aller Schwächen und Gebrechen, zu einer innigen, geheiligten Gemeinschaft. Er nennt sie seine Brüder und Schwestern[296], redet sie bald als seine Freunde[297], bald

---

[288] Mt 26 41.

[289] Kap 24. 25.

[290] Mt 9 14 12 1 ff 15 2 ff.

[291] Mt 14 19 15 36 Lk 22 17 ff 24 30 ff.

[292] Apg 2 42. 46 20 7.

[293] Lk 22 31 ff Joh 13 1 ff 17. 18 8 f 19 26 f.

[294] Mk 6 14 Lk 9 10 10 17 ff.

[295] Lk 22 28 Mt 26 37. 40 ff.

[296] Mt 12 49 (28 10 25 40 Joh 20 17).

[297] Lk 12 4 (Joh 15 13 ff Mt 9 15).

als seine Kinder oder Kleine[298] an; oft auch bezeichnet er sie gleichnisweise als seine Knechte, seine Leibeigenen[299]. Er fühlt sich als ihr Hausvater und Meister, Herr und Gebieter[300]. Er verlangt von ihnen allerlei Dienst, übt sie im Gehorsam[301], lobt, ermuntert, spornt, tadelt, straft, schilt, bedroht sie[302]. Er darf sich erlauben einzelne zu bevorzugen, wobei allerdings das „Dienstalter", vielleicht auch die „Jugend" mitreden[303], und gerade diese gelegentlich scharf vor den andern abzukanzeln[304]. Eifersüchteleien und Rangstreitigkeiten weiß er auf mannigfache, überraschende Weise zu wehren[305]. Sehr entschiedenen Befehlstones redete er zu seinen Jüngern; und fand bei ihnen grenzenlose Verehrung, staunendes Vertrauen[306]. Sie waren allesamt Kinder des Volks, dank dem frommen Unterricht nicht ohne Herzensbildung, geistig lebendige, empfängliche, tapfere Galiläer[307], jung und begeisterungsfähig.

Als notwendige Eigenschaften verlangte Jesus von seinen Nachfolgern außer der Frömmigkeit vor allem Mut, Demut, Lauterkeit, Klugheit, Genügsamkeit[308]. Er forderte wohl nur zeitweiligen Verzicht auf Familie und Eigentum. Petrus mußte sein Weib nicht entlassen, Mat-

---

[298] Mk 10 24 (Joh 13 33 21 5) Mt 10 42 18 6. 10 25 40.
[299] Mt 10 24 f 24 42 ff 25 14 ff Lk 19 13 ff Joh 13 16 15 15 ff.
[300] Mt 10 24 f 23 8. 10 24 42 Joh 13 13 f.
[301] Mk 11 1 ff 14 13 ff.
[302] Mt 8 26 12 49 14 22. 27. 31 16 7. 8. 23 26 21. 40. 45. 52 Lk 9 41. 50. 55.
[303] Mk 1 16 ff. 29 3 16 f 5 37 9 2 13 3 14 33.
[304] Mt 16 23 Lk 9 54 f.
[305] Mk 9 33 ff. 38 f 10 35 ff Lk 22 25 ff.
[306] Mt 21 2 23 8 26 18 f. 36. 52.
[307] Kap 4.
[308] Mt 18 3 10 9. 16. 19. 26.

thäus sein Geld nicht aushändigen[309]. Die Fischer durften später zu ihrem Boote, die Familienvater in ihr Haus zurückkehren. Jesus selbst ging mit ihnen heim, speiste an ihrem Tisch, schlief unter ihrem Dach, verfügte über ihr Boot, nahm teil an ihren Freuden und Sorgen, wie sie an den seinen[310].

Einmal sandte er sie aus – nicht bloß „zur Übung", wie ein Adler seine Jungen auf dem eignen Rücken fliegen lehrt, sondern in bitterm Ernste, an einem Wendepunkte seines Lebens, „um die verlornen zwölf Stämme Israels zu suchen", das ganze Volk mit dem Evangelium zu überziehen und jedermann vor die Entscheidung zu stellen[311]. Damals wählte er feierlich zwölf Sendboten aus seiner größern Jüngerschar. Diese Wahl und Zahl zu bezweifeln, gibt das Schwanken der Apostellisten doch wohl nicht Grund genug. „Er stieg, schreibt Markus[312], auf die Anhöhe und rief zu sich, wen er nach eigener Wahl haben wollte, und sie kamen zu ihm. Und er bestimmte zwölf, die er auch Apostel nannte. And er begann sie, zwei und zwei, auszusenden und gab ihnen Vollmacht über uns reine Geister." So undeutlich der Bericht bleibt, er gibt doch den Eindruck der Hoheit wieder, den jene Stunde auf die Teilnehmer machte. „Ich sende euch wie Lämmer unter die Wölfe[313]." Er weiht sie zum Zeugentode, dem, der Uberlieferung nach, alle außer Judas und Johannes entgegengingen. „Sie werden euch den Gerichten übergeben, in den Synagogen euch geißeln, vor Statthalter und Könige euch stellen um meinetwillen. Ein Bruder wird den andern zum Tode ausliefern, der Vater den Sohn. Von allen werdet ihr gehaßt sein um meines Namens willen. Wer sein Leben

---

[309] Mt 8 14 19 27 10 37 19 12 9 10 27 57 ff 1 Kor 9 5.
[310] Mk 1 29. 31. 35 f 2 1. 15 4 1. 35 ff.
[311] Mt 9 36 11 1 Lk 9 1–27 10 1–24 22 35.
[312] Mk 3 13 ff.
[313] Mt 10 16 ff.

erhalten will, wird's verlieren, wer's verliert um meinetwillen, der hat's gewonnen." So sagt Jesus, bewußten Blickes zwar nur die nächste Zukunft erfassend, die blutigen Schauspiele voraus, denen durch Jahrhunderte seine Boten ausgesetzt sein sollten, und weckt den Heldenmut, der das Leben geringer achtet als Sieg. „Fürchtet euch nicht, sorget nicht um eure Verantwortung, zur Stunde wird euch das rechte Wort gegeben werden!" Ihr seid dann nicht gewöhnliche Menschen, galiläische Fischer, sondern Träger einer großen Sache, Herolde des Gottesreichs. „Ich sende euch!" Wiederum jener unwiderstehliche Befehl[314], der das Schwierige leicht, das Unmögliche möglich macht. Einstimmig wird bezeugt, daß diese Sendboten nun auf einmal auch Kranke und Gestörte heilen konnten[315]. Erfreut kehrten sie von ihrem ersten Fluge zurück und legten ihre Beute zu den Füßen Jesu[316].

Von Ignaz Loyola erzählt Ranke: wie er seine beiden ersten Schüler sich vor allem persönlich befreundet, so habe auch sein Beispiel, seine Strenge ihre natürliche Wirkung nicht verfehlt. Schonungslos habe er sie fasten lassen und sie sich ganz unterworfen, er machte sie sich ganz zu eigen und teilte ihnen seine Gesinnung mit. In höherm Sinne als von ihm und seinen Jüngern läßt sich von Jesus und seinen Aposteln sagen: „er machte sie sich ganz zu eigen und teilte ihnen seine Gesinnung mit", so daß sie wagten, was er, und seine große Mission wirksam unterstützten.

„Der Bund der Apostel ist der Anfang der Christenheit, sagt Karl Hase; die Kirche und die Umgestaltung der Weltgeschichte ist auf diesen Bund gegründet. Es ist herzerhebend: wo nur einer erkannt hat, was not tut, und

---

[314] Mt 10 5. 16.
[315] Mt 10 8 17 16 ff Mk 6 7. 13 Lk 9 2. 6 Apg 3 6 ff 5 15 9 32 ff usw vgl Mk 9 18 16 18.
[316] Mk 6 30 Lk 9 10 vgl 10 17 ff.

nur elf treu zu ihm stehn, geht das Heil schon auf unter den Völkern. Wie ein scheidender Vater hat Jesus die Hände der Jünger zusammengelegt: Seid einig[317]! Auf ihrer Einigkeit ruhte die Christenheit. Und sie müssen wohl alle, nach dem Ersatze des einen Verlornen, ihre Sendung gesegnet erfüllt haben, auch die nur Genannten, Namenlosen, da der Dichter der Offenbarung in die zwölf Grundsteine der Gottesstadt die Namen der zwölf Apostel des Lammes geschrieben sieht[318].

Gewiß hatte Jesus viel an seinen Zwölfen zu tragen und oft unter ihrer Beschränktheit zu seufzen[319]. Bei aller an ihm unendlich hinaussehenden Liebe schwankten doch ihre Vorstellungen von ihm verworren hin und her – bald meinen sie, mit ihm zu ertrinken, und dann wieder, er könne Feuer vom Himmel regnen lassen[320]. Nur langsam wuchs in ihnen der Glaube, der in Jesus so mächtig glühte, während die sinnlichen Erwartungen, die sie an ihn knüpften, fast nicht auszurotten waren[321]. Wer will sich darüber wundern? Sie stammten alle aus dem niedern Volk. Für seine Apostelwahl stand Jesus kein weites Feld offen. Zu diesem blutige Opfer heischenden Dienste gab es kein Herandrängen. Schriftgelehrte oder andere Gebildete, Vornehme meldeten sich selten[322] und waren auch nicht die geeignetsten Träger seiner Botschaft[323]. Aus dem, was ihm zugeführt ward[324], hat Jesus sicherlich das Beste ausgewählt, und was für tüchtige Werkzeuge hat er sich aus verhältnismäßig grobem Holz zu schaffen gewußt!

---

[317] Mt 18 1 ff. 19 f. 21 ff Joh 13 1 ff. 35.
[318] Off 21 14.
[319] Mk 8 17 9 18 f Joh 14 8 ff.
[320] Lk 8 24 ff 9 54.
[321] Lk 17 5 22 32 Mk 9 28 f 10 35 ff Apg 1 6.
[322] Mt 8 19 Mk 15 43 Joh 19 38.
[323] Kap 15.
[324] Joh 6 37 17 11 ff 18 9 Mt 11 25.

Daß von der Mehrzahl der Apostel keine besondern Taten berichtet werden, schließt nicht aus, daß sie das ihre zu den Siegen des Evangeliums treulich beigetragen haben. Nur die Begabteren, ein Petrus und Johannes, die „Säulenapostel", und etwa noch Jakobus und Matthäus, traten hervor[325].

Wie konnte unter die Zwölfe ein Judas sich einschleichen, in dessen Charakter Jesus sich entweder getäuscht oder ein Scheitern seiner Erziehungskunst erlebt hat? Des Verräters innere Entwicklung auf die finstere Tat hin ist ein psychologisches Rätsel, zu dessen sichrer Lösung nicht genug Kunde uns aufbehalten[326]. Über sein Ende berichten die Quellen verschieden[327]. Aber früh ist es als ein Zeugnis für Jesus gedeutet worden.

Ganz anders als der Verrat des Judas ist des Petrus Verleugnen zu beurteilen: eine Übereilung, die er alsbald bitterlich bereute, eine Lüge zunächst der Türhüterin gegenüber, um in Jesu Nähe bleiben zu können[328]. Ebenso verzeihlich ist die Flucht der Jünger in der Stunde der Gefangennahme[329]. Von dem bewaffneten Überfall mussten sie tödlich überrascht und zersprengt werden. Aber die übermächtige Persönlichkeit Jesu ließ sie nicht los. Obwohl er ihnen genommen schien, scharen sie sich aufs neue um ihn, mit nur noch größerer Einmütigkeit, Zielbewußtheit, Todesverachtung. Wunderbares Schauspiel! Um einen Gekreuzigten diese nun erst recht anhebende Begeisterung und Bewegung[330]! Welche das Ärgste überdauerndes Triebkraft muß von diesem Führer ausgegangen sein!

---

[325] Apg 1–10 12 2 Gal 2 2. 6. 9.
[326] Mk 14 3–11 Mt 26 6–13 Joh 6 70 f 12 6 13 10. 18. 21 ff 17 12.
[327] Mt 27 3 ff Apg 1 16 ff.
[328] Mk 14 66 ff Mt 26 69 ff Lk 22 31 ff. 54 ff 24 34 Joh 18 15 ff 21 7 ff.
[329] Mk 14 50 ff.
[330] Apg 2 ff.

Die Apostel selbst erklären zwar ihren neuen Mut und ihre Erfolge durch die Erscheinungen des Auferstandenen, die sie erlebt und die sie wunderbar tröstend über jeden Zweifel am Siege seiner Sache hinausgehoben haben[331]. Das ändert aber an dem soeben gewonnenen Urteil über den Charakter Jesu nichts, sondern kann es nur bestätigen. Warum haben denn ausschließlich Jünger und Jüngerinnen den Auferstandenen geschaut[332]? Eben weil sie vorher der Macht seiner Persönlichkeit in solchem Grade erlegen waren, daß sie nun auch das größte Opfer der Alltäglichkeitsvernunft dafür zu bringen vermochten: Dieser Jesus, dem sie als ihrem Herrn und Gott sich geweiht, hatte es in der Tat verstanden, ihnen seine Willensrichtung mitzuteilen, seinen Geist einzuhauchen, seinen Sinn aufzuprägen, mit einer schon für die Zeitgenossen erstaunlichen Kraft, die fort- und hinauswirkend die Menschheit sauerteigartig durchdringt.

Die gleiche Herrschermacht erfuhren seine Hörer, ja seine Gegner. Man denke an jene Szene im Tempel, wo der eine Mann die Menge der Käufer und Verkäufer als willenlose Flüchtlinge vor sich hertrieb[333]. Oder an die wiederholten „Versuchungen", bei welchen Jesus die Angesehensten im Volke schlagend abfertigte und stehen ließ[334]. Oder an die öfteren Verfolgungen, in denen er unversehrt blieb durch die einfache Würde seiner Persönlichkeit, voran in Nazareth[335]. Der späteste Evangelist weiß zu berichten, daß Häscher der Hohenpriester, ausgesandt ihn zu ergreifen, ihre Hand nicht an ihn zu legen wagten und auf die Frage: warum bringt ihr ihn nicht? nur antworten konnten: „Noch nie hat ein Mensch

---

[331] Apg 2 24 3 15 4 10 5 31.
[332] 1 Kor 15 4 ff.
[333] Mk 11 15 f Joh 2 15 f.
[334] Mt 21 17.23 ff Lk 4 28 ff 8 37 13 31 ff Mt 14 13 15 21.
[335] Joh 7 30.44 ff.

also geredet wie dieser Mensch[336]." Es liegt durchaus auf der gleichen Linie, wenn nach diesem Evangelium[337] in der letzten Nacht die Häscher vor dem schlichten Wort Jesu „Ich bins" zurückweichen, taumeln, straucheln. Das ist nichts anderes, als was Plutarch von dem jugendlichen Julius Cäsar erzählt: Auf einer Fahrt nach Rhodus von Piraten gefangen, blieb er fünf Wochen bei ihnen, bis das Lösegeld von seinen Freunden aufgebracht war, allein er genoß während dieser Zeit solche Achtung bei den Seeräubern, daß jeder Fremde geschworen hätte, er sei der Herr, sie aber seine Sklaven. Wenn er ruhen wollte, verbot er ihnen Lärm zu machen, und sie gehorchten auf das untertänigste. Andere Male las er ihnen die Gedichte und Reden vor, die er aus Langeweile aufgeschrieben hatte, und verrieten sie dabei etwa Mangel an Aufmerksamkeit, so schalt er sie gemeine Seelen, die nicht verdienten, daß man sie einer Vorlesung würdige, versprach zugleich sie samt und sonders kreuzigen zu lassen, sobald er seine Freiheit wieder erlangt habe – eine Drohung, die er pünktlich verwirklichte.

Derselbe Cäsar hat in den verhängnisvollsten Schlachten gesiegt, weil seine Soldaten ihm blindlings ergeben waren, ebenso wie einem Alexander seine Mazedonier. Napoleon schwang sich vom korsischen Kadetten zum Tyrannen Europas empor, vermöge eines schlechthin überwältigenden Herrschtriebes, einer allesbezwingenden, unbeugsamen Willenskraft. Friedrich der Große vermochte durch den Blick seine Leute nach Belieben zu leiten, in Tod und Sieg zu führen. Vielfältig bezeugt ist die Macht, welche Bernhard von Clairvaux über die Menschen geübt hat; erstaunlich, wieviele Männer und Frauen schon der dreiundzwanzigjährige junge Mann zu dem Entschluß brachte, der Welt zu entsagen und sich einem heiligen Leben zu widmen. Am bekann-

---

[336] 8 20 vgl Lk 22 53.
[337] Joh 18 6.

testen ist die Wirkung, die sein Ausruf zum Kreuzzug bei Tausenden hervorbrachte, der Flammentrieb, der hoch und niedrig ergriff und auf der Stelle fortriß zum Verlassen der Heimat unter dem Zeichen des Kreuzes. „Welche große Zahl von Menschen, schreibt einer seiner Freunde, hat er durch sein Wort und Beispiel nicht allein zur Bekehrung, sondern auch zur christlichen Vollkommenheit geführt! Welche Spaltungen hat er nicht beigelegt! Wie oft hat er nicht unter streitenden Gemeinden und Völkern den Frieden hergestellt!"

Weit kürzer und schlichter verlief das Wirken Jesu; aber ähnlich war bei ihm die ungewöhnliche Kraft, Menschen zu beeinflussen, ja sie nach seinem Willen zu lenken, sie im Innersten anzufassen und emporzuheben! Stand er Heilungsuchenden gegenüber, so gab er als Arzt gemessene Befehle, über den Kranken wie über die Krankheit gebietend[338]. Wie er in dem von ihm vermutlich zum ersten Male betretenen Hause des Synagogenvorstehers Jairus schaltete[339], Leute austrieb, Türen zuschloß, die Eltern zu sich nahm, dem Tode wehrte, noch zuletzt befahl, „man solle dem Mägdlein zu essen geben" – dem ähnlich wird er auch anderswo aufgetreten sein. Nirgends hat er seine heilsame Macht so bewährt wie an den Geistesgestörten, vor denen doch die „Suggestion" unserer Tage Halt machen muß. Machtvoll bedrohte er den bösen Geist. Blick, Handbewegung, der Befehl „fahr aus" oder „verstumme" wirkten zusammen, es waltete darin ein eiserner, am eigenen Leibe erprobter Wille, und der Irre kam zu sich selbst, der Kranke genas, die Umstehenden staunten[340]. Klarer als andere hat der römische Befehlshaber der kleinen Standtruppe in Kapernaum die gebieterische Würde und Machtvollkommenheit an dem wunderbaren

---

[338] Mk 1 34. 44 2 11 3 3. 5 9 25 Lk 17 14 Joh 5 8 9 7.
[339] Mk 5 37 ff.
[340] Mk 1 23 ff. 34. 39 3 11 f. 22 ff 5 2 ff 7 25. 30 9 17 ff Mt 10 1 12 22 ff usw.

Mann erfaßt, an den er sich selber hilfesuchend wandte[341]. Man denke auch an die Art, wie Jesus sich das Reittier sicherte für den Einzug in Jerusalem und das Speisehaus für das Abendmahl dort[342]. Weder Freund noch Feind konnten sich der unmittelbaren Gewalt dieser Persönlichkeit entziehen. In welchen Kreis dieser von Haus aus geringe Mann trat, da war er der Mittelpunkt: alles schaute auf ihn, alles hing an seinem Munde und unterwarf sich seinem Blick.

Solche außergewöhnliche Herrschergabe barg ihre besondern Gefahren für den Träger in sich. Blitzartig hat er selbst sie beleuchtet im Bilde jener Versuchung, da er von hohem Berge alle Reiche der Welt und ihre Herrlichkeit zu schauen bekommen[343]. Öfter mag die Lockung an ihn herangetreten sein, als Volksführer nach Art anderer Galiläer sich von der sinnlich gerichteten Menge auf den Schild erheben zu lassen, oder geschickt eine einzelne Partei benutzend sich einen öffentlichen Vorteil zu erringen[344]. Er hat solche Wege verschmäht.

Dienen wollte er im Grunde bei allem Herrschen[345]. Dank seiner willensstarken Selbstbeherrschung paart sich mit seinem Herrschwillen sein ebenso auffallender Dienersinn. Willig hat er sich der Mitwelt zur Verfügung gestellt mit all seinen Gaben und Kräften als ihr Diener, Helfer, Arzt, Erlöser. Er ließ sich holen in die Häuser und gab umsonst, was er hatte, ohne etwas für sich zu suchen[346]. Fürsorglich wartete er seinen Jüngern bei Tisch auf[347]. Ja, nach der bekannten

---

[341] Mt 8 9 Lk 7 8.
[342] Lk 19 30 ff 22 8 ff.
[343] Mt 4 8 f.
[344] Joh 6 15 Apg 5 37 23 6 ff.
[345] Mt 22 28.
[346] Mt 4 23 8 3. 7. 4 9 2. 19. 35 Mk 6 55 f 7 33 f 8 23 ff 9 20 ff 10 49 ff Kap 24 u. 25.
[347] Lk 22 27 vgl 17. 19.

Überlieferung hätte er in der letzten Nacht noch sich den Schurz vorgebunden und ihnen die Füße gewaschen, um ihre Rangstreitigkeiten und Herrschgelüste zu beschämen[348]. Er wollte für seine Person nicht obenan sitzen und kämpfte gegen diesen Zug der menschlichen Natur, wo er ihn fand[349]. Er trug den Cäsar in sich, aber er erwählte die Dornenkrone.

Mit Unrecht wurde er als politischer Aufwiegler vor das römische Tribunal gestellt. Mit Recht aber stand über seinem Kreuz die Schrift: *Rex Judaeorum*. Er war ein Herrscher und Befreier, jeder Zoll ein König.

10. Kapitel

Ungeduld

Alle Tugend ist gleichsam verwitwet, wenn sie nicht mit der Geduld bekrönt wird, so lautet ein alter Spruch. „Fast das ganze Geheimnis großer Seelen, sagt Victor Hugo, liegt in dem Wort *perseverando*: halt aus! Die Ausdauer ist für den Mut, was das Rad für die Hebestange, nämlich die fortwährende Erneuerung des Stützpunktes." Kürzer Buffon: „Der Genius großer Männer bestand in ihrer Geduld". Und doch läßt sich die Geduld Jesu ernstlich in Frage stellen.

Wenn es ihm entfährt[350]: „O du ungläubiges und verkehrtes Geschlecht, wie lange muß ich noch bei euch sein? wie lange soll ich es noch mit euch aushalten?" ist das nicht Ungeduld? Wenn er ausruft[351]: „Ich bin gekommen ein Feuer auf die Erde zu werfen, und was wollte ich lieber, als es brennete schon!" tönt es daraus nicht wie Ungeduld?

---

[348] Joh 13 4 ff Lk 22 24 ff 9 46 ff.
[349] Lk 14 7 ff Mt 23 6 ff.
[350] Mt 17 17.
[351] Lk 12 49.

Wir finden bei Jesus starke Enttäuschungen. Wir hören ihn die Städte schelten, in denen er am meisten gewirkt: Chorazin, Bethsaida, Kapernaum, Jerusalem[352]. Seine Weherufe schallen wie ein Fluch, der sich sowohl an den blühenden Städten um den See, als an der Hauptstadt nur zu bald erfüllt hat. Das Auffallendste ist die kurze Frist, die Jesus diesen Städten ließ, das kurze Wirken, das er ihnen widmete. Seine Tätigkeit in Galiläa hatte vielleicht einige Monate gedauert, als er mit den volkreichen Verkehrszentren am See bereits fertig war. In Jerusalem hatte er einige kürzere oder längere Festbesuche gemacht, als er ausrief: Jerusalem, Jerusalem, wie oft habe ich dich versammeln wollen[353]! Ebenso sprach er über das ganze Volk nach der herkömmlichen Erklärung unter dem Bilde des Feigenbaumes den Fluch aus, nachdem er wenige Male hindurchziehend erst begonnen hatte an der Volksseele zu arbeiten[354].

Das ganze Wirken Jesu war erstaunlich kurz, kürzer als das irgendeines andern Großen: nach neueren Forschern[355] in wenigen Monaten verlaufend. Nach den drei ersten Evangelien könnte alles binnen Jahresfrist sich abgespielt haben; und entsprechend dem raschen Wechsel der Jahreszeiten wären auch in der Wirksamkeit Jesu auf einen hoffnungsreichen, weichen galiläischen Frühling[356], auf einen schon schwülen Erntesommer bald herbstliche Stürme und winterliche Erkaltung gefolgt mit dem Abschluß des Todespassahs, nach welchem dann mit Pfingsten dennoch ein neuer Frühling für sein Werk anhob. Der Geschichtsschreiber Josephus läßt für die Wirksamkeit Jesu im Anschluß an den Täufer kaum ein Jahr. Seit dem zweiten Jahrhundert überliefern die

---

[352] Lk 10 13 ff 13 35.
[353] Mt 23 37.
[354] Mt 21 19 Mk 11 13 f 3 3.
[355] Z. B. Albert Schweitzer, Karl Weidel.
[356] Mk 2 23.

Väter: Jesus hat ein Jahr oder wenig mehr seinen Schülern, seinem Volke gelebt. Origenes preist es als ein großes Zeichen der auf den Lippen Jesu thronenden Gnade, daß er in der Spanne eines Jahres und etlicher Monate die welterobernde Religion ins Dasein rief. Wenn man nun auch wirklich, sei es auf Grund des vierten Evangeliums[357], sei es auf Grund sorgfältiger Würdigung einzelner von den drei ersten überlieferten Tatsachen[358], zwei bis drei Jahre vom Auftreten Jesu bis zu seinem gewaltsamen Tode ausrechnete, so bliebe der Zeitraum immer noch so kurz, daß er uns hinsichtlich der Geduld Jesu ein Rätsel aufgäbe.

Was für ein anhaltendes, ausdauerndes Wirken sehen wir bei Paulus, welcher beispielsweise nur der Stadt Korinth anderthalb Jahre, der Stadt Ephesus mehr als ihrer zwei schenkte! Andere große Männer haben einer einzelnen Stadt die unermüdliche Arbeit ihres ganzen Lebens gewidmet. Die Reformatoren der christlichen Kirche sind größtenteils alt geworden in ihrem Bemühen, ein neues zu pflügen. Moses, Buddha, Mohammed haben in jahrzehntelanger Ausdauer, bis sie grau wurden, die Saat gepflegt, die sie ausgesät, haben unter beständigen Anfeindungen und Kämpfen die Erfahrung bereichert, die Anschauung gereinigt, die Stellung befestigt, das Gebiet erweitert, kurz ihre Sache bewährt. Und Jesus? Was sollen wir von dem allzu raschen Abbruch seines Wirkens halten? Hätte er uns nicht noch viel zu sagen gehabt? Sollte sich der reiche Geist wirklich schon so bald erschöpft haben? Was gäben wir darum, wenn er nur noch ein Jahr darauf verwandt hätte, seine Hauptgedanken urkundlich aufzuzeichnen! Oder wenn er, nachdem sein Versuch mit dem Judenvolk so traurig ausgefallen noch eine Probe mit einem einzigen indogermanischen Volke gewagt hätte?

---

[357] Joh 2 13 6 4 11 55.
[358] Mt 4 12 10 4 27 57 Mk 11 3 14 3 Lk 3 1. 23 10 38 13 6 ff. 34 19 42.

Indem wir alle diese und andere Möglichkeiten erwägen, stoßen wir auf ebenso viele Schranken in der menschlichen Persönlichkeit Jesu. Er war kein Allerweltsbürger, sondern ein echter „Israelit ohne Falsch". Er war kein Mann der Feder, sondern des Schwerts, des scharf geschliffenen – des schrill hinausdringenden, durchschneidenden Worts und der bahnbrechenden Tat. Viel hatte er allerdings der Welt zu sagen, aber wortkarg von Natur, machte er mit dem gesprochenen Wort bald seine in den Parabeln vom viererlei Acker und vom Unkraut niedergelegten Erfahrungen, und es reifte in ihm der Entschluß, mit der stummen Tat leidenden und liebenden Gehorsams beredter zu predigen für alle Seiten und für alle Völker.

Ungeduld? jawohl, sie ist vorhanden im Charakter Jesu. Ungeduld ist der Schatten starker Leidenschaft. Und wir wünschten manchem Erzieher ein bißchen mehr Ungeduld. Voll Feuers stampft das edle Roß im Stalle. Mit mühsam verhaltener Kraft sitzt Michelangelos Moses auf seinem Stuhl, einem halsstarrigen Volke gegenüber. Ungeduldig schaut Elias siebenmal, ob sein Flehen um Regen noch nicht erhört sei, ungeduldig fragt er, ob sein Entscheidungskampf um den wahren Gott nicht vollere Umgestaltung aller Dinge zur Folge habe, ungeduldig ruft er: Es ist genug, so nimm nun, Herr, meine Seele!

Ungeduldig sind sie alle gewesen, die Propheten und Reformatoren, die Künder einer neuen Zeit. „Hüter, ist die Nacht schier hin?" der Ruf geht weiter von einem zum andern unter denen, die vor der Zeit wach sind. Die Ungeduld Jesu zeigt sich am deutlichsten in seiner Zukunftshoffnung, wenn er seine „Wiederkunft" ganz nahe vor Augen sah, „noch in dieser Generation[359]".

„Daß Jesus, schreibt einer seiner neueren Beurteiler[360], das Ende der Welt und das Kommen des herrlichen Reiches

---

[359] Mt 10 23 16 28 24 4 ff. 30 ff. 34 Kap 21.
[360] Heinrich Weinel.

so nahe sah, das entsprang der Wucht seines Herzens, das voll der innigsten Liebe mit all den Armen, Gedrückten, Mühseligen und Beladenen, mit all den sehnsüchtigen, in Schuld gebeugten Herzen war, die sich nach dem gnädigen Erscheinen Gottes sehnten; das entsprang der Tiefe seines Ingrimmes über all die freche Sünde, über alles heuchlerische Wesen, über alle Ausbeutung des Elends, über alle Scheinfrömmigkeit; das entsprang der festen Zuversicht, daß es einen Gott im Himmel gibt, der ein Vater der Elenden und ein Richter der Sünde und der Scheinheiligkeit ist. Und was in andern Herzen nur in einzelnen Stunden aufleuchtete, dann aber von den Sorgen und der Last des Tages wieder erdrückt wurde, das schlug in seiner großen Prophetenseele zur lodernden Flamme empor, in der alles andere – Erdenlust und Erdenleid – für ihn verzehrt wurde. So hat er das Ende *nahe* geschaut, so hat er das Gericht verkündet in heiligem Grimme und doch mit Tränen des Schmerzes, so hat er in sich den Willen Gottes, des gnädigen, wie des richtenden, verkörpert gesehen."

Diese heilige Ungeduld Jesu, diese gewaltige Spannung auf das Ende, diese flammende Erwartung einer baldigen Wiedergeburt der Welt, ist auf die erste Christenheit übergegangen und hat den Gang der Geschichte beschleunigt[361]. Schon die folgende Generation, wie die späteren Briefe des Neuen Testaments zeigen[362], war genötigt, sich mit ihr auseinanderzusetzen, sich mehr in der Wirklichkeit einzurichten, zum Warten neben dem Eilen zu ermahnen.

Jesus trat in einem sehr kleinen, bereits niedergehenden Volke auf. Es hatte seine Geschichte hinter sich, es war für die von Jesus verkündigte Wahrheit vorbereitet wie kein anderes. Jesu Wirken war ein letzter Ruf der Vorsehung an das Volksgewissen. Ein langes Wirken, zumal ein langes Predigen, war hier durchaus nicht mehr am Platz. Es war

---

[361] Joh 21 20 ff Apg 1 6 f. 11.
[362] 2 Petr 3 12 ff Jak 5 7 ff Ebr 10 36 ff.

genug gepredigt worden in diesem Volke! Jesus suchte noch einmal das wahre Israel zu wecken und, mit wuchtigstem Ansturm die sittlichen Kräfte aufrüttelnd, das Volk emporzureißen. Ob es wollte oder nicht, das hatte sich bald entschieden. Das war anders, als wenn es die Germanen und Slaven zu christianisieren oder den in Götzendienst, Unzucht und Trägheit versunkenen Arabern neue Sitte und Zucht zu schaffen galt.

Genau zu beurteilen, wo man eilen und wo sich Zeit lassen muß, um den höchsten Erfolg sich zu sichern und seinen Beruf in den gegebenen Verhältnissen wahrhaft zu erfüllen – das erfordert einen hohen Grad von Weisheit, ja ein über den Rechenverstand hinausgreifendes Wissen.

Jesus heilige Ungeduld hat sein Geschick[363] und selbst am Kreuze noch sein Sterben[364] beschleunigt, weil seinem Volke nur noch sein Blut helfen konnte, weil persönliches Opfer schwerer wiegt als noch so machtvolle Worte und Taten. Jesus brachte das Opfer des Weltgenusses, des sinnlichen Behagens, des Familienglücks, des Geistreichtums, der persönlichen Macht und Ehre und auch – des Lebens für den einen ihn beherrschenden Gedanken, das Reich Gottes. Dies vollkommene Opfer macht seine Größe aus, seine alles überragende Bedeutung. Sein freier, früher Tod glänzt noch heller als sein Leben.

* * *

Eigenartige Sätze läßt Friedrich Nietzsche seinen Zarathustra sprechen „vom freien Tode" und unter dieser Überschrift auch von Jesus; die wichtigsten mögen hier folgen:

„Viele sterben zu spät, und einige sterben zu früh. Noch klingt fremd die Lehre: Stirb zur rechten Zeit. –

---

[363] Lk 18 31 ff 12 50.
[364] Mk 15 23. 39 Joh 19 33.

Den vollbringenden Tod zeige ich euch, der den Lebenden ein Stachel und ein Gelöbnis wird.

Seinen Tod stirbt der Vollbringende siegreich, umringt von Hoffenden und Gelobenden. – –

Also zu sterben ist das beste; das zweite aber ist: im Kampfe zu sterben und eine große Seele zu verschwenden.

Aber dem Kämpfenden gleich verhaßt wie dem Sieger ist euer grinsender Tod, der heranschleicht wie ein Dieb – und doch als Herr kommt.

Meinen Tod lobe ich euch, den freien Tod, der mir kommt weil ich will.

Wahrlich nicht will ich den Seildrehern gleichen: sie ziehen ihren Faden in die Länge und gehen dabei selber immer rückwärts.

Mancher wird auch für seine Wahrheiten und Siege zu alt; ein zahnloser Mund hat nicht mehr das Recht zu jeder Wahrheit.

Und jeder, der Ruhm haben will, muß sich bei Zeiten von der Ehre verabschieden und die schwere Kunst üben, zur rechten Zeit zu gehn.

Man muß aufhören sich essen zu lassen, wenn man am besten schmeckt; das wissen die, welche lange geliebt werden wollen.

Saure Äpfel gibt es freilich, deren Los will, daß sie bis auf den letzten Tag des Herbstes warten: und zugleich werden sie reif, gelb und runzelig.

Wahrlich, zu früh starb jener Hebräer, den die Prediger des langsamen Todes ehren, und vielen ward es seitdem zum Verhängnis, daß er zu früh starb.

Noch kannte er nur Tränen und die Schwermut des Hebräers, samt dem Hasse der Guten und Gerechten, – der Hebräer Jesus: da überfiel ihn die Sehnsucht zum Tode.

Wäre er doch in der Wüste geblieben und ferne von den Guten und Gerechten! Vielleicht hätte er leben gelernt und die Erde lieben gelernt – und das Lachen dazu!

Glaubt es mir, meine Brüder! Er starb zu früh; er selber hätte seine Lehre widerrufen, wäre er bis zu meinem Alter gekommen! Edel genug war er zum Widerrufen.

Aber ungereift war er noch. Unreif liebt der Jüngling, und unreif haßt er auch Mensch und Erde. Angebunden und schwer ist ihm noch Gemüt und Geistesflügel.

Aber im Manne ist mehr Kind als im Jünglinge und weniger Schwermut: besser versteht er sich auf Tod und Leben.

Frei zum Tode und frei im Tode, ein heiliger Neinsager, wenn es nicht Zeit mehr ist zum Ja: also versteht er sich auf Tod und Leben. – –

In eurem Sterben soll noch euer Geist und eure Tugend glühen, gleich einem Abendrot um die Erde: oder aber das Sterben ist euch schlecht geraten..."

Der Person Christi wird Nietzsche, durch persönliche Erfahrungen mit Christen verbittert, hier wohl kaum gerecht. Seine vorwärtsstürmende Ungeduld, zumal seinen freiwilligen Tod als jugendliche Unreife zu erklären – das will zu der genialen Vollendung, die Wort und Werk bei Jesu tragen, nicht stimmen. Von Frühreife kann man vielleicht reden, aber nicht von Unreife.

Michelangelo hatte mit dreißig Jahren als Bildhauer und als Maler bereits einen Ruhm erreicht, der ihn neben die größten Künstler aller Zeiten stellte. Gleich die ersten Versuche, die er machte, zeigten den Meister; seine frühesten Arbeiten tragen ebensowenig von jugendlicher Unsicherheit an sich, als sein Leben von jugendlichem Frohsinn wußte. Als er zum allerersten Male den Meißel in die Hand bekam, schuf er sogleich etwas Ursprüngliches, Erstaunliches; und bei dem aus seinem fünfzehnten Lebensjahr herrührenden Marmorrelief, dem Zentaurenkampf, sind die Ausführung der muskulösen, im Kampf miteinander buchstäblich verwickelten Leiber so vollkommen ausgeführt, daß schon Vasari bemerkt, man glaube nicht das Werk eines Knaben zu sehen, sondern das eines angesehenen, in seinen Studien durchgebildeten und in seiner Kunst erfahrenen Meisters.

Ähnlich ist Jesus früh ein Meister gewesen, der seinen eigenen Charakter zielgemäß gestaltet und andere entscheidend beeinflußt hat. Aber im Gegensatz zu Michelangelo ist er nie alt geworden. Er hat sich den Schwung und den Schmelz der Jugend bewahrt. Seine Worte und Taten strahlen in jugendlicher Frische, Farbe und Fülle; über seinem Bilde liegt der Zauber des vollkräftigen ersten Mannesalters. Die kurze Spanne seines Wirkens hat der Welt mehr gebracht als das längste Leben der Größten.

Alexander der Große, die letzte und glänzendste Blüte des griechischen Volksstammes, starb dreiunddreißigjährig, nachdem er das Morgenland bis zu den Ufern des Indus erobert; er starb als das Opfer seiner Leidenschaften im Rausche sinnlicher Lust. Jesus hat ohne Waffen weit mehr Länder erobert und Völker gewonnen. Sein Stürmen, durch straffe Selbstzucht gehalten, hat ewige Bewegungen entfacht! Seine Gedanken, ob er sie auch ihrer Neuheit wegen dem schäumenden Moste vergleicht, sind doch die vollausgereifte Frucht eines mit sich selbst ins reine gelangten Charakters, wunderbar abgeklärt, feurig, gehaltvoll – Worte ewigen Lebens, der Jungbrunnen der Völker.

11. Kapitel

Geduld

Ungeduld ist nicht das vollkommene Gegenteil von Geduld. Eins schließt das andere nicht aus. Beide „Spannungsgefühle" können als ausgeprägte Eigenschaften ganz wohl an ein und derselben Persönlichkeit erscheinen. Mutter Natur liebt es, gerade starke Charaktere mit einem solchen Spiel von Gegensätzen auszustatten. Man erinnere sich des scharfen Nebeneinander von Zornkraft und Sanftmut, von Herrschergabe und Dienersinn, von Genußfähigkeit und Aszese, von Reichtum des Geistes und geistiger Genügsamkeit bei Jesu. An diesen Kontrasten offenbart sich am hellsten die straff ordnende Willensstärke, die klare Entschiedenheit des Charakters.

Die Geduld hat eine aktive und eine passive Seite. Die tätige Geduld ist die Spannkraft des Gemüts, die immer wieder neu ansetzt, nach zehn Versuchen den elften macht, nicht siebenmal bloß, sondern siebzigmal siebenmal vergibt, tausend Beschwerden und Anstrengungen überwindet; *Langmut* gegenüber dem Mitmenschen oder *Beharrlichkeit* angesichts großer Zwecke und Ziele. Die leidende Geduld ist die Fähigkeit, Drangsale und Schmerzen aller Art ohne Murren und Widerstreben zu tragen, zu leiden ohne zu klagen. Weil die Geduld nach diesen beiden Seiten hin Frauen mehr als Männern eignet, hat man sie auch die weibliche Tapferkeit genannt. Der Mann richtet sich nach erlittenem Schlage schwerer auf. Seine Kraft ist spröder, zerbrechlicher, sein kampfbereiter Sinn findet sich weniger leicht in das Unabwendbare. Geduldige Ergebung in das Leiden ist das Siegel eines edlen Charakters, das Zeichen, daß der mächtige Trieb der Selbsterhaltung gebändigt, der heftige Drang zum Leben durch einen höhern Willen gebrochen und zum Schweigen gebracht worden. Insofern ist Geduld die höchste Probe der Willenskraft.

Was nun zunächst die Geduld im Leiden betrifft, so ist seit alters nichts an Jesus so reichlich zum Vorbild hingestellt, nichts als so hehr und hoch gefeiert worden, wie seine Seelengröße und stille Standhaftigkeit in der Passion. Zwar zeigen uns die Quellen in ihm ganz und gar keinen feurigen Märtyrer. Sie verhehlen uns nicht, wie schwer ihm das Sterben geworden. Sie lassen ihn lange zuvor im Blick daraus bangen und beben; einen bittern Kelch hören wir ihn das Bevorstehende nennen, eine Bluttaufe[365] „und wie ist mir so bange, bis sie vollendet ist!" Noch eine Stunde vor

---

[365] Mt 20 22 26 39 Lk 12 50 Joh 18 11.

der längst erwarteten Auslieferung sehen wir ihn zittern und zagen: „meine Seele ist betrübt bis in den Tod" – und unter körperlichen Angstzuständen ringt er um eine andere Möglichkeit, die ihn des Kelches überhöbe, erkämpft er sich erst wieder die Ergebung in den höhern Willen, der ihn auf den Kreuzesweg weist[366]. Er bricht zusammen unter dem Kreuz und muß es sich abnehmen lassen[367]. Das bestbezeugte der am Kreuz gesprochenen Worte ist der Angstruf: „Mein Gott, mein Gott, warum hast du mich verlassen", gefolgt von lautem Todesschrei[368]. Aber Hand in Hand mit solchem äußern Erliegen geht ein stilles Siegen: die schwersten Kränkungen, die schneidendsten Qualen werden schweigend überwunden, in der bangsten Verlassenheit wird an Gott, in der tiefsten Schmach am herrlichen Ausgang und glorreichen Erfolg festgehalten. Das ringende Leiden des jugendkräftigen und lebensvollen Jesus ist heldenhafter als das gleichmütige Hinnehmen des Kelchs, durch welches die Laufbahn des greisen Sokrates ihren Abschluß fand. Eben weil Jesu Tod ihm selbst so bitter schwer gefallen, darum birgt er Erlösungskraft für die durch den gleichen Lebenstrieb Gefesselten.

Langmut leuchtet in einzelnen der Parabeln Jesu auf, so in der vom Unkraut, das man wachsen lassen soll[369], oder in der vom unfruchtbaren Feigenbaum, dem der Gärtner ein weiteres Jahr sorgsamster Pflege schenken will[370]. Ausdauer malt er im Bilde des Hirten, der sein verlornes Schaf sucht, bis er's findet[371] – im Bilde der Frau, die ihre verschwundene Sparmünze sucht, bis sie sie findet[372] – oder im Bilde des barmherzigen Samariters, der mit großartiger Hingabe hilft,

---

[366] Mt 26 38 ff Mk 14 34 ff Lk 22 40 ff Joh 18 1 12 24. 27 ff.
[367] Mt 27 32 Mk 15 21 Lk 23 26.
[368] Mt 27 46 Mk 15 34 Ps 22 2.
[369] Mt 13 24 ff.
[370] Lk 13 6 ff.
[371] Lk 15 4 ff Mt 18 12 ff.
[372] Lk 15 8 f.

bis der Gerettete wirtlich wieder gesund ist[373] – oder im Bilde der Witwe, welche dem Richter keine Ruhe läßt mit Bitten, bis er endlich hört und erhört[374]. Diese und ähnliche Beispiele zeigen, daß Jesus das Anhalten und Beharren als Geheimnis des Erfolges sehr wohl kannte und übte. Im Gleichnis vom Säemann zeichnet er die Guten als solche, die in reinem, gutem Herzen das gehörte Wort *bewahren* und *beharrlich* Frucht bringen[375]. Der Mensch, sagt der Moralstatistiker Quetelet, welcher immer nach demselben Ziele strebt, wird schließlich eine ungeheure moralische Kraft erlangen. Genie ist Fleiß nach Lessings bekanntem Ausspruch. Was Jesus geworden, verdankt er seiner Treue gegen das Gewissen und unermüdlicher Ausdauer im Kampf mit sich selbst. „Wer beharret bis ans Ende, der wird gerettet!" ist ein wiederholter Ausspruch aus seinem Munde[376]. Bei ihm war nichts Halbes, Nachlässiges, Oberflächliches zu finden, so wenig als die Mittelstraße ihm je golden erschien! Seine Tagesleistungen gingen öfter über alles Maß hinaus; Franz Delitzsch's „Ein Tag in Kapernaum" gibt ein anschauliches, der Wahrheit gewiß nahekommendes Bild davon. Die Anstrengung seiner Stimme vor den Tausenden im Freien, die Anspannung seiner Geisteskräfte vom Morgen bis zum Abend, die Bedrängung seines Gemüts gegenüber den Leidenden, der Ansturm an seine Nerven durch die mannigfachen, rings an ihn herantretenden Bitten und Bedürfnisse waren ungeheuer und ohne die umfassendste Geduld nicht zu bewältigen. Diesen oft Tag für Tag und Ort für Ort sich wiederholenden, innerlich aufzehrenden Kraftausstrahlungen und Geduldsleistungen gegenüber begreift sich aufs neue jene die volle Wirkung vermissende und ersehnende Ungeduld Jesu, ja die psychologische Notwendigkeit seines tragischen Ausgangs.

---

[373] Lk 10 34 f.
[374] Lk 18 1 ff.
[375] Lk 8 15.
[376] Mt 10 22 24 13.

Reglos gottfern blieb das Volk um ihn her in sinnlichen Hoffnungen befangen. Ein Charakter aber wie Jesus kann, nach so angespanntem Ringen, nicht länger auf eine bloß zukünftige Vollendung warten. Er reißt sie an sich, er zwingt sie herbei. Er sieht den Satan vom Himmel fallen, seine Macht zerbrochen, das Gottesreich mit Gewalt hereinfluten. Wozu noch zögern, worauf noch warten? Brich das Spiel ab, wenn es am besten steht! Jäh den hellsten Zulauf in Galiläa, die glänzendste Wirksamkeit an Tausenden dahinten lassend, wendet er plötzlich sein Antlitz nach Jerusalem und zieht hinauf, um seinen Tod selber gewaltsam herbeizuführen, um durch freiwilliges Opfer seines Lebens, wie durch ein Lösegeld, die Bahn des Gottesreiches freizumachen.

12. Kapitel

Selbstvertrauen

Was ist es eigentlich um jene Willenskraft, durch welche Jesus so großartige seelische und leibliche Wirkungen bei sich selbst und bei andern hervorgebracht hat? Woher erwächst sie? wie lebt und webt sie im Bewußtsein des Wollenden?

Zum Wollen gehört vor allem, so lehren uns neuere Untersuchungen[377], im Unterschiede vom bloßen Wünschen, der Glaube an die Möglichkeit, das Erstrebte durch eignes Tun zu verwirklichen, mit andern Worten das Gefühl der Macht in bezug auf das Gewollte. Mein Streben bleibt ein ohnmächtiges Wünschen, wenn meiner Ansicht nach die Verwirklichung meiner Machtsphäre entrückt ist.

„Will man also einen Menschen dazu bewegen, statt etwas nur zu wünschen, es auch zu wollen, so ist die erste Bedingung, daß man in ihm den Glauben erweckt, die Verwirkli-

---

[377] Z. B. Alexander Pfänder, *Phänomenologie des Wollens*.

chung sei ihm möglich. Will man das Wollen eines Menschen lähmen und zu einem bloßen Wünschen herabdrücken, so bringe man ihm den Glauben bei, die Verwirklichung sei ihm vollständig unmöglich.

Das Gefühl der Macht genügt aber noch nicht, um das Streben zu einem wirklichen Wollen zu machen. Das bloße Streben und Begehren muß zu einem Streben nach Wirklichmachen des Erstrebten werden; dieses tätige Streben nach dem Ziel muß siegreich bleiben gegenüber andern Strebungen, gegenüber jedem Widerstreben in mir; und dieses siegreiche Streben muß, im Unterschied von einer bloßen Triebhandlung, den Charakter völliger oder doch überwiegender Freiwilligkeit zeigen, dann erst ist das Streben zu einem Wollen im eigentlichen Sinne geworden. Die Gefühlsseite des wirklichen Wollens besteht also in einem Gefühle des bestimmten Strebens, das zugleich den Charakter der Macht, der Freiheit und des Eigentriebes hat."

Daraus folgt, daß der Wille gestärkt wird, indem eins dieser ihn charakterisierenden Gefühle gestärkt wird. Die Willenskraft nimmt zu, je nachdem das Gefühl der Macht, oder das der Freiheit, oder das der Freiwilligkeit, oder mehrere dieser Gefühle gleichzeitig verstärkt werden.

Wie kann das Gefühl der Macht verstärkt werden? Einesteils durch das Bewußtsein wachsender eigener Kräfte, z. B. leiblicher im Blick aus körperliche Leistungen. Anderenteils durch das Bewußtsein der Macht über andere, durch den Glauben an fremde Hilfe, die mir infolge meines Einflusses auf andere zu Gebote steht, durch die Erfahrung, daß ich mittels Bitten, Überreden, Drohen, Lohnen, Zwingen die Mitwirkung anderer für meine Zwecke zu gewinnen imstande bin, kurz durch Vertrauen auf andere. Da solches Vertrauen auf andere immer mit irgendeinem eigenen Tun rechnet – bitten, überreden usw. –, so ändert es am Begriff des Wollens nichts; wohl aber stärkt es die Anspannung des Wollens.

Jesus hegte außer dem reinen Selbstvertrauen und außer dem Vertrauen auf die Mitwirkung anderer, seiner Jünger, ein sehr starkes Vertrauen auf Gott, also auf eine seiner Meinung nach allmächtige Kraft und allgütige Hilfe. Eine größere Verstärkung als diese konnte sein Gefühl der Macht, sein Glaube an die Verwirklichung seiner Zwecke nicht erfahren. Der ganze folgende Abschnitt unserer Untersuchung wird dieser mächtig beschwingenden Verstärkung der Willenskraft Jesu durch seinen „Glauben" gewidmet sein, Glauben im engeren biblischen, von Jesu selbst bevorzugten Sinne: Gottvertrauen.

Ein weiterer Zuschuß entsteht der Willenskraft, je mehr das Gefühl freien und freiwilligen Strebens verstärkt wirds Wie geschieht das? Ein freies, siegreiches Streben ist das, welches gegenüber andern Strebungen in mir die Oberhand gewinnt oder behält. Die Begierden im Menschen treten miteinander in Widerstreit. Der Wunsch gut zu essen wird oft niedergehalten durch den Wunsch Geld zu häufen. Die Anwandlung einen Ertrinkenden zu retten wird bekämpft oder gefesselt von der Furcht vor eiskaltem Wasser oder vom Triebe der Selbsterhaltung. Wenn nun ein solcher Mitleidiger der Meinung würde, die Abhärtung mit kaltem Wasser diene zur Selbsterhaltung und sich infolgedessen an Sprünge ins Wasser gewöhnte, so würde das Streben nach Rettung eines Ertrinkenden „frei", während es vorher durch ein Widerstreben gebunden war. Es wäre auch denkbar, daß jemand sich an die Idee gewöhnte, eine solche Rettung mitVBerlust des eigenen Lebens sei eine Selbsterhaltung im höhern Sinne. Je nach der Stärke dieser Idee, dieses Strebens nach höherer Selbsterhaltung, das jetzt das Mitleid mit dem Ertrinkenden, das Streben nach Rettung eines Menschenlebens unterstützt, wird das letztere beziehentlich frei oder aber immer noch gebunden sein gegenüber dem mächtigen niedern Selbsterhaltungetriebe.

Einem Kinde stellt man Strafen und Belohnungen in Aussicht, um dadurch die edleren Bestrebungen zu verstärken, die niedern Begierden zu dämpfen, kurz das Gute in ihm mehr freizumachen. Mein Streben nach einem Endzweck nimmt also an Energie zu, wenn die Mittel und Folgen, deren Verwirklichung in der des Endzweckes mit eingeschlossen ist, zugleich auch an und für sich Gegenstände meines Strebens sind. Für das Streben nach sittlichen Zielen gibt es keine bessere Hilfe als Gottinnigkeit. Von Gott und Ewigkeit her ergeht ein gewaltiger Ruf: Du sollst, du sollst nicht.

Diese Stimme hatte längst die Seele Jesu beeinflußt und seine Willenskraft mächtig verstärkt. Die göttlichen Gebote gingen ihm über alles. Er faßte sie alle zusammen in das Doppelgebot der Liebe. Liebe wurde die innerste Triebfeder seines Handelns. Es blieb für ihn nicht bei dem äußern, den Menschen durch Drohung oder Lockung mit fortreißenden Gebot. Er ließ sich das Gute nicht bloß durch ein Buchstaben-Gesetz abzwingen; er tat es nicht bloß um irgendeiner Selbsterhaltung willen, also zu eigensüchtigen Zwecken, sondern er machte das Gute an und für sich, zusammengefaßt in die Worte Gott, Gottesherrschaft, Liebe zu Gott, Menschenliebe um Gottes willen, zu seiner eigensten Sache. Das setzt allerdings gewaltige Willensentscheide voraus, Kämpfe, deren Ahnung unsere Darstellung in den vorangehenden Kapiteln bereits durchzitterte.

Liebe heißt Hingabe des Selbst, Aufopferung der eigenen Wünsche einschließlich des leiblichen Lebens. Jesus blieb nicht stehen bei dem „du sollst lieben". Er ließ sich die einzelnen Liebestaten je länger je weniger abnötigen, sondern Liebe ward ihm „zur andern Natur". Liebe ward ihm durch festen Willensentschluß und durch Übung, also durch wiederholte, sich steigernde Willensentscheide zur bleibenden Gemütsrichtung, zur Leidenschaft, die ihn auch ohne stets neue Überlegung und Entscheidung zum Handeln fortriß. Kämpfe kostete es zwar bis zum letzten Tage, aber entscheidend war für Jesus allemal der Gedanke „Gott will es"; im Verkehr mit den Menschen gab die Nächstenliebe in ihren verschiedenen Beziehungen bis hinaus zur Feindesliebe den Ausschlag. Diese Liebe, dem Willen Jesu als Gebot auferlegt und von ihm mit wachsender Lust geübt, aus dem Willen Jesu fließend wie aus seinem „Glauben", verstärkt wiederum seine Glaubenskraft und mit ihr die Willenskraft. Sie leiht dem sittlichen Streben Jesu nicht bloß größere Freiheit gegenüber den niedern Trieben, sondern auch höhere Freudigkeit, im Gegensatz zu bloß gezwungenem Handeln; – sie wird die höchste und eigenste Empfindung Jesu, der mächtigste und sicherste Antrieb für ihn. Ihr muß darum ein dritter Abschnitt unserer Darstellung gelten.

Zum Schlusse dieses ersten Abschnittes erhebt sich uns noch eine Frage: Die nach dem Selbstvertrauen bei Jesu. Es liegt nahe, aus der Voranstellung der bisher geschilderten Charakterzüge den Schluß zu ziehen, als ob sie ohne die Mitwirkung des „Glaubens" und der „Liebe" sozusagen unter der reinen Willenskraft entstanden gedacht wären. In der Tat läßt sich jene Selbstbeherrschung, jene Reinheit, jene Geduld auch ohne den Beistand der Liebe erreichen. Paulus setzt ausdrücklich den Fall: in den Besitz der höchsten Gaben zu gelangen, Prophetie zu üben, in alle Geheimnisse einzudringen, den festesten, bergeversetzenden Glauben zu haben, ja alle Habe aufzuteilen und sich als Märtyrer verbrennen zu lassen – ohne Liebe! Ebenso ließen sich große Wirkungen ohne Glauben im engern Sinne erzielen, also im reinen Selbstvertrauen ohne alles Gottvertrauen.

Es ist hier zunächst nicht die Frage, ob die bisher geschilderten und andere Leistungen Jesu „über unsere Kraft" gehen, sondern nur, ob sie im *Bewußtsein Jesu* über seine Kraft gingen; ob er sie also „in eigener Kraft" oder in Gottes Kraft zu vollziehen geglaubt und gewagt hat. Das letztere wird uns für einzelne seiner Heilungen von den Quellen angedeutet, wenn sie einen Blick gen Himmel vor der Tat oder entsprechende Äußerungen Jesu über seine Kraftquelle erwähnen[378]. Für andere Taten, insbesondere für seine Wirkungen auf dem sittlichen Gebiete bleibt die Frage nach dem Selbstvertrauen Jesu offen.

Aber läßt sich bei einem Menschen mit gesunden Augen scharf unterscheiden, welche Handlungen er mit Hilfe seines Augenlichts und welche er ohne dieses unternimmt? Ein Blinder kann allerdings viele Dinge tun wie ein Sehender. Allein dieser befindet sich ohne Frage im Vorteil, und zwar selbst dann, wenn er im Finstern oder mit geschlossenen Lidern handelt: immer leiten ihn die mittels der Augen gewonnenen Vorstellungen und Gewöhnungen; *allem* Tun verleiht der Gesichtssinn eine Kraft und Sicherheit, wie sie der Blindgeborne nicht kennt. In ähnlicher Weise greift der „Glaube", dieses helloffene Schauen einer höheren Welt, in das Seelenleben ein. und passend hat man ihn den sechsten Sinn genannt. Thomas Carlyle sagt von der Wende, da ihm klar geworden, daß er nicht der Natur, sondern Gott gehöre: „Von jener Stunde an ward ich ein Mann." Eine so tief fromme, mit Gott verbundene Persönlichkeit wie Jesus war gewöhnt, in Gott ihren beherrschenden Mittelpunkt und ihre feste Burg, ihr Licht und ihre Kraft zu wissen, und schwerlich ließe sich klarstellen, was er ohne Gott getan. Auch wo er nicht an Gott dachte, handelte er unbewußt im Vertrauen auf ihn[379], sein ganzes Gemüt war von ihm erfüllt.

Das Wort „Unmöglich" kommt im Sprachschatz Jesu nicht häufig vor. Der einzige Ausspruch, in dem es uns überliefert worden: „Bei den Menschen ist das unmöglich, bei Gott aber sind alle Dinge möglich[380], auch die innere Befreiung eines Reichen von seinem Reichtum" – atmet nicht Selbstvertrauen, sondern ein unbegrenztes Vertrauen auf Gott[381]. Wo ein solches vorhanden, da bedeckt es die Selbstgefühle, wie das überflutende Meer einen kleinen seiner eigenen Quelle entrieselnden Teich.

---

[378] Mk 7 34 (6 41 Joh 11 41 5 19) Mk 9 29 Mt 17 20 f 12 28.
[379] Mt 27 43.
[380] Mt 19 26.
[381] vgl Mk 9 23 11 22 ff 14 36.

Anderseits pflegte Jesus die Leute zu Willensanspannungen, Geduldsleistungen, Sinnesänderungen, Taten der Liebe und Aufopferung aufzufordern ohne jeden Vorbehalt[382]. Er war nicht so unweise, wie mancher Prediger nach ihm, den Leuten den Glauben zu nehmen an die Möglichkeit der Verwirklichung. Wenn er einzelne entließ mit den Worten: Gehe hin und sündige hinfort nicht mehr[383]! wenn er allen zurief: Ihr sollt vollkommen sein wie euer Vater im Himmel[384]! so hegte er ganz gewiß nicht den Hintergedanken: Ihr seid's ja doch nicht imstande. Er kannte weder die spätere Kirchenlehre von der gänzlichen Unfähigkeit des Menschen zu allem Guten, noch den Schopenhauerschen Spruch: Der Charakter ändert sich nicht. Er hat seine Zuhörer nicht narren wollen mit Geboten, deren Erfüllung außer dem Bereich ihrer Kraft lag. Vielmehr hat er eben die Willenskraft, das gesunde Selbstvertrauen, ein zielbewußtes Vorwärtsstreben in seiner Umgebung fort und fort zu stärken gesucht, auf Grund eigener Erfahrung, eigener willensstarker Zuversicht.

Wohl konnten aufmerksam Lauschende immer wieder die Einladung hören, sich an den himmlischen Vater um „gute Gaben" zu wenden[385]; bestehe doch der Anfang der Glückseligkeit und die Grundbedingung für den Empfang des Himmelreichts darin, gleich Bettlern an des Himmels Tür zu klopfen[386]. Aber dies alles liegt im Bereich des Menschenmöglichen. Der Weg zum Vater steht allen allezeit ohne weiteres offen[387]. Jesus hat nie solche, die er am Rande des Abgrundes wandeln sah, vollends hinabgestoßen: Du bist nichts und du hast nichts und du kannst nichts! Sondern er

---

[382] Mt 19 17. 21 5 16. 24. 30. 37. 39. 44 usw Lk 10 37.
[383] Joh 8 11 5 14.
[384] Mt 5 48 vgl 3 Mos 19 2.
[385] Mt 7 11 9 12 12 39 16 4 vgl Jak 1 17 Lk 11 2–13.
[386] Mt 5 3 7 7.
[387] Lk 15 17 ff Mt 5 16 7 17. 21.

hat angeknüpft an das Wenige, was noch da war, und hat oft viel daraus zu machen gewußt[388]. Darum wurde auf ihn der alte Spruch angewandt[389]: „Zerknicktes Rohr zerbricht er nicht, und glimmenden Docht löscht er nicht aus, und auf Grund seines Namens werden die Völker Hoffnung fassen!"

Glaube

13. Kapitel

Glaubenskraft

Von Jesu „Glauben" ist in der ganzen Bibel nur ein einziges Mal die Rede. Der unbekannte Verfasser des Hebräerbriefs weist, nachdem er eine lange Reihe von Glaubenshelden vorgeführt, auf Jesum als den letzten und höchsten, den „Anfänger und Vollender des Glaubens[390]". Nach dieser Bezeichnung wäre Jesus der erste, welcher im Vollsinn des Wortes, in vollendeter Gestalt, „geglaubt" hat, und ist dadurch der Führer einer ganz neuen, mit ihm anhebenden Reihe von Glaubenden geworden. Mit Jesus ist der Glaube in eine neue Ära getreten; mit ihm fängt der wahre Glaube an, er hat durch sein Leben und Sterben gezeigt, was Glauben heißt. Und sein Glaube wirkt nicht bloß als Beispiel, sondern als lebendige, sich übertragende, fort und fort neuen Glauben zeugende Kraft.

Aber warum vermeiden es die übrigen Schriftsteller des Neuen Testaments, das Wort Glauben von Jesus selbst zu gebrauchen? Weil Jesus für seine Anhänger immer mehr Gegenstand des Glaubens wurde, der Spender und Vermittler göttlicher Kräfte. Zu ihm ein unbedingtes Zutrauen zu wec-

---

[388] Mt 9 9 ff Lk 7 37 ff 19 2 ff.
[389] Mt 12 20 f.
[390] Ebr 12 2.

ken, darauf zielten Wort und Werk der Apostel; „glaube an den Herrn Jesus Christus, so wirst du mit deinem Hause Heil empfangen[391]!" – das wurde die rettende Hand für viele. Die einheitliche Kraft dieses Gedankens fürchtete man abzuschwächen, wenn man Jesus selbst wieder als einen Glaubenden hinstellte.

Was sagt Jesus von seinem eigenen Glauben? Gerade heraus hören wir ihn davon nicht sprechen, so oft er sonst auch das Wort Glauben braucht und so grundlegend wichtig ihm die Sache ist. Diese Zurückhaltung erklärt sich am einfachsten aus der Scheu, seine Wurzeln bloßzulegen, sein innerstes Leben preiszugeben; aus dem tiefgefühlten Bedürfnis, sein persönliches Verhältnis zu Gott, die eigentliche Quelle seiner Kraft, vor fremden Blicken keusch zu verwahren. Der Nachdruck aber, womit er seinen Jüngern vom Glauben redete und immer wieder auf Glauben drang, zeigt auf das allerdeutlichste, daß Glauben das Geheimnis seines eigenen Wirkens und Erlebens war, und zugleich auch, was für ein Glauben das ist.

Am bezeichnendsten hierfür sind folgende Aussprüche. Anläßlich der von den Jüngern vergeblich versuchten Heilung des epileptischen Knaben schilt Jesus in frischer Unmittelbarkeit den Unglauben seiner Jünger, der vor dieser Not die Waffen gestreckt. Als die Jünger ihn später unter vier Augen fragen: „Warum konnten wir ihn nicht austreiben?" erwidert er: „Diese Art weicht nur dem Gebet[392]."

Ein andermal mahnt er seine Jünger[393]: „Habt Glauben an Gott. Wahrhaftig, ich sage euch: wenn einer zu diesem Berge sagt, hebe dich weg und stürze dich ins Meer! Und wenn er dabei keinen Zweifel im Herzen hegt – nicht zerteilt ist in seinem Herzen – sondern glaubt, daß das geschieht, was er

---

[391] Apg 16 31 2 38 3 16 4 10 ff 10 36 ff 15 11 17 31.
[392] Mt 17 21 Mk 9 29.
[393] Mk 11 22 ff Mt 21 21 f.

sagt, dann wird es geschehen. Deshalb sage ich euch: um was ihr auch betet und bittet, glaubt, daß ihr es empfangt, und es wird euch werden."

Bei einem dritten Anlaß endlich bitten die Apostel: „Herr, mehre unsern Glauben[394]." Jesus: „Wenn ihr Glauben hättet wie ein Senfkorn, so könntet ihr zu dieser Sykomore sagen, entwurzle dich und pflanze dich in den See! und sie würde euch gehorchen."

Mag die Überlieferung bezüglich des geschichtlichen Rahmens für diese verschiedenen Aussprüche schwanken und tasten, die Aussprüche selber sind trefflich bezeugt und verraten ihre Echtheit schon durch ihren Widersinn. Der Glaube, lehrt Jesus, greift kühn über das hinaus, was sonst dem Menschen möglich scheint. „Alle Dinge sind möglich dem Glaubenden[395]." Auf welche Weise das Geglaubte, Erbetene zustande kommt, darüber wird nicht geklügelt, es bleibt Gott anheimgestellt. Gott ist alles möglichch[396]. Er ist ia der Herr des Himmels und der Erde[397] mit schrankenloser Allmacht; ein großer König[398], ohne dessen Willen nichts geschieht[399]. Aus seiner unerschöpflichen Fülle kann der kleine Mensch immer nur nehmen, ohne sich den Kopf zerbrechen zu müssen, wie's zugeht, wo's herkommt. Von Gott kommt es, der sein Vater[400] ist – das genügt ihm. Der Allmächtige ist zugleich der Allgütige[401]. „Bittet, so wird euch gegeben – ein Vater wird doch seinem Kinde nicht das Brot weigern[402]." Die Kraft, die Berge

---

[394] Lk 17 5 ff.
[395] Mk 9 23 11 23 f.
[396] Mk 10 27 12 24 14 36.
[397] Mt 11 25.
[398] Mt 5 35 18 23 22 2.
[399] Mt 10 29.
[400] Mt 6 4. 6. 8. 9. 14 f. 18. 26. 32 10 29 f.
[401] Mt 5 45 ff.
[402] Mt 7 7 ff.

versetzt, Bäume verpflanzt, ist ausschließlich Gottes Kraft. Der Glaube setzt Gottes Kraft in Bewegung durch das Gebet. Nicht der Mensch bewegt den Berg, sondern Gott. Der Mensch redet äußerlich zum Berge, innerlich zu Gott. Sein Befehlswort an den Berg wirkt nur, weil es zugleich ein Bittwort ist an Gott.

Der Glaube hat also stets und ausschließlich Beziehung auf Gott bei Jesus. Auch wo er ohne jeden Zusatz vom Glauben spricht, ist Gott immer mitgedacht. Das wird am deutlichsten aus dem Wort vom Senfkorn[403]. Es kommt nicht auf die Größe des Glaubens an; selbst wenn der Glaube winzig klein, sobald es nur wirklicher, ungeteilter Glaube, nämlich Vertrauen auf Gott, so sind Gott die größten Dinge möglich. Nicht von der Stärke der menschlichen Seelentätigkeit hängt die Wirkung ab, nicht von der Menge der Gebetsworte, wie die Heiden meinen[404], noch von der Menge der Beter, zwei genügen zu einer Gebetsgemeinschaft,[405] sondern von der einfachen Beziehung auf Gott.

Der Glaube ist nicht eine Leistung des Menschen, die ihre Wirkung in sich selbst trüge, daher an und für sich verdienstlich wäre, wie die Synagoge lehrte. Es gehört vielmehr zum Wesen des Glaubens, von sich selber gänzlich ab und auf den allgütigen Gott zu sehn. Sobald der Glaubende auf sich selber blickt und in der Größe seines Glaubens etwas sucht, so ist der Glaube schon „zerteilt", also Zweifel vorhanden[406].

Offenbar hat das Wort vom Senfkorn wie auch das anschließende Gleichnis von den unnützen Knechten[407] erzieherische Bedeutung. In Tat und Wahrheit ist es ja durchaus nicht gleichgültig, ob der Glaube groß oder klein ist. Jesus

---

[403] Lk 17 6 Mt 17 20.
[404] Mt 6 7 f.
[405] Mt 18 9 f.
[406] Lk 17 10 vgl mit 5 f.
[407] Lk 17 7 ff.

hat selbst in mindestens zwei Fällen den großen Glauben Hilfesuchender ausdrücklich gerühmt und sein eigenes Verhalten dadurch mit bestimmen lassen[408]. Von der Größe des Zutrauens, von der Spannkraft der Erwartung, von der Ausdauer des Bittens, von der Wucht des Himmelanstürmens hängt allerdings, laut Jesu eignem Hinweis[409], der Erfolg ab. Ein kleiner Glaube wird eher bei Schwierigkeiten zurückschrecken, bei Verzögerungen erlahmen, bei Unvorhergesehenem erlöschen[410]. Ein großer Glaube wird, durch frühere Erfahrungen ermutigt, sich immer weiter vorwagen in das Reich des scheinbar Unmöglichen, in das Reich Gottes. Daß nur der kleine Mensch sich nicht etwas einbilde auf seinen großen Glauben! Der große Gott allein wirkt es. Nicht die noch so starken Riemen ziehen den Wagen vorwärts, sondern die starken Rosse, welche durch sie mit dem Wagen verbunden sind.

Auf Gott allein vertraut Jesus, auf den lebendigen, persönlichen, den Vater. Sein Glauben ist nicht bloß ein blindes Sichhervorwagen, ein dunkles Sichverlassen auf das Spiel des Zufalls oder auf das Walten freundlicher Mächte, kurz auf gut Glück! Als einst ein heftiger Sturm das Schiff Cäsars umwütete und der Kapitän kopflos vor Angst wurde, blieb der große Staatsmann ruhig und rief lächelnd: „Wovor fürchtest du dich denn? Das Schiff trägt ja Cäsar und sein Glück." Solcher Mut des Tapfern wirkte ansteckend – und war doch nur blinder Optimismus. Jesu Glauben, nicht weniger kühn, ist ein klaroffenes, innerst-empfundenes Verhältnis zu Gott, etwas durchaus Sittliches, Persönliches, Heiliges. Darum ertönt von Anfang an laut sein Bußruf: Zurück zu Gott; erneuert das Kindesband mit euerm Vater, räumt die Sünde hinweg, tut Gottes Willen[411]!

---

[408] Mt 8 10 15 28 Mk 5 34 Lk 18 42.
[409] Lk 11 8 ff 18 1 ff 13 24 f 16 16 Mt 11 12.
[410] Mt 8 26 14 31 16 8 6 30.
[411] Mt 4 4. 7. 10. 17 5 3 ff.

Soll sich Gott euch als Vater erzeigen, so müßt ihr euch als seine Kinder beweisen und bewähren[412].

Schon zu Jesu Zeit wußte man, daß der Glaube an Dämonen und finstere Gewalten ähnliche Dinge bewirkt wie der Glaube an Gott[413]. Nur schrieb man jenen Irrgeistern einen geringern Machtbereich zu, und dem Erwarten entsprechend erfolgten auch durchschnittlich geringere Wirkungen. Wir wissen heute, daß der Glaube überhaupt, ohne Beziehung auf Gott oder auf Dämonen, ein Unpersönlicher, rein sachlicher Glaube, Kräfte beherrscht, die außerhalb des gewöhnlichen Machtbereichs des Menschen liegen, z. B. Seelenkräfte andrer Menschen, selbsttätige Kräfte im eignen Leibe, die Leidenschaften wilder Tiere. Die Tatsachen der Suggestion, der Telepathie, des Fakirismus, des Szientismus und verwandter Gebiete, obwohl wissenschaftlich noch nicht genug geordnet und durchleuchtet, zeigen doch, was „der Glaube" im weitesten Sinne vermag, und bestätigen die Äußerungen Jesu.

Aber wohlgemerkt: Jesu Glaube ruhte ausschließlich und völlig auf Gott, und nur in diesem Sinne werden wir weiterhin vom Glauben reden. In Jesu Denken war alles auf Gott bezogen. Wie Anakreons Harfe einzig für die Liebe gestimmt war, so war die Seele Jesu nur auf Gott gerichtet und auf seine „Herrschaft". In dieser gewaltigen Einseitigkeit lag seine gewaltige Stärke. Alles für Gott und mit Gott! Er hielt sich an ihn, als sähe er ihn.

Weder Engel noch Dämonen konnten seinen Glauben ablenken. Die Engel schaut er als Dienerscharen des himmlischen Vaters[414], der dadurch nicht ferner gerückt, nicht vom Handeln ausgeschlossen, sondern nur größer wird. Die Dämonen haben allerdings ihr Reich für sich, aber ihre Herr-

---

[412] Mt 5 45 6 14 f 7 1 f. 11. 12 Mk 11 24. 25.
[413] Mt 9 34 12 24. 27 vgl 2 Mos 7 u. 8.
[414] Mk 1 13 8 38 13 32 Mt 18 10 22 30 26 53 Lk 12 8 f 15 10 16 22.

schaft ist längst ins Wanken geraten, Satan wie ein Blitz vom Himmel gestürzt, Gottes Sieg gesichert[415]. In Gott fühlt sich Jesus als den Stärkern gegenüber allen Mächten des Teufels, und seine Jünger haben die gleiche Gewalt. Ohne jede abergläubische Furcht dringt er auf das Reich des Bösen ein. Ebensowenig Hochachtung kennt er vor den Naturgesetzen – ein überhaupt jener Zeit noch unbekannter Begriff. Gott ist der Herr, auch in der Natur, im Großen und im Kleinen. Weder Geister noch Gesetze dürfen sich zwischen ihn und den Menschen drängen. Alles liegt in seiner Hand. Er selber ist es, der die Blumen kleidet und die Vögel nährt. Er greift in den Lauf der Dinge ein, wann und wo er will. Er wird, alles Bestehende vernichtend, sein Reich herbeiführen zu seiner Zeit. Schwierigkeiten, Hindernisse, Gewalten gibt es für ihn nicht. Darum kann man auch das Größte ungescheut von ihm erbitten. Mit diesem Glauben erhebt sich Jesus weit über seine Zeit, die Gott entweder in unnahbarer Ferne suchte oder den Zugang zu ihm durch eine Unzahl von Pflichten und Bräuchen verzäunte. Die Religion war ein Rechtsverhältnis geworden, das Gebet eine Förmlichkeit.

Wir fassen zunächst das Gebetsleben Jesu ins Auge. Der ursächliche Gemütsdrang läßt sich am besten bezeichnen mit dem alten Wort der Theosophen: Gotteshunger.

14. Kapitel

Gotteshunger

Schon aus den Jugendjahren Jesu weiß Lukas zu berichten, wie der Zwölfjährige beim ersten Festbesuch in Jerusalem, von den Mysterien des Heiligtums wunderbar ergriffen, sich nicht habe trennen können, trotz Ablaufs des Festes und

---

[415] Mt 4 10 12 25 ff 25 41 Lk 10 18 13 16 ff 22 31.

Abreise der Eltern zurückgeblieben sei und endlich nur die Erklärung gegeben habe: „Wußtet ihr nicht, daß ich in meines Vaters Hause sein muß[416]?" Lassen wir die Echtheit dieser Erzählung dahingestellt, so wissen wir über die „dreißigjährige Stille" in Nazareth wenigstens soviel, daß es Jesu Gewohnheit war, am Sabbat die dortige Synagoge zu besuchen[417]. Wie er dann vor Beginn seines Wirkens in die Wüste zu Johannes sich begab und von da noch tiefer hinein in die Einsamkeit, um für Wochen die Welt völlig zu vergessen und ganz dem von Gott ihm kommenden innern Lichte zu leben, das haben wir weiter oben schon gewürdigt[418]. Es tritt hier nicht bloß die allgemein jüdische, tief religiöse Gemütsanlage zutage, welche spricht[419]: „Wie der Hirsch nach Wasserbächen lechzt, so lechzt meine Seele, Gott, nach dir." Es liegt vielmehr ein ganz außerordentliches Bedürfnis der Beschaulichkeit und geistlichen Befruchtung vor, das wohl längst geübt und durch Übung gesteigert worden war. Man beachte, welche Rolle in den drei Versuchungen, von denen Jesus erzählt, die Anbetung Gottes spielt[420]. Gott, nur Gott, das ist's, was dies Gemüt ausfüllt und was von aller Herrlichkeit der Welt nicht verdrängt werden kann.

Nach dem ersten heißen Arbeitstage in Kapernaum sieht man ihn nur flüchtig sich zur Ruhe begeben; in grauer Frühe am andern Morgen hat er in aller Stille sein Lager verlassen und sich an einen einsamen Ort begeben, um zu beten[421]. Nachdem die „fünftausend Mann" einen langen Sommertag ihn umlagert und er ihnen sein Bestes gegeben, sucht er abends nicht den wohlverdienten Schlaf, sondern die kühle Spitze des nächsten Berges, die Nähe Gottes; nur

---

[416] Lk 2 41 ff.
[417] Lk 4 16.
[418] Kap 3 u. 6.
[419] Ps 42.
[420] Mt 4 4. 7. 10.
[421] Mk 1 35 ff.

zu lang hatten die vielen Menschen ihn an der trauten Zwiesprache mit seinem Vater gehindert[422]. Bevor er sich anschickt, aus dem weiteren Jüngerkreis eine engere Auswahl von Sendboten zu treffen, verbringt er die ganze Nacht auf dem Berge im Gebet[423]. Bevor er aufbricht zum letzten Gang nach Jerusalem, steigt er auf einen hohen Berg[424], diesmal sogar mit den drei Vertrauten unter seinen Gefährten, um sich volle Klarheit über seinen Weg und über sein Ende zu holen. Auch in Jerusalem hatte er seine Lieblingsplätze für das Gebet, am Ölberg, im Garten Gethsemane; und er kann nicht ohne heißen Gebetskampf den Leidenskampf beginnen. Noch am Kreuze lauter Gebet. Sein letzter Seufzer flieht zu Gott[425].

Immer wieder zog er sich zurück aus der Öffentlichkeit in die Stille, aus dem Gewühl der Märkte in die Felder und Triften, aus dem Andrang der Menschen auf den ruhig spiegelnden, leise plätschernden See, aus der Unnatur des Stadtlebens hinaus zu den Tieren, unter die Bäume, zwischen öde Felsen; aus dem Plagen und Fragen und Mißverstehen der Schüler hinaus auf die erhabenen Berge, in die reine Luft des Himmels[426]. Ein wunderbarer Einsiedler, floh er oft mit Hast und Heimlichkeit abseits, ja entwich über die nahe Landesgrenze, um ungestört zu sein. Mit gewaltiger Entschlossenheit brach er seinem innern Bedürfnis Bahn und schaffte seinem eigenen Hunger Brot, nachdem er Tausenden Speise gegeben. Und doch wissen wir im Verhältnis gar wenig von seinem Gebetsleben. „Wenn du betest, so geh in dein Kämmerlein und schließ die Tür hinter dir zu", das war seine Regel. „Bete zu deinem Vater im Verborgenen, und er wird

---

[422] Mk 6 46.
[423] Lk 6 12 ff.
[424] Mk 9 2 Mt 17 1.
[425] Lk 23 46.
[426] Lk 9 18. 28 11 1 Mk 1 45 3 7 4 35 6 31 ff. 46 7 24.

dir im Verborgenen vergelten[427]." Aus dieser Verborgenheit ist nur Vereinzeltes an unsere Ohren gedrungen. Aber warum beginnt die erste von Matthäus wiedergegebene Predigt mit den Worten: Selig sind die innerlich Armen, oder, das bezeichnende Wort des Grundtextes besser verdeutscht: Selig, die wie Bettler an des Himmels Tür stehen – ihrer ist das Himmelreich[428]? Weil das für sein eigenes inneres Leben das A war vom ABC, weil eine solche geistige Bedürftigkeit ihn selber auszeichnete. „Freuet euch, rief er einmal seinen Aposteln zu, nicht darüber, daß euch die Dämonen untertan, freuet euch vielmehr darüber, daß eure Namen im Himmel eingeschrieben sind[429]." Die Gewißheit, im Himmel einen Platz, ein Anrecht, einen offenen Schatz zu haben und in Gott einen Vater, Berater, Helfer, Spender mit unerschöpflichen Mitteln, sie ging ihm über alles.

Wunderbarer Gegensatz in diesem Charakter zwischen heldenhafter Entschlossenheit und kindlicher Lenksamkeit, zwischen männlicher Entschiedenheit und weiblicher Anlehnung, zwischen größter Selbständigkeit und völliger Abhängigkeit von Gott, zwischen Weltoffenheit und Weltflucht, Weltwirken und Welterhabenheit! Mit den Wurzeln aus der Erde saugend, in der Krone göttliche Lüfte atmend, in Asien und Zweigen Unteres und Oberes mischend und frei gestaltend, so streckte er sich seinem erhabenen Ziele entgegen. An dem Glauben an den liebenden himmlischen Vater stärkt sich sein weltbezwingender, die Menschennatur verklärender Wille.

Jesus hat auch seine Jünger beten gelehrt[430]. Er hat sie mit ins Heiligtum genommen, in sein Verhältnis zu Gott sie hineingezogen[431]. „Von Jesus und seinen Jüngern, sagt Paul

---

[427] Mt 6 6 nach richtiger Lesart, vgl Th. Zahn.
[428] Mt 5 3.
[429] Lk 10 20.
[430] Lk 11 1 ff 18 1 ff Mt 6 5 ff.
[431] Lk 8 51 9 28 11 1 Mt 26 37.

Wernle, ist mit einer Freudigkeit, Siegesgewißheit, Dringlichkeit gebetet worden, wie vielleicht nie in der Geschichte. Philosophen mögen darüber lächeln, weil sie es nicht verstehen. Es sind immer die größten Zeiten in der Religionsgeschichte gewesen, wo der Gläubige Gott am meisten zugetraut und daher auch am meisten von ihm erhalten hat. Hier erweitert sich der Kreis des sonst Möglichen; neue Kräfte werden entbunden und setzen die Welt in Erstaunen." – Die Gleichnisse Jesu vom bittenden Freunde[432] und von der mit Flehen nicht ablassenden Witwe[433], sie geben uns eine Ahnung, wie Jesus gebetet hat. „Gott, ruft Jesus, wird doch wohl seinen Auserwählten ihr Recht verschaffen, die ihm in den Ohren liegen Tag und Nacht!" Wenn schon ein hartherziger, gewissenloser Richter einer armen Frau hilft, wieviel mehr Gott; wenn schon ein schläfriger, bequemer Freund eine mitternächtige Bitte zuletzt erhört, wieviel mehr Gott; wenn schon fehlerhafte irdische Väter ihren Kindern Gutes geben, wieviel mehr der himmlische Vater – so lautet die immer wiederkehrende Schlußfolgerung, die Jesus und seine Jünger zum Gebet treibt und ihrem Gebet eine himmelandringende, alle Erdennot überwindende Macht verleiht. Von Jakobus, dem Bruder Jesu, ist überliefert, daß er „vom häufigen und anhaltenden Beten Schwielen an den Knien wie ein Kamel gehabt" habe. Wir können uns Jesu Inständigkeit im Gebet nicht groß genug denken. Er kannte auch das Mittel, die Inbrunst zu verstärken durch Zuzug Gleichgesinnter. Mehrere Kohlen zusammen geben ein Feuer, während eine einzelne bald verglüht. „Ich sage euch, wenn zwei auf Erden übereinstimmend um irgend etwas bitten, so wird es ihnen von meinem Vater im Himmel zuteil werden[434]." Jesus hat sich selbst solcher Verstärkung bedient, und wahrhaft fle-

---

[432] Lk 11 5 ff.
[433] Lk 18 1 ff.
[434] Mt 18 19.

hend bittet er seine drei Vertrauten im Garten: „Bleibet hier und wachet mit mir! – Könnt ihr denn nicht eine Stunde mit mir wachen? Wachet und betet! – Der Geist ist willig, aber das Fleisch ist schwach[435]."

Welch unbedingtes Zutrauen, welch kindliche Zuversicht spricht sich in dem Wenigen aus, was von den Gethsemanebitten auf uns gekommen. Derselbe Geist durchweht das Vaterunser. Der Vater weiß, was wir bedürfen, ehe denn wir ihn bitten. Es bedarf also nicht vieler Worte[436].

Ein Vorsehungsglaube beherrschte diesen Geist, der über all unsern Verstand hinausgeht. „Zwei Sperlinge kosten nur einen Pfennig, und doch fällt nicht ein einziger zur Erde ohne euren Vater. Ja, euch sind die Haare auf dem Haupte alle gezählt. Fürchtet euch also nicht, ihr seid mehr wert als viele Sperlinge[437]." Größer als alle Gefahr und als alles übel auf der Welt ist der lebendige Gott. Er wirkt in der Natur, er weiß alles und umfaßt alles. Er hat die Zügel der Regierung in der Hand und lenkt auch das Kleinste, das scheinbar Unwerteste nach seinem Willen, wir aber sind seine Kinder, seine Lieblinge und haben durch unser Gebet Einfluß auf seinen Arm.

Dazu kommt die Kindlichkeit und Unmittelbarkeit der Vorstellung: eine ganz menschenbildliche, poetische, auf allen Gemütssaiten mitklingende Anschauungsweise über Gott. Ein großer König – der Himmel sein Thron – die Erde seiner Füße Schemel – Jerusalem seine Hauptstadt[438]. Am liebsten und häufigsten aber: der Vater – der Vater im Himmel, von Engeln umgeben – mein Vater. Der Urlaut Abba, mit dem Jesus Gott anrief und ihn anzurufen andre einlud, in dieser wahrhaft kindlichen, zutraulichen Weise, hat seiner

---

[435] Mt 26 38 ff.
[436] Mt 6 7 f.
[437] Mt 10 29 ff vgl 1 Kor 9 9!
[438] Mt 5 34 ff.

ersten Gemeinde unvergeßlich im Ohr geklungen[439]. Gott war ihr fortan der „Vater Jesu Christi[440]", ihr Ziel war, ihn so zu empfinden und zu verkünden, wie ihn Jesus uns offenbart hat, den Vater aller Menschen, ganz besonders auch der verstoßenen, der verlorenen Söhne. „Wer das Reich Gottes nicht annimmt wie ein Kind, kommt nicht hinein[441]." Alle Grübeleien, Hirngespinste, Verstandeskünste bringen uns nur weiter ab vom Ziel. Heilige Einfalt! Glücklicher Kindersinn! Die volle Frische eines nicht von des Gedankens Blässe angekränkelten, auf naivster Naturbetrachtung beruhenden, persönlichen Verhältnisses zu Gott – das finden wir bei Jesus.

Gebetsinnerlichkeit im persönlichen Sinne, hebt Söderblom mit Recht hervor, ist eigentlich von Jesus erst geschaffen. „Die Mystik kennt nur eine unpersönliche Innerlichkeit. Die Innerlichkeit der großen israelitischen Beter, so kraftvoll sie ist, bleibt überpersönlich: Das betende Ich der alten Propheten und Psalmdichter ist immer das Gottesvolk, die heilige Gemeinde als Gesamtheit. Jesu Gottesumgang ist ein ganz und gar persönlicher Herzensaustausch mit dem Vater. Obgleich durch die Schule des Psalmbuchs und der Profetenschriften hindurch gegangen, überragt er im Beten alle seine Vorgänger um Hauptesläng; in seinem Beten bricht das Kindschaftsverhältnis zum Vatergott in höchster Reinheit und Kraft durch".

Und daneben doch welch ungeheurer Ernst! „Nicht mein, sondern dein Wille geschehe!" Dies Gebet auf dem Ölberg nennt Friedrich Heiler den Gipfelpunkt in der Geschichte des Gebetes und der Philosoph Harald Höffding das tiefste religiöse Wort, das je ausgesprochen wurde. Der heilige Wille Gottes über alles[442]! Es sei ferne, daß der Beter Gott nur für

---

[439] Mk 14 36 Röm 8 15 Gal 4 6.
[440] 1 Pet 1 3 Eph 1 3 usw.
[441] Mk 10 15.
[442] Mt 26 39. 42. 44 6 10 7 21 12 50 Lk 22 42.

seine persönlichen Wünsche brauchen wolle; er biete sich dar und bitte, daß Gott ihn für Gottes Zwecke brauche. Wir sind Knechte – Gottes Wille muß geschehen[443]. Ja, „fürchtet euch vor dem, der Leib und Seele dem Verderben in der Hölle übergeben kann"[444]: Gott ist der Vater, aber auch der gestrenge Herr, der Richter[445]. Ein Licht, aber auch ein Feuer. Der die Hochzeit veranstaltet, aber auch aus dem Festsaal geradeswegs ins Verlies befördert[446]! Ihm zu dienen und zu gehorchen, seinen Willen zu tun, das muß unser Leben ausfüllen. Das ganze Leben soll ein Gottesdienst sein. Jede Zeit und jeder Ort sind geeignet für die Gottesverehrung[447], da hört im Grunde der Unterschied von Sabbat und Werktag, von heilig und weltlich auf. Gott wird der unbedingte und ausschließliche Herr des Lebens; er allein kann den Hunger unserer Seele stillen, er allein hat das Recht auf unsere Seelenkräfte.

Diese lautere, tiefe, allumfassende Frömmigkeit Jesu wurde von einfältigen Gemütern mit Bewunderung und Verehrung erkannt – so zum Beispiel, wenn Mütter ihre Kinder ihm brachten, daß er betend seine Hände auf sie lege[448]; oder wenn reiche und gebildete Jünglinge ihn nach dem Weg zum Leben fragten[449]; oder wenn Scharen, wie von einem Magnet gezogen, hinter ihm hergingen und tagelang in der Einöde bei ihm verharrten[450]. Seine Frömmigkeit zog an, teilte sich mit, pflanzte sich fort: sie ist noch heute das Salz der christlichen Religion, das Feuer, an dem sich tausend andere Ge-

---

[443] Lk 17 7 ff.
[444] Mt 10 28.
[445] Mt 5 25 6 14 f 18 35.
[446] Mt 22 13.
[447] vgl Joh 4 23 f.
[448] Lk 18 15 ff.
[449] Lk 18 18 ff.
[450] Mt 14 13 15 32 Lk 12 1 6 17 7 11 8 4 11 29 14 25 15 Joh 6.

betsfeuer entzündet, das ewige Licht, das in unsern Kirchen brennt.

15. Kapitel

Schriftgehorsam

Erscheint es nicht als ein anmaßender Irrtum der Juden, sich als das auserwählte Volk, als den erstgeborenen Sohn Gottes, und die andern Völker, die Goj, als Hunde und Schweine, die draußen sind, zu betrachten? In ähnlicher Weise bezeichneten die Griechen alle Nichtgriechen als Barbaren, halten sich die Eskimos für „die Menschen", findet noch manches Volk bei sich den Mittelpunkt der Erde.

Eine solche Anschauung ist nicht schlechthin verwerflich, solange sie Ausdruck eines höhern Strebens, einer gerade diesem Volke bestimmten Aufgabe ist und ein Anerkennen des besonderen Erbteils aus dem Reichtum des Allvaters einschließt. Wenn unter einer Schar von Geschwistern ein jedes sich für das vom Vater bevorzugte hält und dieses Vertrauens immer würdiger zu werden sucht, so ist das kein schlechtes Zeichen für die Erziehung. Selbstverständlich liegt darin eine kindliche Beschränktheit, die mit der Zeit überwunden werden muß. Ahnlich steht es mit jener Sondertümelei der Völker; zu verurteilen ist sie nur, sofern sie in Rassenhaß und Vernichtungspolitik ausartet, statt in Menschheitsliebe und Weltfrieden einzumünden.

Das enge Volksbewußtsein der Juden war der Ausdruck der Tatsache, daß den Israeliten eine besondere religiöse Anlage geschenkt war. Es bildete einen mächtigen Hebel der Frömmigkeit wie auch des sittlichen Strebens. Daß es unter der drückenden Fremdherrschaft nur zäher wurde, ist begreiflich. Das Judentum geriet in die Gefahr, in äußerer Gesetzlichkeit zu verknöchern und im Pochen auf die Vergangenheit einem greisenhaften Absterben zu verfallen. Einzelnen großen Geistern war es vorbehalten, aus der Geschichte Lehren zu ziehen und den Blick auf die Völker zu erweitern. So predigte Johannes: „Gebt euch nicht dem Wahne hin: Wir haben Abraham zum Vater. Ich sage euch, Gott vermag aus diesen Steinen dem Abraham Kinder zu erwecken[451]."

Und Jesus? Er wurde in den glühenden galiläischen Patriotismus und das jüdische Sondertum hineingeboren. Die allgemeine Stimmung seines Volks: wir haben eine besondere Aufgabe und ein entsprechendes Vorrecht, wurde die seine. Die erste Sendung seiner Boten[452], sein anfängliches Verhalten gegen die Kananäerin[453], die Beschränkung seines Wirkens auf Judäa und Galiläa, das Meiden und Umgehen Samarias[454], all das entstammt seinem Volksbewußtsein. Durch Erlebnisse belehrt, hat er es mehr und mehr durchbrochen, den Samaritern[455], der Kananäerin[456], den Völkern gegenüber[457]. Tränenden Auges, aber flammenden Wortes verkündete er zuletzt die Zerstörung Jerusalems und die Predigt seines Evangeliums in der ganzen Welt[458]!

Sollte Jesus ein Jude geblieben sein einzig in bezug auf die Thora, die altheiligen hebräischen Bücher, die Urkunde der israelitischen Religion, „die Schrift"?

Es liegen eine Reihe äußerst konservativer Äußerungen vor. Vor allem das bekannte Programmwort der Bergrede: „Wähnet nicht, daß ich gekommen sei, das Gesetz oder die

---

[451] Mt 3 9 vgl Joh 8 33/39 Röm 2 28 f 4 12.

[452] Mt 10 5 Apg 13 46.

[453] Mt 15 24.

[454] Mt 10 5 vgl Joh 4 4 ff Lk 9 52 Apg 8. 9 31,

[455] Lk 17 11 ff 10 33 ff Apg 1 8.

[456] Mt 15 28 8 10.

[457] Mt 10 18 21 43 24 9. 14 25 32 Lk 14 23.

[458] Mt 24 2. 14 Mk 13 2. 10 Lk 21 6. 10. 12. 24 vgl Joh 10 16 11 52 12 20-32 Mt 28 19.

Propheten abzuschaffen. Ich bin nicht zum Abschaffen gekommen, sondern zum Vollenden. Wahrhaftig, ich sage euch, bis Himmel und Erde vergehen, soll nicht der kleinste Buchstabe und nicht ein Strichlein vom Gesetz vergehen, bis alles wird geschehen sein. Wer nun eins der Gebote, ob auch der geringsten, aufhebt und demgemäß die Menschen lehrt, der wird der Kleinste heißen im Himmelreich. Wer es aber tut und lehrt, der wird groß heißen im Himmelreich[459]". – Mit diesem Wort ist bei Lukas die Erzählung vom reichen Mann und armen Lazarus verbunden, deren wuchtige Schlußsätze (von neuern Auslegern mit Unrecht als spätere Zutat erklärt) lauten[460]:

„Der reiche Mann: Sende Lazarus als Boten zu meinen fünf Brüdern, daß sie nicht auch an diesen Ort der Qual kommen.

Abraham: Sie haben Mose und die Propheten, auf die mögen sie hören!

Der Reiche: Auf die hören sie nicht, Vater Abraham, aber wenn einer von den Toten zu ihnen geht, dann werden sie Buße tun.

Abraham: Wenn sie auf Mose und die Propheten nicht hören, dann werden sie sich auch nicht gewinnen lassen, wenn einer von den Toten aufersteht."

In solcher Weise wird in Gesprächen und Reden die Schrift als die bleibende Norm des Reiches Gottes von Jesus hingestellt. Die Suchenden aus dem Volke und die ihn Versuchenden werden einfach dorthin verwiesen: Ihr habt ja das Gesetz, ihr kennt die Gebote, befolgt sie! Darin ist alles enthalten, was zum ewigen Leben führt[461]. Der sehr weitgehende und z. T. überlebte mosaische Kirchenbrauch wird mit keinem Wort angefochten oder gar lächerlich gemacht. Da gilt unbedingte Ehrfurcht. Wo Jesus unterscheidet zwischen

---

[459] Mt 5 17–20 Lk 16 17 Joh 10 35.
[460] Lk 16 27 ff.
[461] Lk 10 26 Mk 10 19.

schwererem und leichterem Gebot, zwischen Vorschriften, die das Verhalten des Menschen von innen heraus regeln, und solchen, die nur die äußeren Kultusformen betreffen, da sagt er ausdrücklich: Das eine tun und das andere nicht lassen[462] Er selbst ist weder dem Tempel untreu geworden noch der Synagoge[463]. Er hat den Opferdienst und die Priesterrechte nicht angetastet[464]. Er ordnete sich dem Gesetz unter[465], bezeugt Paulus.

Mit ganzem Gemüte lebte er im Buch des Gesetzes. Seine Vorschriften sind ihm ins Herz gegraben, seine Beispiele sind ihm zur Hand[466]. Seine Rede ist voll von bewußten Beziehungen[467] und unwillkürlichen Anspielungen[468] darauf. Sein ganzes Denken ist an Schriftgedanken gebildet, seine Ausdrucksweise durchsponnen und durchwoben von Schriftausdrücken. In den schwierigsten Lagen, in den dunkelsten Stunden hält er sich an die Schrift[469]. Mit einem Schriftwort auf den Lippen läßt ihn Lukas verscheiden[470]. Wohl von Jugend auf hatte er die Thora gehört, gelesen, gelernt, studiert und darüber nachgesonnen Tag und Nacht, wie es im Psalm[471] heißt.

---

[462] Mt 23 23. 3 24 20.
[463] Mt 4 5 5 35 21 12 ff 23 17. 21 Lk 4 16. 31 usw.
[464] Mt 5 23 f 23 18 f 26 17 ff Mk 12 41 1 44.
[465] Gal 4 4.
[466] Mt 6 29 12 4. 40 f. 42 19 4 23 35 Lk 4 25. 27 17 26. 29 Joh 1 51 3 14 6 49 8 40.
[467] Mt 8 4 12 5 15 4 Mk 9 49 usw.
[468] Mt 5 3. 4. 5. 8. 48 7 22. 23. 27 8 11 9 36 10 35 f 11 5 f. 23/29 13 32. 41. 43 16 27 17 11 18 16 21 33 ff 23 38. 39 24 6. 7. 10. 21. 24 25 31. 46 26 38. 64 Mk 9 44 Lk 5 10 12 24 19 40 20 18 23 30. 31. 46 Joh 1 48 5 29 10 9 16 21 usw.
[469] Mt 4 1 ff 13 14 ff Lk 22 37 Mk 14 21 vgl Joh 13 18 17 12 Mk 14 27. 49 15 34 Mt 26 54.
[470] Lk 23 46.
[471] Ps 1 2 Lk 2 46 ff.

Jedenfalls trug er bei seinem öffentlichen Auftreten die Schrift im Herzen und hatte sie stets gegenwärtig. Er zitiert sie fortwährend[472] und ausschließlich, niemals ein Buch, das zu jener Zeit ihr nicht angehörte. Sie war seine einzige Quelle und Leuchte. Ihr verdankte er all seine Bildung. Die Versuche, Jesus mit ägyptischer Weisheit, essenischer Theosophie oder sonstiger jüdischer Gelehrsamkeit zusammenzubringen, sind gescheitert. Er ist auch nicht bei den Rabbinern in die Schule gegangen[473]. Er war kein Schriftgelehrter vom Fach[474], kein „Meister in Israel"[475], kein Theologe, sondern ein einfacher, gottinniger Laie. Desto unmittelbarer hat er aus dem Brunnen des Gottesworts geschöpft, desto reiner und tiefer den Inhalt der heiligen Schriften erfaßt, den er so klar und ungekünstelt auszulegen wußte. Gern betrachtete er sich und seine Jünger als Schriftgelehrte[476] im wahren Sinn des Worts. Die verschiedenen Wissenszweige der damaligen griechischen Bildung lagen seinem geistigen Bedürfnis fern. Er beschränkte sich auf die Kunde des göttlichen Waltens und Regierens, die in jenen alten, ehrwürdigen Rollen seines Volkes, jener überaus werten Urkunde der Offenbarung niedergelegt war. Von hier aus empfing er das Licht, das ihm die Natur- und Menschenwelt erhellte[477]. Von hier aus löste er seinen Fragern die schwierigsten Rätsel mit oft überraschender Anwendung entlegener Stellen[478]. Von hier aus

---

[472] Mt 4 4. 7. 10 9 13 11 10 21 16 22 44 24 15 Mk 4 12 11 17 14 27 15 34 Lk 20 17 22 37 Joh 6 45 7 38 8 17 10 34 13 18 (vgl 17 12 Mk 14 21) 15 25 vgl Lk 24 27. 44 f.

[473] Joh 7 15 vgl Mk 6 2 1 22 Lk 4 22.

[474] Mt 7 29 Joh 7 46.

[475] Joh 3 10.

[476] Mt 13 52 23 34.

[477] Mt 19 4 Mt 6 26–30 vgl Lk 12 24 Ps 147 9 Lk 12 53 vgl Mi 7 6 Lk 21 26 vgl Jes 34 4 Mt 24 29 vgl Jes 13 10 usw.

[478] Mt 22 23 ff vgl 2 Mos 3 6 Ps 16 10 14 13 f Hiob 19 25 f.

bestimmte er sein eigenes Handeln und Wandeln, teils bewußt, teils unbewußt.

„Habt ihr nicht gelesen, was David tat[479]?" „Oder habt ihr nicht gelesen im Gesetz, wie die Priester im Tempel die Sabbatruhe brechen, ohne eine Schuld auf sich zu laden[480]?" „Wie es dem Jonas erging, – so auch dem Menschensohn... [481]" Wenn Jesus „vierzig Tage" ohne Speise in der Einöde zubrachte im Verkehr mit Gott, sollte das nicht dem Moses und Elias nachgebildet sein[482]? Desgleichen, wenn er sich verpflichtet fühlte, die Volksmenge in der Feldeinsamkeit auch leiblich zu bewirten[483]? Die Art, wie Elias den Elisa berief, ihm vor dem Abschied seinen Geist verhieß, wie diese beiden Prophetenschulen gründeten und mit ihren Schülern verkehrten, war für Jesus anregend hinsichtlich der Berufung und Erziehung seiner Jünger[484]. Auch die „Wundertätigkeit" der beiden diente Jesus ohne Frage als Vorbild, so sehr, daß seine beiden geliebten „Donnersöhne" sich einmal für ein zu vollstreckendes Strafgericht auf Elias beriefen, in der Meinung, es so bei ihrem Meister eher durchzusetzen[485]. Ähnlich kommt der Versucher in der zweiten Szene der Versuchungsgeschichte mit einem Bibelspruch[486]. Also Jesus steht so vollständig unter der Leitung der Schrift, daß sie zur Versuchung für ihn werden kann, und daß er sich unter Umständen gegen die Schrift wehren muß, sei es mittels der Schrift selbst, sei es mittels eines höheren Geistes! Das ist sehr merkwürdig. Er weiß und erklärt sich als den großen Erfüller

---

[479] Mt 12 3.
[480] Mt 12 5.
[481] Mt 12 40 16 4.
[482] Mt 4 2 vgl 2 Mos 34 28 1 Kön 19 8.
[483] Mt 14 14 ff vgl 2 Kön 4 42 ff Mt 15 32 ff Joh 6 5 ff. 31 ff.
[484] 1 Kön 19 19 ff 2 Kön 2 1–9 4–6.
[485] Lk 9 54 vgl 2 Kön 1 10. 12.
[486] Mt 4 6.

der Schrift[487]. Er tut vieles bis zum letzten Tage ausgesprochenermaßen zu dem Zwecke, daß die Schrift erfüllt werde[488]. Welche Schrift? Offenbar diejenigen Stellen aus den heiligen Büchern, welche vermöge jenes höhern Geistes eine ausgezeichnete Wichtigkeit für ihn erlangt hatten. Begründeten doch die Juden ihre sinnlichen Messiaserwartungen so gut aus der „Schrift" wie Jesus seinen Leidensweg.

Wir geraten hier auf die Spur einer freien Stellung zur Schrift, mit welcher sich Jesus über seine Zeit erhebt. Wir bemerken, daß er unter den Sätzen der Schrift wie auch unter ihren Büchern eine Auswahl trifft. Sie war ihm nicht ein Gesetzbuch mit lauter gleichwertigen Paragraphen, sondern ein Leib mit ungleichen Gliedern. Bevorzugt hat er die Psalmen und die Propheten und unter diesen wieder den Jesasas, denn hier strahlten ihm Gotteserkenntnis, Glaube und Liebe am reinsten. Von Josua und dem Richterbuch, von Esra, Nehemia, Esther, dem Prediger und dem Hohenlied findet sich nirgends eine Spur in seinen Reden. In aller Stille hat Jesus eine kritische Sonderung innerhalb der damaligen Bibel vollzogen, welche die bedeutsamsten Folgen nach sich ziehen mußte. Der gleichen Schrift, welcher er sich lebenslang ehrerbietig unterwirft, steht er doch freidenkend, richtend, sichtend gegenüber. „Er war in der Schrift zu Hause, aber über der Schrift daheim." „Das Gesetz blieb für ihn der heilige Gotteswille, aber er hörte aus dem Gesetz nur die Töne heraus, auf die sein Ohr gestimmt war." Hat er sich nicht auch bei den andern auf das hörende Ohr berufen[489]? Und wie feierlich hat er nicht geredet von dem „Licht, das in dir ist und das ganze Innere erleuchtet"[490]. Vermöge dieses innern Lichtes, dieses höhern, ihn leitenden Geistes fühlt er

---

[487] Lk 4 21 ff Mt 11 5 vgl Joh 5 39.
[488] Mt 26 54 Mk 14 27. 49 (Joh 19 28) usw.
[489] Mt 13 9. 13 ff. 43.
[490] Lk 11 33–36 8 16–18.

sich Herr, nicht bloß des Sabbats, wie er einmal sagt[491], sondern des Schriftsinns überhaupt. Er steht nicht unter dem knechtenden Buchstaben, sondern frei darüber, wie ein Sohn, der des Vaters innerste Absichten kennt[492]. Dem Volke machte er den Eindruck eines Mannes, der Vollmacht hat[493], der schöpferisch von innen heraus die Schrift neu gestaltet, statt in den ausgefahrenen Geleisen der zunftmäßigen Schriftbehandlung sich zu bewegen[494].

So finden wir denn neben den konservativen Äußerungen sehr liberale, freisinnige, fortschrittliche Sätze hinsichtlich der Thora. Unmittelbar auf jenes Programmwort der Bergrede läßt Matthäus das andere folgen: Ich sage euch, falls eure Gerechtigkeit nicht bedeutend über die der Schriftgelehrten und Pharisäer hinausgeht, so werdet ihr nicht ins Himmelreich kommen[495] – nebst einer Reihe von gewaltigen Sprüchen, in welchen Jesus sein „Ich sage euch" dem überlieferten und bei den Vorfahren gültigen Gesetzesbuchstaben entgegensetzt. Fanden sich diese beispielsweise mit dem göttlichen Mordverbot durch die Bestimmung ab, der Mörder solle vor das Ortsgericht gestellt werden[496], so erklärt Jesus nicht ohne Ironie, schon wer seinem Bruder im Herzen zürne, gehöre vor das Ortsgericht. Versöhnung mit dem Bruder sei wichtiger als Opfer. Mit den Gerichten solle man lieber gar nichts zu tun haben, vielmehr sich vor dem höchsten Richter scheuen[497]. Was das Ehebruchsverbot betreffe, so wiege der lüsterne Blick so schwer wie die vollendete Tat[498],

---

[491] Lk 6 5.
[492] Mt 11 27.
[493] Mt 7 29 Mk 1 22 Lk 4 32 Joh 7 46.
[494] Mt 7 29 b.
[495] Mt 5 20.
[496] Mt 5 21.
[497] Mt 5 25 f. 40 7 1 18 15 ff 1 Kor 6 7.
[498] Mt 5 28 2 Mos 20 17 Joh 31 1 Sir 9 5.

daher sei entschlossene Selbstbezwingung geboten. Ehescheidung sei trotz Mosis Erlaubnis zu verwerfen[499]. Ebenso der Eid; nicht bloß Meineid und Gelübdebruch, sondern jegliche Beteurung sei vom Argen[500]. Desgleichen sei das Recht der Vergeltung aufzugeben, nicht bloß die Vergeltung über das Maß hinaus, sondern jede Empfindlichkeit, ja schon das Widerstreben gegen abgenötigte Dienste[501]. Die Liebe müsse walten, eine freie, unbegrenzte Güte, welche jedem Haß und jeder Berechnung ein Ende macht und siegend sich zu Gott erhebt[502]. Die erste und letzte Pflicht der Kinder Gottes sei die Liebe, die alles rein um Gottes willen tue, nicht aus Ehrsucht oder andern Beweggründen[503]. Das Herz müsse einfältig bleiben, auf Gott gerichtet, von Gott alles erwartend[504]. Das ganze Gesetz und die Propheten seien beschlossen in dem einen, neugeprägten Satz: Alles, was ihr wollt, daß euch die Leute tun sollen, das tut auch ihnen! Diese eine, enge Pforte der dienstbereiten, selbstverleugnenden Liebe führe zum Leben[505]. Solche Liebe aber müsse von innen herausquellen, wie die Früchte aus dem Baum. Das Herz müsse erneut werden, mit frommen Reden und Scheinwerken sei es nicht getan[506].

Ob der Aufbau dieser Gedanken, wie ihn Matthäus gleichsam als Antrittsrede Jesu bringt, von diesem selbst herrührt oder nicht, ist gleichgültig. Die Gedanken an sich, unzweifelhaft echt, enthalten eine schneidende Kritik an der jüdischen Religion. Dieser Gegensatz mußte zu Konflikten füh-

---

[499] Lk 16 18 1 Kor 7 10 Mk 10 2–12 Mt 5 31 f 19 3–9 5 Mos 24 1.
[500] 5 Mos 5 34 23 16 ff Jak 5 12.
[501] Mt 5 39–42.
[502] Mt 5 43–48.
[503] Mt 6 1 ff.
[504] Mt 6 19–7 11.
[505] Mt 7 12–15.
[506] Mt 7 16 ff.

ren zwischen dem neuen Lehrer und den orthodoxen Vertretern der Religion. Man vergleiche damit den Riß, der durch die heutige Kirche geht zwischen Gemeinschaftsleuten und Geistlichkeit, zwischen Dissenters und High Church...

Die öffentlichen, zum Teil recht scharfen Auseinandersetzungen Jesu mit den Gesetzeslehrern seiner Zeit drehten sich hauptsächlich um die Sündenvergebung[507], den Verkehr mit Sundern, nämlich mit Zöllnern, Gefallenen und andern levitisch Unreinen[508], um das Fasten[509], das Händewaschen als religiösen Brauch vor dem Essen[510], und immer wieder um die Sabbatfrage[511]. Die Freiheit Jesu in diesen Punkten reizte seine Gegner zu Mordgedanken[512], so daß er zeitweise außer Landes gehen mußte[513], ehe er sich auslieferte.

Worauf Jesu Kritik und neue Lehre hinausläuft, das sagt er selber deutlich genug, besonders in seinen späteren Wehesprüchen gegen die Gesetzeslehrer und Pharisäer[514].

„Wehe euch, lhr Gesetzeslehrer! Ihr legt den Leuten *schwere Lasten* auf, rührt aber selber nicht mit einem Finger daran[515]." Der gewöhnliche Jude hat außer den zehn Geboten noch 613 andere auswendig zu lernen. Ja der Talmud lehrt gar 13 600 Gesetze, deren Befolgung göttliches Gebot sei. Es braucht also sehr viel Zeit und Verstand, um dem Gesetz Gottes gerecht zu werden, und die Religion wird das Vorrecht einer Klasse von Weisen und Verständigen, welche sich über die Unwissenden und „Unmündigen" erheben[516].

---

[507] Mt 9 3 ff Lk 7 49 f.
[508] Mt 9 11 ff Lk 15 2 ff 19 7 ff 7 39 ff. 20 Mt 21 28 ff.
[509] Mt 9 14 ff Lk 18 12.
[510] Mt 15 2 ff 23 25 f Lk 11 38 ff.
[511] Mk 2 23 ff 3 1 ff Lk 13 10 ff 14 1 ff Joh 5. 9 vgl Mt 24 20?
[512] Mk 3 6 Joh 5 16.
[513] Mt 15 21.
[514] Mt 23 Lk 11 37 ff.
[515] Lk 11 46.
[516] Mt 11 25 23 6 f Lk 16 15 18 11 f.

Jesus preist Gott, daß er ihm ein Evangelium für Einfältige gegeben[517]. „Kommt zu mir, ihr Beladenen, ich will euch erquicken. Mein Joch ist sanft, und meine Last ist leicht." Was eine Lust und eine Wohltat sein sollte, das hatten die Gesetzeslehrer als schwere und unerträgliche Bürde den Leuten auf den Hals gelegt[518].

Mühsam mußte man den Himmel verdienen. Dazu brauchte es aber außer dem rabbinischen Gedächtnis und Scharfsinn auch einen gewissen Wohlstand. Nur wer über einige Mittel verfügte, konnte all den Einzelheiten des Gesetzes, den Waschungen, Bädern, Gebeten, Geldgaben, Tieropfern, Reisen nach Jerusalem, festlichen Arbeitspausen, sich unterziehen. Wer mit seiner Existenz zu ringen hatte[519], vermochte den mannigfaltigen religiösen Pflichten einfach nicht zu genügen. Schon zu den vielen vorgeschriebenen Almosen, welche „die Sünde sühnen und vom Tode retten[520]", waren nur Reiche imstande. Jesus verhieß den *Armen* das Himmelreich[521], den Mühseligen, ihren Unterhalt Erkämpfenden[522], dem geringen Stand, den Parias. Er suchte den Umgang mit der niedern Klasse, der unheiligen, „verfluchten"[523] Masse, den Zöllnern und Sündern. Er brachte ein Heilmittel für Kranke[524], eine Einladung an Bettler, Krüppel, Ausgestoßene[525], einen Heimatbrief für Verlorene, Geächtete[526], Rettung für Sinkende und Ertrinkende, neues Leben für Aufgegebene, Verkommene[527], kurz ein Evangelium der

---

[517] Mt 11 25 ff.
[518] Mt 23 4 Mk 7 4.
[519] Mk 12 40.
[520] Dan 4 24 Sir 3 33 f Tob 4 9 ff 12 9.
[521] Mt 5 3 Lk 6 20.
[522] Mt 11 28.
[523] Joh 7 49.
[524] Mt 9 12 8 17.
[525] Mt 22 9 Lk 14 12 f. 21 ff.
[526] Lk 15 Joh 8 7. 11.
[527] Mt 12 20 11 19.

Sünder, eine Religion der kleinen Leute, der Geringen oder Geringsten, wie er so gerne sagte. „Den *Armen* wird das Evangelium gepredigt[528], das stellt er als das Wahrzeichen seiner göttlichen Sendung hin, „den Gefangenen die Freiheit, den Blinden das Augenlicht, den Verwundeten eine Erlösung, allen ein Gnadenjahr des Herrn!" also weder die Schrecken des Gesetzes, noch eine unzugängliche Hochburg pharisäischer Tugend[529], sondern eine jedem erreichbare Freistatt göttlichen Erbarmens und eine Gemeinschaft aller im gleichen Geiste des Mitgefühls.

„Wehe euch, ihr Gesetzeslehrer! Ihr habt den Schlüssel zur Erkenntnis weggenommen; ihr selbst seid draußen geblieben und habt die, welche hineinwollten, gehindert[530]." Jene vielen Gebote und Gesetzlein der jüdischen Religion wurden ohne innern Zusammenhang nebeneinandergestellt und hintereinander auswendig gelernt. Die Thora war zu gleicher Zeit Sittengesetz, Staatsgesetz, Kirchengesetz; ein wirres Ineinander und Durcheinander von Rechtssätzen, Kirchenbräuchen, Sittengeboten, Gesundheitsvorschriften, aszetischen Regeln, sozialen und religiösen Weisungen. Auf der gleichen Stufe standen eng verklammert Gewissenssachen und Speisegesetze[531], Herzenspflichten und Förmlichteiten.[532] Die Hauptgebote Gottes[533], „die schwereren Sachen im Gesetz[534]" wurden verdunkelt durch blinde Gleichstellung mit Nebendingen; ja im Leben wurden sie vielfach zurückgesetzt hinter lauter Äußerlichkeiten, Gottesdienstformen, Opfersitten, Abgaben. Mücken seigen und Kamele verschluc-

---

[528] Lk 7 22 4 18 f.
[529] Lk 18 11.
[530] Lk 11 52 vgl Mt 23 13. 15 15 14.
[531] Mt 15 11 ff 23 25 f.
[532] Lk 10 31 f.
[533] Mt 19 18 f 22 36 ff.
[534] 23 23 15 5.

ken, so nennt das Jesus[535]. Er löst nicht auf, aber er löst das Innerliche, das Sittliche, das Herzmäßige und unmittelbar zu Gott Führende aus den verwirrenden Klammern, um es zum A und O des menschlichen Strebens zu erheben. „Du sollst Gott lieben, deinen Herrn... und deinen Nächsten wie dich selbst!" Das waren in der Thora einzelne Gebote unter Hunderten; Jesus zieht sie, wenn auch nicht als der erste[536], aus ihren entlegenen Stellen hervor[537] und stellt sie über alles andere. Damit reicht er in der Tat den Schlüssel zur Erkenntnis der ganzen Schrift, deren gesamter Gesetzesinhalt sich in einen einzigen Satz zusammenfassen läßt. So verhilft er dem Wollen des Menschen zu der großartigen Einheit, welche ihn allein beruhigt und befriedigt, allein dem Willen des Gesetzgebers entspricht[538]. Der Schlüssel der Erkenntnis ist ein richtiger Gottesbegriff: Jesus empfindet den himmlischen Vater vor allem als einen Gott der Liebe.

„Wehe euch, ihr Schriftgelehrten und Pharisäer, ihr Heuchler! Ihr reinigt Becher und Schüssel von außen, innen aber sind sie voll Raub und Unmäßigkeit. Du blinder Pharisäer, reinige zuerst das, was innen im Becher ist, dann wird auch das *Äußere* rein sein. *Äußerlich* erscheint ihr den Menschen als Gerechte, inwendig aber seid ihr voll Heuchelei und Frevel[539]." Die Gesetzesreligion stellt eine äußere Heiligkeit her, nach levitischen Regeln, durch äußerliche Mittel, und im bürgerlichen Leben eine äußere Ordnung, einen gewissen Rechtsschutz gegen Übergriffe der Nebenmenschen. Aber der Wille Gottes geht viel tiefer. Sein Ziel ist die Zucht des einzelnen Menschen, die Erneuerung des Herzens, die innere Reinigung[540]. Du darfst nicht beim Rechtsbuchstaben

---

[535] Mt 23 24.
[536] Lk 10 26 f.
[537] 5 Mos 6 5 3 Mos 19 18.
[538] Mk 12 29 Mt 6 21–24 7 12.
[539] Lk 11 39 ff Mt 23 25–28.
[540] Mt 5 8 7 16 ff 12 33 ff 15 11 ff 18 35.

stehen bleiben, sondern mußt deine Gesinnung ändern. Gegen den andern nicht tätlich werden, das heißt nicht viel – du mußt dir selber ins Fleisch schneiden. Auch an deinen Taten, deinen Worten zu bessern, genügt nicht – du mußt in dein Innerstes hinabsteigen, um die Quelle alles Denkens, Redens und Tuns zu säubern. Gott will nicht bloß Verminderung der Sünde, Herabstimmung der Zornwut, der Unzucht, der Rachsucht, der Lüge und anderer böser Leidenschaften auf ein erträgliches Maß[541], Beschränkung der Vergehen auf gewisse Kreise, z.B. auf Nichtisraeliten[542], sondern er will den gänzlichen Ausschluß der Sünde und die völlige Auskehr des Bösen. Nicht juristische Unbescholtenheit oder levitische Reinheit, sondern göttliche Gerechtigkeit ist das Ziel: ein einfältig auf Gott gerichtetes Herz, das sich in der Liebe zu den Menschen betätigt. „Seid vollkommen wie euer Vater im Himmel[543]!"

Was Jesus in dieser Hinsicht lehrt, darf man als eine neue Entdeckung bezeichnen, obwohl er an alttestamentliche Sätze anknüpft[544]. Er hat das menschliche Gemüt als den eigentlichen Schauplatz der sittlichen Vorgänge, das gläubige Herz als den wahren Tempel Gottes erkannt und das Gewissen in seine Rechte eingesetzt; er hat die Heiligung des Willens und des Charakters betont gegenüber einem bloßen Anstrich des Äußern, und den Menschen eingeladen, ohne priesterlichen Zwischendienst den himmlischen Vater unmittelbar im Innersten zu erfassen[545] und zu vernehmen. Er sagte den Juden ins Gesicht, wie sie, in ihrer starren Buchreligion befangen, die Stimme des Gewissens, die göttlichen Boten überhören und die Propheten töten, die zu ihnen gesandt werden, ja ihn

---

[541] Mt 5 22. 28. 33. 38.
[542] Mt 5 43 Lk 10 33.
[543] Mt 5 48 18 23 ff.
[544] Ps 51 12 139 Mi 6 8 Jes 1 12 ff Spr 4 23 23 26 1 Kön 3 9 Jer 31 33 f 32 40 Jes 11 19 f 36 26 f.
[545] Mt 6 6 7 7 ff Joh 4 24.

selber, den letzten und höchsten Gesandten Gottes, erwürgen[546]. Er aber gab sich zum Opfer, wiewohl kein äußeres Gebot ihn zwang. Die Religion Jesu ist ein persönliches Verhältnis zu einem nicht im Buchstaben erstarrten, sondern im Geiste nahen Gott Vater.

Daß Jesus mit dieser Lehre weit über die jüdische Religion hinausging, ist klar. Daß er selbst sie auch als etwas Neues gegenüber dem Alten empfand, beweisen seine drei Gleichnisse vom alten und neuen Tuch, von den alten und neuen Schläuchen, vom alten und neuen Wein[547]; ferner seine Frage an die auf das Alte Testament sich berufenden Jünger: „Wisset ihr nicht, wes Geistes Kinder ihr seid?" endlich sein bedeutsamer Ausruf: „Gesetz und Propheten bis auf Johannes; von da an wird das Evangelium vom Reich Gottes verkündet, zu dem alles sich herzudrängt[548]!" Tatsächlich bedeutet das Evangelium Jesu das Ende der Gesetzesreligion, wie es Paulus dann deutlich ausgesprochen und in sich verkörpert hat[549]. Innerlich nicht weniger frei vom Gesetz als sein größter Schüler war Jesus selbst.

Wie ist diese Freiheit zu vereinigen mit seinem oben erwähnten konservativen Verhalten?

Der Gegensatz ist nur ein scheinbarer. Stehen doch die pietätvollsten Worte, die vom Nichtauslösen und vom kleinsten Buchstaben, bei Matthäus gerade als Einleitung zu den fortschrittlichsten Äußerungen Jesu und bei Lukas dicht neben dem Ausspruch vom Ende des Gesetzes[550].

Wenn Jesus nicht auflösen oder abbrechen, sondern „*erfüllen*" will, so meint er damit mehr als das, was seine Zeit unter Erfüllung verstand: er meint ein Ausbauen, Weiterbil-

---

[546] Mt 23 29–39 21 33 ff 30 ff.
[547] Lk 5 33–39.
[548] Lk 16 16 Mt 11 13.
[549] Röm 10 4 vgl Ebr 8 13.
[550] Mt 5 17 ff Lk 16 15 ff.

den, Vollenden[551], wie es bis dahin nicht geschehen war. Weil er das Gesetz Gottes in seinen tiefsten Absichten und in seinen letzten Zielen verstand, darum suchte er es nun auch zur vollen Geltung zu bringen. Er wollte und lehrte nichts anderes, als was das Gesetz will, aber er zeigte zugleich den Weg, um dessen Forderungen gerecht zu werden – von innen her, kraft eines in Gott geheiligten Willens.

Sein Wort vom Wert des kleinsten Buchstabens[552] ist, ebenso wie das von der bessern Gerechtigkeit, scharf gegen die Schriftgelehrten gerichtet, welche mit ihren Künsten jedes Wort der Thora auf 49 oder 70 verschiedene Arten auszulegen vermochten und sich auf diese Weise über die wichtigsten Gebote, über den eigentlichen Gotteswillen hinwegsetzten[553]. Durch den Sinn und Geist Jesu kommt jedes Strichlein im Gesetze zu seinem Recht, fällt Licht auf das geringste Gebot, strahlt von einem Brennpunkt her Ordnung und Bedeutung auf das gesamte Gesetz. Jesus sucht nicht zu umgehen, sondern auch das Kleine zu verstehen, mit Geist zu durchdringen und durch die Liebe zu verklären.

Die Liebe zu Gott hält die einzelnen Andachtsformen und die äußerlichsten Gesetzesvorschriften aufrecht, solange sie zu Recht bestehen und nicht mit höheren Geboten in Widerspruch geraten. Während die Juden ihrem Gesetz ewige Dauer zusprachen und Jesus seinen eigenen Worten ewiges Leben über Himmel und Erde hinaus verheißt[554], beschränkt er die Gültigkeit des jüdischen Gesetzes „bis zum Weltuntergang[555]" welchen er als ganz nah – „in dieser Generation" – erwartet[556]. Paulus handelt im Sinne des Meisters, wenn er da, wo jenes

---

[551] Joh 3 29 15 11 2 Kor 10 6 usw.
[552] Mt 5 18 f Lk 16 17 vgl Mt 19 24. 29.
[553] Mt 5 34 ff 15 4 ff 23 4. 16 ff. 23.
[554] Mt 24 35.
[555] Mt 5 18.
[556] Kap 10. 21. 29.

Gesetz nicht galt, es auch nicht mehr aufrichtet; den Juden aber ein Jude bleibt[557].

Auch Jesus blieb den Juden ein Jude. Und er suchte für die Spanne Zeit bis zum nahen Weltende das heilige Gesetz Gottes in Israel noch zu vollen Ehren zu bringen, nachdem es so lange mißdeutet worden. So unterzog er sich still der Kirchensitte, aber verurteilte diejenigen, welche ihre Opferpflicht über Kindes- oder Bruderpflichten setzen[558], und lobte mit sehr bemerkenswerten Worten den Schriftgelehrten, welcher zustimmend die Liebe über alle Opfer stellte[559]. Er bezahlte die Tempelsteuer, aber nicht ohne ein sehr freies Wort darüber an Petrus[560]. Er reinigte den Tempel mit heiligem Eifer, aber kündete zugleich den Untergang dieses Tempels und den Anbruch einer viel herrlicheren neuen Ordnung[561]. Er feierte das Passahmahl noch zum Abschied aus dieser Welt, aber sprach dabei Worte von einem *neuen*, durch sein Blut zu besiegelnden Bunde, die den alten aufheben und jedes fernere Opfer überflüssig machen[562]. Er sandte den Aussätzigen zum Priester, seine gesetzliche Gabe darzubringen[563], aber rührte vorher den Unreinen trotz der gesetzlichen Vorschrift an[564]. Er rief die Sünder mit Macht zur Buße, aber mied ihre Häuser nicht[565], scheute ihre Berührung nicht[566], verdammte die Ehebrecherin nicht[567]. Er verachtete den Sabbat nicht, stellte aber fest, der Sabbat sei um des Menschen willen da, nicht der Mensch um des Sabbats wil-

---

[557] Röm 3 28 f Eph 2 14 ff Kol 2 14 ff 1 Kor 9 20 ff usw.
[558] Mt 5 23 f 9 13 15 5 f Lk 10 31 f Hof 6 6 1 Sam 15 22.
[559] Mk 12 33 f.
[560] Mt 17 25 ff vgl 2 Mos 30 13.
[561] Mk 13 2 Joh 2 19 Mt 26 61 12 6 23 38.
[562] Mk 14 24 Mt 26 28 Lk 22 20 1 Kor 11 25 Jer 31 31–34.
[563] Mk 1 44 3 Mos 14.
[564] Mk 1 41 3 Mos 13.
[565] Mk 2 17–15 7 24 vgl Joh 18 28 Lk 19 7 usw.
[566] Mk 5 24 ff vgl 3 Mos 15 25 Lk 7 39.
[567] Joh 8 11 vgl 3 Mos 20 10.

len[568]. Der den ältesten und besten Abschriften des Neuen Testaments sich anreihende Codex D in Cambridge hat an dieser Stelle noch einen Satz, der in den andern Lukas-Handschriften fehlt: An demselben Tage sah Jesus einen, der am Sabbat arbeitete, und sprach zu ihm: Mensch, wenn du weißt, was du tust, so bist du selig; wenn du es aber nicht weißt, so bist du verflucht und ein Übertreter des Gesetzes. – Ebenso führte er die Ehe, mit deren Scheidung es die Juden so leicht nahmen, auf ihren Grund zurück und erhob sie aus einem bloß bürgerlichen Vertrage zu einer unverbrüchlichen Gottesordnung. Im Gesetz Mosis sei der ursprüngliche Gotteswille nicht rein zum Ausdruck gekommen, sondern durch menschliche Schwachheit und Hartnäckigtkeit gebrochen. „Von Anfang an ist es nicht also gewesen[569]!"

In solcher Weise tiefer und tiefer grabend, legte Jesus in der Tat den Grund zu einer neuen Religion, die bald nach seinem Hingang neben die alte trat. Er selbst jedoch meinte nur das gegebene Gotteswort auszubauen. An das Gesetz gebunden, aber frei von jeder Gesetzlichkeit, war er sich eines Gegensatzes gegen die Schrift um so weniger bewußt, als er alle seine Beweise der Schrift entnahm.

Der Gegensatz, in den Jesus zum Schriftverhalten seiner Zeit trat, wird im vierten Evangelium so verschärft, daß er den Juden von „euerm Gesetz[570]", wie auch von „euern Vätern[571]" redet, als wolle er sich von seinem Volke scheiden. Nach den drei andern Evangelien hat er sich nicht soweit gelöst, vielmehr, wie später Luther, seinen Gegnern schlagend bewiesen, daß „er in der Schrift drinnen sitze, sie aber daneben". Die Schrift blieb seine Quelle, aus der er immer neue Gedanken schöpfte, seine Rüstkammer, aus der er seine schärfsten Pfeile holte, sein Mutterboden, auf dem er un-

---

[568] Mk 2 27 f (Lk 6 5).
[569] Mt 19 8 Lk 16 18 1 Kor 7 10.
[570] Joh 8 17 10 34 vgl 18 31.
[571] Joh 6 49. 58 8 56.

überwindlich war. Daß er innerlich dem jüdischen Buchstabengesetz, ja der gesamten „Schrift" entwachsen wie ein Riese seinem Jugendkleide, das hat er sich wohl kaum eingestanden. Willig blieb er eingeschnürt in die Ordnungen seines Volkes, und es war ihm ein Schreckgedanke, zuletzt „den Heiden ausgeliefert zu werden[572]".

Man hat versucht, diese Pietät Jesu aus der jüdischen Befangenheit der Evangelisten zu erklären. Diese hätten das ganze Bild Jesu nach ihrem Geschmacke übermalt und die meisten Schriftbelege ihm in den Mund gelegt. Aber dieselben Evangelisten berichten doch getreulich von dem Widerspruch des Meisters gegen die herrschende Schriftauslegung. Auch sind die mannigfachen Hinweise auf die Schrift[573] zu eng mit den Worten Jesu verflochten, als daß man sie einfach als spätere Zutat ablösen könnte. Vielmehr gestattet die Gesetzestreue der ersten Anhänger Jesu, insbesondere der Konservativismus der ältesten Gemeinde in Jerusalem[574] einen Rückschluß auf die Pietät des Meisters selber.

Ohne diese Pietät hätten ihn die Juden nie für den Messias gehalten, die Pharisäer ihn nie einer Frage gewürdigt. Sollte doch der Messias gerade das Gesetz Gottes zur vollen Geltung bringen bei den Völkern. Daß aber Jesus sich während seines Wirkens von gesetzlicher Gebundenheit zur Freiheit entwickelt habe, ist durch die deutlichen Berichte[575] ausgeschlossen, nach welchen die liberalen Äußerungen in der Bergrede und beim Zöllner Levi in die erste Zeit fallen, während viele kindlich schriftgläubige Worte den letzten Tagen angehören. Ebensowenig ist anzunehmen, daß Jesus nur vor der Öffentlichkeit dem Volksglauben sich anbequemt und die Autorität der Schrift herausgekehrt habe. Das würde zu der

---

[572] Lk 18 32.
[573] Seite 181 f.
[574] Apg 3 1 5 42 10 14 ff 15 usw.
[575] vgl Mt 5–9 mit Mk 14.

früher geschilderten Wahrhaftigkeit nicht stimmen. Infolge langer Gewöhnung war es ihm offenbar Herzensbedürfnis, in seinem Überlegen und Handeln auf die Schrift sich zu gründen. An den großen göttlichen Gedanken fortspinnend und weiterwebend, konnte er nicht anders als an die Gotteskunde anknüpfen, wie sie in den heiligen Büchern nun einmal gegeben war. Solche Treue ist förderlicher als ungründige und uferlose Willkür. Ehrfurcht vor geschichtlichen Größen und Heiligtümern verbürgt eine gesunde Weiterentwicklung und gestattet Wirkungen über den Rahmen des eigenen Volkes hinaus.

Der Konservativismus und der Liberalismus Jesu, seine Sorgfalt und seine Freiheit gegenüber dem Buchstaben der Schrift haben die gleiche Wurzel: es ist die enge Gemeinschaft dieses Mannes mit Gott. Kraft seines wunderbaren Glaubens verstand es sich ihm von selbst, das gegebene Gotteswort hinzunehmen und als ein teures Kleinod zu bewahren, aber gleich sehr fühlte er sich gedrungen, diesen Edelstein zu schleifen und in seinem wahren Lichte leuchten zu lassen. Mit feinstem Verständnis beseitigte er, was seinen Glanz verdunkeln wollte, und stellte dann die ganze Fülle aus seinem Wort wie aus seinem Wandel blitzend als eine großartige Einheit vor das innere Auge der Menschen, ihr neuentdecktes und erwecktes Gewissen.

16. Kapitel

Gewissenhaftigkeit

Mirabeaus Ausspruch: *„La petite morale est l'ennemie de la grande"* ist zweifellos gefährlich, verwerflich. Gerade in der Beobachtung der kleinsten Gesetze zeigt sich die wahre Moral, die wirkliche Größe des Charakters. Ein Lionardo da Vinci hat mit besonderer Feinheit die kleinen Gräser gemalt.

Friedrich der Große hatte ein Gedächtnis für den geringsten seiner Soldaten und ein Auge für den fehlenden Sattelknopf an irgendeinem Gaule.

So großzügig die Ethik Jesu ist, so fern seine Lebensweisheit sich hält von aller Gewissensquälerei und Kleinkrämerei, so scharf er dem elenden Rechengeist der Juden, der tiftlerischen Spitzfindigkeit der Pharisäer entgegentritt – so zeigt sich doch gerade im Kleinen seine Lebenskunst, gerade in der Behandlung des einzelnen seine sittliche Meisterschaft. Wer im Geringsten treu ist, der ist auch im Großen treu, lautet sein Spruch, wer aber im Geringsten nicht treu ist, wie kann der im Großen treu sein[576]?

Und nun betrachte man einmal die folgende Reihe von Tatsachen aus seinem Leben.

Jesus heilt einen Aussätzigen; auf das bloße Wort verschwindet der Aussatz. Und Jesus spricht zu dem Geheilten: Hüte dich, es jemand zu sagen[577].

Jesus heilt zwei Blinde in seinem Hause auf erstaunlich einfache Weise. Ihre Augen öffnen sich. Und er schärft ihnen ein: Laßt es niemand erfahren[578].

Eine große Menge folgte ihm einst, als er sich zurückgezogen, „und er heilte sie alle, verbot ihnen aber, von ihm zu reden." Und Matthäus, der dies alles berichtet, fügt an dieser Stelle hinzu: So sollte sich das Wort des Propheten Jesaja erfüllen: „Siehe mein Knecht, den ich erwählt habe, mein Liebling, an dem mein Herz sich freut... Er wird kein Geschrei noch Aufhebens machen, man wird seine Stimme nicht hören auf den Gassen[579]..."

Man hat die Gründe für jene Verbote in dem seelischen Zustand der Geheilten gesucht; um die volle innere Wirkung

---

[576] Lk 16 10 f 19 17.

[577] Mt 8 4.

[578] Mt 9 30.

[579] Mt 12 15-19 Jes 42 1-4.

zu erzielen, sei geistige Sammlung nötig, schweigen besser als reden gewesen. Dies war jedenfalls nicht der Hauptgrund. Auch nicht die Furcht vor dem Zulauf anderer Heilungsuchender, Rücksicht auf die eigene Bequemlichkeit. Noch weniger die Sorge, die Kraft möchte versagen, beim Ansturm immer schwierigerer Krankheitsfälle möchte sich ein Mißlingen einstellen. Am allerwenigsten der Wunsch, ein stiller Mann zu bleiben, „das Messiasgeheimnis zurückzuhalten", die Volksbewegung zu seinen Gunsten hinauszuschieben. Der tiefste Grund war die Furcht vor dem Lob der Menschen, Gewissenhaftigkeit gegen Gott.

Markus schildert Jesu Verhalten gegen den geheilten Aussätzigen gar so: er bedrohte ihn und trieb ihn alsbald gewaltsam von sich hinaus: „Hüte dich jemandem etwas zu sagen[580]..."

Der gleiche Evangelist erzählt die erste Besessenenheilung in der Synagoge zu Kapernaum. Der Dämon schrie in der Versammlung laut auf: ...„Wir wissen, wer du bist: Der Heilige Gottes." Und Jesus schalt: „Sei still und fahr aus[581]". Der öffentliche Ruhm, selbst aus solchem Munde, war ihm peinlich. Ähnliches wird öfter bei den Besessenenheilungen berichtet. „Er ließ die Dämonen nicht reden, weil sie ihn kannten[582]."

Am gleichen Sabbat hatte Jesus, nach Markus' Bericht, große Erfolge in Kapernaum mit Heilungen bis in die Nacht hinein. Infolgedessen begab er sich des andern Morgens früh vor Tage hinaus an eine einsame Stelle zum Gebet; sichtlich, um seinen Erfolg auf den Altar Gottes zu legen, wie auch nach jenem bewegten Tag der Speisung[583]. Simon und seine Genossen gingen ihm nach und drangen auf ihn ein mit den

---

[580] Mk 1 44.
[581] Mk 1 23 ff.
[582] Mk 1 34 3 11 f Lk 4 41 vgl Apg 16 17 f.
[583] Mk 6 46.

Worten: „Alle suchen dich." Aber er: „Laßt uns anderswohin gehen, in die benachbarten Ortschaften, daß ich auch da predige; dazu bin ich ja ausgezogen[584]". Die Verherrlichung seitens der Menschen war ihm eine Last, der er auswich, um unaufhaltsam vorwärts zu schreiten.

Als Jesus das Töchterlein des Synagogenvorstehers Jairus von Todesbanden befreite, gerieten die Leute alsbald in staunende Bestürzung. Jesus aber gab ihnen den dringenden Befehl, daß es niemand erfahren solle[585]. Als Jesus im halbheidnischen Zehnstädteland unter Seufzen und Mühen einem Taubstummen die Ohren geöffnet und die Fessel seiner Zunge gelöst hatte, daß er richtig sprach, befahl er ihnen, es niemandem zu sagen. Aber so sehr er befahl, berichtet Marius hier wie öfter[586], sie verkündeten es erst recht. Und sie waren äußerst erstaunt und sagten: „Er hat alles wohl gemacht; die Tauben macht er hören und die Stummen reden." In dem Abwehren Jesu die Schlauheit eines Eitlen zu erblicken, der dadurch erst recht des Lobens und Rühmens herausfordern wollte, kann nur einem selber eitlen Menschen einfallen. Nach der ebenfalls einzig von Markus aufbehaltenen, wiederum mühevollen Heilung des Blinden in Bethsaida schickte Jesus den Glücklichen nach Hause und sagte: „Geh nicht in das Dorf[587]!"

Ein junger Reicher, Mitglied der Obrigkeit, fiel auf offener Straße vor ihm auf die Knie mit der Anrede: „Guter Meister, was soll ich tun, um das ewige Leben zu erlangen?" Jesus weist ihn sofort zurück: „Was nennst du mich gut? Niemand ist gut außer Gott allein[588]!"

Lukas vermehrt diese Tatsachen nur um eine neue. Unmittelbar auf eine Rede Jesu erhob eine Frau aus der Menge ihre

---

[584] Mk 1 35 ff.
[585] Mk 5 43.
[586] Mk 7 36.
[587] Mk 8 26.
[588] Mk 10 18.

Stimme, ihn zu preisen: „Selig der Mutterleib, der dich getragen, und die Brust, die dich genährt!" Er schlagfertig: „Vielmehr: Selig, die Gottes Wort hören und bewahren[589]!" – Dagegen weiß Johannes eine Reihe ähnlicher Vorkommnisse zu berichten:

Nikodemus, ein Mitglied des jüdischen Synedriums, kam zu Jesu – ein Ereignis, das an sich den ungelehrten Zimmermann von Nazareth hätte stolz machen können – und redete ihn als Rabbi an. „Rabbi, wir wissen, daß du als Lehrer von Gott gekommen bist. Denn niemand kann die Wunderzeichen tun, die du tust, wenn Gott ihm nicht beisteht." Ohne sich im geringsten einnehmen zu lassen, antwortete Jesus schroff: „Wahrlich, wahrlich ich sage dir, wenn einer nicht von oben her geboren wird, dann kann er das Reich Gottes nicht sehen (was verstehst du also vom Reich Gottes; wer bist du, der du mit solchen Urteilen und Lobsprüchen an mich herantrittst?)[590]".

Als Jesus in Kana in Galiläa weilte, erfuhr ein Beamter des Königs Herodes, daß er aus Judäa zurückgekehrt sei, begab sich sofort zu ihm, einen neunstündigen Weg, und ersuchte ihn, nach Kapernaum am See hinunter zu kommen und seinen sterbenskranken Sohn zu heilen. Jesus, statt sich geehrt zu fühlen, fährt ihn an: „Wenn ihr nicht Zeichen und Wunder seht, wollt ihr nicht glauben[591]!"

Am Teiche Bethesda in Jerusalem heilt Jesus einen seit achtunddreißig Jahren Leidenden und schickt ihn fort, ehe er ihm seinen Namen gesagt; er selbst verschwindet alsbald in der Menschenmenge auf dem Platz. In dem anschließenden Wortgefecht mit den Juden sagt Jesus: „Ich verlange keine Ehre von Menschen Wie könnt ihr Glauben haben, die ihr euch gegenseitig Ehrungen erweist, aber nach Ehrung vom

---

[589] Lk 11 27 f.
[590] Joh 3 1 ff.
[591] Joh 4 46 ff.

alleinigen Gott kein Verlangen trägt[592]?" Hier ist der Gewissenspunkt deutlicher als irgendwo bezeichnet: nichts steht dem Glauben so im Wege als Ehrsucht, nichts hindert das Hereinfluten höherer Kräfte so wie Selbstgefälligkeit und Freude am Menschenlob. Schön bezeugt auch Paulus von Jesus: „Er hat nicht sich zu Gefallen gelebt, sondern nach dem Schriftwort: Die Schmähungen derer, die dich schmähen, fallen auf mich[593]."

Man sieht, alle Berichterstatter, mag man über die einzelnen Berichte denken was man will, sind einig in der Hervorhebung dieser Sprödigkeit gegen Menschenlob, dieser oft geradezu schroffen und barschen Abwehr jedes Weihrauchs, dieses Mißtrauens gegen alles Schmeicheln und Rühmen, im Grunde ein Mißtrauen gegen sich selbst; kurz, dieser Gewissenhaftigkeit gegen Gott, dem „allein aller Ruhm und Dank und Lob und Ehre und Preis und Stärke und Herrlichkeit gebührt". Welch eine Selbstzucht gehört zu solchem Verhalten und zugleich welche Frömmigkeit! Wie ängstlich ist Jesus auf der Hut, daß sich nicht in seine Almosen, seine Gebete, seine Selbstverleugnungen die Blicke Unberufener eindrängen, daß nicht die süßen Reden von Menschenzungen ihn um seinen wahren Lohn bringen. „Dein Vater, der es sieht, der wird es dir im Verborgenen vergelten[594]." „Darum hütet euch, euer frommes Tun vor den Leuten zur Schau zu stellen[595]!"

Das ist Sorgfalt im Kleinen, *petite morale*. Und alles bisher Vorgeführte ist ja nur ein einziges Beispiel. Anderes soll nur noch angedeutet werden.

Jesus hat den Satz ausgesprochen: „Von jedem unnützen Wort, das die Menschen reden, werden sie Rechenschaft zu

---

[592] Joh 5 1 ff vgl auch 7 18 8 50. 54 12 43.
[593] Röm 15 5 Ps 69 10.
[594] Mt 6 4 ff richtige Lesart.
[595] Mt 6 1.

geben haben am Tage des Gerichts. Aus deinen Reden wirst du freigesprochen, aus deinen Reden wirst du verurteilt werden[596]." Man vergleiche damit die Ausführungen seines Bruders Jakobus über die Zügelung der Zunge und die Verantwortlichkeit des Redenden[597]. Man vergleiche damit den knappen Stil Jesu selbst, von dem schon die Rede war[598] und der kein überflüssiges, unnützes, windiges Wort zuließ. Der ganze Leib war in den Dienst des Höchsten gestellt, und voran die Zunge, dieses kleinste, aber wichtigste Glied. Wie genau nahm er es mit der Wahrheit[599]! Wie warnte er vor dem Urteilen[600]! Das Reden galt ihm heilig ernst und vorzuziehen oft das Schweigen[601]. Ein besonderer Feind war er der leeren Versprechungen und losen Beteuerungen. „Eure Rede sei ja, ja; nein, nein; was darüber hinausgeht, ist vom Bösen[602]." Die Schwüre, die er verbietet, sind in erster Linie bindende Versprechungen. Du vermagst ja nicht ein einziges Haar weiß oder schwarz zu machen, wie kannst du für die Zukunft dich verbürgen! Versprich mit einfachem Ja, aber versprich nicht zu viel[603].

Der bekannte Ausspruch Jesu: „Wer ein Weib nur anblickt mit lüsternem Begehren, hat im Herzen schon mit ihr Ehebruch getrieben", zeigt aufs neue seine Gewissenhaftigkeit[604]. Es mag ihm das Wort Hiobs vorgeschwebt haben: „Strenge Vorschrift gab ich meinen Augen, nicht lüstern auf eine Jungfrau zu blicken…[605]"

---

[596] Mt 12 36 f.
[597] Jak 1 19. 26 2 12 3 1–12 4 11 ff 5 12.
[598] Kap 3. 8. 10.
[599] Kap 5.
[600] Mt 7 1 ff.
[601] Mt 26 63 27 12 Joh 8 6.
[602] Mt 5 37.
[603] Mt 5 33 ff 10 29 f.
[604] Mt 5 28.
[605] Hiob 31 1 Sir 9 5 2 Mos 20 17.

So zügelt denn dieser Mann mit dem gewaltigen Auge gar seine Blicke, die doch niemandem schaden mußten. Aber sie könnten ihm selber schaden, seine Gemeinschaft mit Gott und die Einfalt seiner Seele stören – Beginn des Ungehorsams und des innern Zwiespalts. „Widerstehe den Anfängen!"

Achte schon auf deine Gedanken! Gedanken sind nicht zollfrei. Bis in die Schlupfwinkel des Gemütes späht das scharfe Auge der Gerechtigkeit: „Arge Gedanken kommen aus dem Herzen, die verunreinigen den Menschen, Mordgedanken, Ehebruch usw.[606] – daher wacht schon über kleinen Meinungsverschiedenheiten[607] und räumt sorgfältig aus dem Wege, was Brüder trennen will[608]... Laß dein Opfer am Altar zurück und versöhne dich[609]!"

Von Kleinigkeiten hangen oft große Dinge ab. Das Senfkörnlein wird zum Schattenbaum. Eine Hand voll Sauerteig kann einen ganzen Trog voll Mehl durchsäuern[610]. Ein freundliches Wort kann bis in Ewigkeit fortwirken[611]. Wehe aber dem, der Ärgernis gibt, d. h. durch ein Wort oder durch ein Tun zum Verführer wird[612]! Schon Verachtung der Geringen im Herzen ist ein Fehler[613]. Die bescheidensten Leistungen können zur Förderung der höchsten Zwecke beitragen. „Wer einem geringen Manne nur einen Becher frischen Wassers reicht, weil er mein Jünger ist, wahrhaftig, er soll nicht um seinen Lohn kommen[614]!" Was viel oder wenig, was groß oder klein? Man höre auf zu messen, zu zählen und

---

[606] Mt 15 16 ff.
[607] Mt 5 22. 25.
[608] Mt 18 15 ff.
[609] Mt 5 23 ff.
[610] Mt 13 31–33.
[611] Mt 5 44 ff 10 40 18 5.
[612] Mt 18 6 f.
[613] Mt 18 10 ff.
[614] Mt 10 42 25 40.

zu rechnen, man kann nicht zu viel oder gar im Überschuß leisten. Ob die Arbeiter frühmorgens oder in der elften Stunde in den Weinberg berufen sind – sie alle können nur ihre Pflicht tun, und der Herr gibt ihnen allen den leichen Lohn[615]. Die Witwe, die ihr Scherflein opfert, hat mehr gegeben als die Reichen, die nur vom Überfluß oben abschöpfen[616]. Es gibt keine vereinzelte Pflicht, keine abgelöste oder verlorene Tat. Auch das Geringste kann zum Prüfstein des ganzen Lebens werden. An den Früchten erkennt man den Baum. Macht den Baum gut, so werden alle seine Früchte gut[617].

Was für treffliche, gesunde Grundsätze, durchhaucht vom Geiste unbestechlicher Gewissenhaftigkeit! So dachte Jesus, so lebte er, bis ins kleinste treu – und eben deswegen ein wahrhaft großer Charakter.

17. Kapitel

Freiheit vom Besitz

Die persönliche Stellung Jesu zum irdischen Besitz war eine scharf begrenzte, schon für seine Zeit ungewöhnliche und für das heutige Geschlecht gar befremdliche: er verzichtete während seines öffentlichen Wirkens auf jegliches Eigentum, vom eignen Hause oder eignen Weibe bis hinab zum geringsten Gepäck für das Wanderleben. In der gesamten Überlieferung herrscht Einstimmigkeit darüber, daß Jesus freiwillig ein armes Leben führte; außer den wenigen Kleidungsstücken, die er auf dem Leibe trug, hören wir auch nicht von einem einzigen Gegenstande, den er mit sich zu führen pflegte, den er sein eigen nannte, so daß er bei seinem Tode seiner

---

[615] Mt 20 1–16.
[616] Mk 12 41–44.
[617] Mt 7 16 ff 12 33 Joh 15 1–16.

Mutter kein Geld- oder sonstiges Besitzstück hinterlassen konnte und in ein geliehenes Grab gebettet werden mußte[618].

Ähnliches verlangte er von seinen Nachfolgern. Sie mußten alles verlassen[619]. Bei ihrer Aussendung wurde ihnen vor allem eingeschärft, welche Dinge sie nicht mitnehmen durften[620]. Dem jungen Reichen wird auf sein Drängen und Fragen schließlich der Bescheid: „Eins fehlt dir noch, willst du vollkommen sein, so gehe hin, verkaufe dein Besitztum und gib den Erlös den Armen, dann hast du einen Schatz im Himmel. Darauf komm und werde mein Begleiter[621]." Einen vornehmen Herrn, reich an Grundbesitz und Sklaven, kann Jesus unter seinen Vegleitern nicht brauchen.

Seit alters hat man die verschiedensten Künste angewandt, um die Forderung Jesu an den reichen Jüngling abzuschwächen. Schon Clemens von Alexandrien zeigt, jener Befehl, alles zu verkaufen und es den Armen zu geben, bedeute nicht, wie einige vorschnell annehmen, die Habe selbst wegzuwerfen, sondern nur die falschen Meinungen, die Gier und Sucht danach, abzutun. „Nach derselben Interpretationskunst, bemerkt dazu Friedrich Paulsen mit Recht, könnte man auch sagen: wenn eine Mutter ihrem Kinde, das ein scharfes Messer in die Hand genommen hat, zuruft: tue das Messer weg! so bedeute das nicht, daß es das Messer weglegen, sondern nur, daß es sich nicht damit schneiden solle, das Messer möge es wohl behalten. Ob der Jüngling wohl betrübt hinweggegangen wäre, wenn Jesus selbst jene Auslegung seiner Rede hinzugefügt hätte? Ich denke, er hätte alsbald gesagt: gerade so habe ich es auch von Jugend auf gehalten."

Andere meinen, Jesus habe dem jungen Reichen nur eine Falle stellen wollen. Im voraus wissend, daß er seinen Befehl

---

[618] Mt 27 60 Joh 19 41. 23 ff.
[619] Mt 4 20. 22 19 27 Kap 9.
[620] Lk 9 3 10 4 22 35 Kap 6.
[621] Mk 10 21.

nicht ausführen werde, habe er eben dadurch ihn zu überführen getrachtet, daß es mit seiner vermeintlichen Gesetzeserfüllung nichts sei. Oder auch: der Befehl sei ein Probestück gewesen; hätte der Jüngling sich ihm gebeugt, so würde Jesus auf die Ausführung verzichtet haben, etwa wie Jehovah auf die Schlachtung Isaaks.

Das sind Ausflüchte! Der Befehl Jesu lautet unzweideutig und unbedingt. Nur die Einschränkung gilt, daß dieser Befehl nicht an jeden erging, der mit Jesus in Berührung kam. Die Geschwister in Bethanien, die ihm so nahe standen, haben ihren Besitz behalten[622]. Die Frauen, die sich Jesu und seinen Jüngern anschlossen, „stellten sich ihnen mit ihrem Vermögen zur Verfügung[623]", trennten sich also nicht mit einem Schlage davon. Der reiche Zollpächter Zakchäus, in dessen Hause zu Jericho Jesus einkehrte, gab nur die Hälfte seiner Güter den Armen[624]. In andern Häusern, wo Jesus verweilte und längere Gespräche führte, war überhaupt nicht die Rede vom „Verkaufen[625]".

Hingegen von seinen ständigen Begleitern und Sendboten verlangte Jesus völlige Armut. Nicht als Gelübde fürs Leben, aber doch als freudiges Opfer für den Moment, als unerläßliches Amtskleid für ihren Dienst und als glaubensmutigen Einsatz zur Erlangung höherer Güter. „Fürchte dich nicht, du kleine Schar, denn es hat euerm Vater gefallen, euch das Reich zu geben. Darum verkauft eure Habe und gebt Almosen, schafft euch Geldbeutel, die nicht alt werden, einen unerschöpflichen Schatz im Himmel, wo kein Dieb hinkommt und keine Motte frißt. Denn wo euer Schatz, da ist auch euer Herz[626]."

---

[622] Lk 10 38 ff Mk 14 3 ff.
[623] Lk 8 2 f Lk 23 49. 55 f.
[624] Lk 19 8.
[625] Lk 14 1 ff 7 36 ff 11 37 ff.
[626] Lk 12 31–34.

Dies an die Jünger gerichtete „Sammelt euch nicht Schätze auf Erden"! „Verkauft alles"! wurde freilich in der Predigt Jesu in einer Weise betont, daß wohl an jeden der Zuhörer einmal die Frage herantrat, ob es nicht besser sei, den Besitz aufzugeben. Kaum ein Thema kehrt im Munde Jesu so häufig wieder, als das von den Gefahren des Reichtums. „Was könnte es dem Menschen helfen, wenn er die ganze Welt gewönne und büßte dabei sein Leben ein[627]?" – „Wie schwer hält es, daß die Begüterten, wörtlich die, welche die Sachen haben, ins Reich Gottes eingehen! Eher geht ein Kamel durch ein Nadelöhr, als daß ein Reicher ins Reich Gottes eingeht[628]." Über diesem starken Wort erschraken sogar die Jünger. Der Reichtum bestand damals nicht so sehr in Geld, als in „Sachen". Jesus fand auch nützliche, nötige Sachen entbehrlich, beschwerlich, gefährlich, ja schädlich.

Als Sokrates einmal einer Fracht von Kostbarkeiten und wertvollem Hausgerät begegnete, die man in pomphaftem Aufzug durch Athens Straßen führte, äußerte er: „Nun sehe ich erst, wie viele Dinge ich nicht begehre."

Die Armut Jesu war der Ausdruck seiner Bedürfnislosigkeit, und insofern war sie der größte Reichtum. Sie hat aber bei ihm, anders als bei Sokrates, eine religiöse Seite.

Der Besitz ist der entschiedenste Feind Gottes. Zwei Herren streiten sich um die Herrschaft des Menschenherzens: Gott und der Mammon. So furchtbar ist dieser Gegner Gottes, daß er sich für Jesus zu einer persönlichen Macht verdichtet: der Mammon, ein grausamer Tyrann, ein greulicher Abgott, ein Verderbens-Dämon ähnlich dem Teufel. Ihr könnt nicht Gott dienen und dem Mammon; es gibt hier nur ein Entweder-Oder[629]. Wer sich das Ziel steckt, reich zu werden, wer seine Kraft dran setzt, viele Güter zu haben,

---

[627] Mt 16 26 Mk 8 36.
[628] Mk 10 23 ff Lk 18 24 ff.
[629] Mt 6 24 Lk 16 9. 11. 13.

dem bleibt weder Zeit noch Trieb für das Höchste, was es gibt. Sein Herz erstarrt, sein Geist verödet.

Ist schon der Erwerb des Mammons mit lauter Unrecht verknüpft, so erst der Besitz mit Ängsten, Enttäuschungen, Sorgen, Lüsten[630]; die Fragen, was essen, was trinken, womit sich kleiden und schmücken? werden immer wichtiger und füllen schließlich das ganze Herz und Leben aus[631]. Das sind kurzweg heidnische Fragen[632]. Der Mammon ist schlechthin ungerecht[633]. Das, was unsere Sprache harmlos als „Wohlstand" bezeichnet, ist in Jesu Augen eher ein Übelstand. Wenn der fromme Israelit in alten Zeiten betete: Reichtum und Armut gib mir nicht, sondern laß mich mein bescheiden Teil empfangen[634]! – so schien selbst das bescheidene Teil jetzt zuviel und ein voller Verzicht allem vorzuziehen. Der Besitz trübt das geistige Auge, stört die Einfalt der Seele, verfinstert das gesamte Innen·leben, scheidet von Gott[635].

Die Bitte eines Mannes aus dem Volk, Jesus möge seinen Bruder zur Herausgabe des vorenthaltenen Erbteils bestimmen, veranlaßt ihn, nachdrücklich vor aller Habsucht zu warnen und die Geschichte eines reichen Bauern zu erzählen, der mitten in der Freude über seine Vorräte abgerufen wird: „Du Tor, wem wird es dann gehören, was du gesammelt hast?" So, schließt Jesus, geht es dem, der sich Schätze sammelt und nicht reich ist bei Gott[636].

Noch deutlicher redet die Geschichte vom reichen Mann, der in der Hölle und Qual endigt[637]. „Es war ein reicher

---

[630] Mt 13 22.
[631] Mt 6 19–34.
[632] Mt 6 32.
[633] Lk 16 9. 11.
[634] Spr 30 8.
[635] Mt 6 21 ff.
[636] Lk 12 13 ff.
[637] Lk 16 19 ff.

Mann, der kleidete sich in Purpur und Byssus und führte alle Tage ein fröhliches, glänzendes Leben." Das erscheint als sein ganzes Verbrechen, das wird sein Verderben. Der arme Lazarus aber, von dem ebensowenig Gutes ausgesagt ist als von dem Reichen Böses, wird getragen von den Engeln in Abrahams Schoß. Und zur Erklärung ihres beiderseitigen Geschicks vernimmt der Reiche in der Hölle nur die Worte: „Kind, denke daran, daß du dein Gutes in deinem Leben empfangen hast und ebenso Lazarus das Böse! Nun wird er hier getröstet, und du leidest Qualen." Das entspricht den von dem gleichen Lukas[638] überlieferten Antithesen: Selig ihr Armen, denn euch gehört das Reich Gottes! Selig, die ihr jetzt hungert, denn ihr sollt satt werden! Selig, die ihr jetzt weint, denn ihr sollt lachen! Aber wehe euch Reichen! ihr habt euern Trost schon dahin. Wehe euch, die ihr jetzt satt seid, denn ihr werdet hungern! Wehe euch, die ihr jetzt lacht, denn ihr werdet trauern und weinen!"

Am auffälligsten tritt diese Hoffnungslosigkeit gegenüber den Reichen und dem Reichtum in dem Umstande zutage, daß Jesus keinerlei Einzelvorschriften für das alltägliche Verhalten zum eignen oder zum fremden Besitz hinterlassen hat. Während er andere Gebote der Bundestafel nach verschiedenen Seiten hin beleuchtet, widmet er dem Eigentumsgebot gar keine Betrachtung. Allerdings enthält gerade für die Eigentumsverhältnisse das Mosaische Gesetz schon die allergenauesten Regeln, die allermeisten Nebengebote. Aber wären auf diesem weiten Gebiet nicht auch für Jesus noch manche schwierige und einschneidende Fragen zu erörtern geblieben? Daß er daraus verzichtet, scheint auf die Stimmung zurückzuführen, hier helfe nur ganze Arbeit, Fortgeben und Aufheben des Eigentums. Die Geschichte vom betrügerischen Verwalter empfiehlt summarisches Verfahren mit dem Gelde als das beste und klüg-

---

[638] Lk 6 20 ff.

ste. „Ich sage euch, macht euch Freunde mit dem ungerechten Mammon, damit, wenn er euch ausgeht, sie euch zur Aufnahme in die ewigen Hütten verhelfen[639]."

Diese Anschauung scheint nicht weit entfernt von Proudhons Satz: Eigentum ist Diebstahl. Jesus empfahl seinen Jüngern, ihr Eigentum möglichst schnell zu veräußern, dieses „unrechte Gut" gegen höhere Güter einzutauschen, den irdischen Ballast auszuwerfen und also erleichtert dem Reiche Gottes entgegenzueilen.

Kein Wunder, daß solche „Lehre Christi" von sozialistischen Schwarmgeistern aller Zeiten gegen die Reichen ausgebeutet worden. „Man könnte die Evangelien, so ist gesagt worden, als sozialistischen Traktat neu herausgeben. Wir dürfen annehmen, daß Jesus die Schweine der Gadarener ins Meer trieb[640], um seine Gleichgültigkeit gegen das Privateigentum zu bezeugen, daß er die Geldwechsler aus dem Tempel jagte[641], um ein öffentliches Zeugnis gegen den Kapitalismus und seine Sünden abzulegen." Jesus wäre also der erste Sozialreformer, seine Lehre eine große wirtschaftliche Revolutionl Auf der andern Seite wird diese Lehre als völlig unbrauchbar für die Wirklichkeit, ja als anstößig für die Jetztzeit zurückgewiesen. Der englische Philosoph Bradley erklärt sie für unpraktisch und visionär, für die moderne Zeit untauglich, weil sie die Berechtigung des Eigentums leugne oder beargwöhne, die Familienbande zerreiße, das Vaterland aufhebe usw. Ähnlich Schopenhauer und andere: Das Christentum in seiner wirklichen Stellung zur Welt ist dem Geist des modernen Zeitalters vollkommen fremd.

Wir haben es bei unserer Untersuchung nur mit der Lehre und dem Leben des Meisters zu tun, nicht mit dem, was im Strom der Zeiten als christliche Religion ausgegeben worden.

---

[639] Lk 16 1 ff.
[640] Mk 5 12 ff.
[641] Mk 11 15 Joh 2 15.

Wir haben die schwierige Frage zu beantworten, wie die in den Evangelien geschilderte, persönlich ablehnende Haltung Jesu zum Besitz zu verstehen sei.

1. Eine genaue Vergleichung der Quellen läßt an diesem Punkte die volle Übereinstimmung vermissen. Die erwähnten Antithesen des Lukas über Reich und Arm fehlen bei den andern Evangelisten, und Matthäus bringt statt ihrer den folgenden Wortlaut: Selig die innerlich Armen, denn ihnen gehört das Himmelreich. Selig die Trauernden, denn sie werden Trost empfangen. Selig, die Hunger und Durst haben nach Gerechtigkeit, denn sie werden satt werden[642]. Wie hat nun Jesus gesagt: Selig die innerlich Armen, oder Selig ihr Armen[643]?

Bei Lukas äußert er sich durchweg schärfer hinsichtlich des Besitzes, man vergleiche nur die Worte vom Schätzesammeln[644] oder die an den reichen Jüngling bei Lukas und bei Matthäus[645]. Lukas ist der Sozialevangelist. Gleich auf dem ersten Blatt seines Evangeliums läßt er die Mutter Jesu schon vor der Geburt des Erlösers Gott preisen als den, der die Mächtigen vom Throne stürzt und die Niedrigen erhebt, Hungernde mit Gutem labt und Reiche leer ausgehen läßt[646]. Lukas allein berichtet von der ganz armen Geburt, von der Krippe und den Windeln und den Hirten[647]. Lukas weiß von sozialen Ermahnungen des Wüstenpredigers zu erzählen[648]. Während im Gleichnis vom großen Festmahl bei Matthäus Gute und Böse hereingeholt werden, läßt Lukas die Armen und Krüppel und Lahmen und Blinden, also die Bettler la-

---

[642] Mt 5 3 ff.
[643] Lk 6 20.
[644] Lk 12 33 f Mt 6 19 ff.
[645] Lk 18 22 Mt 19 21.
[646] Lk 1 52 f.
[647] Lk 2 7 ff.
[648] Lk 3 10 ff.

den[649]. Er allein bringt die Mahnung Jesu, zu einem Gastmahl nicht reiche Nachbarn, sondern wiederum Arme, Krüppel, Lahme, Blinde einzuladen[650]. Er allein überliefert alle jene Gleichnisse über den Besitz[651]. Er allein erzählt die Geschichte von dem reichen Zakchäus[652] und Jesu Frage an die Jünger vor der Gefangennahme[653]: Als ich euch aussandte ohne Beutel und Tasche und Schuhe – habt ihr je Mangel gehabt? Es ist derselbe Lukas, der in der Apostelgeschichte die sozialen Einrichtungen der ersten Christengemeinden so eingehend schildert[654], das Verkaufen von Landgütern[655], die allgemeine Freigebigkeit, die Halbheit des Ananias und der Sapphira[656], die Wahl der sieben Armenpfleger[657], die Spende der Antiochener für Jerusalem[658]; und der den Paulus in Milet an den Ausspruch Jesu erinnern läßt: Geben ist seliger denn Nehmen[659].

Die gleiche sozialistische Färbung finden wir auch in andern christlichen Schriften der ersten Zeit, z. B. im Jakobusbrief: „Wohlan, ihr Reichen, weint und klagt über die Trübsal, die euch bevorsteht! Euer Reichtum vermodert, eure Kleidung wird Mottenfraß, euer Gold und Silber verrostet Ihr habt Schätze gesammelt in den letzten Tagen vor dem Ende – für's Feuer[660]!" „Hört, meine lieben Brüder! Hat

---

[649] Lk 14 21 Mt 22 10.
[650] Lk 14 12 ff.
[651] Lk 10 35 12 16 14 12. 16 16 1. 19.
[652] Lk 19 2 ff.
[653] Lk 22 35.
[654] Apg 2 44 f 4 32.
[655] Apg 4 34 ff.
[656] Apg 5 1 ff.
[657] Apg 6.
[658] Apg 11 27 ff.
[659] Apg 20 35 ff.
[660] Jak 5 1 ff 1 10 f.

nicht Gott die, welche vor der Welt arm dastehen, zu Reichen im Glauben erwählt und zu Erben des Reichs, das er seinen Freunden verheißen hat? Sind es nicht die Reichen, die euch vergewaltigen und vor Gericht ziehen? Sind sie es nicht, die den guten Namen lästern, nach dem ihr genannt werdet[661]?" Ob Jakobus wohl genau so geschrieben hätte, wenn er aus den Kreisen von Bildung und Besitz hervorgegangen wäre?

Die ersten Anhänger Jesu waren zum weitaus größten Teile Arme. Den Armen wird das Evangelium gepredigt, nach seinem eigenen Ausspruch[662]. Die Besitzenden und Herrschenden und Gebildeten, die Pharisäer, Sadduzäer, Herodianer wandten sich ab. Die Möglichkeit ist also nicht ausgeschlossen, daß die Äußerungen Jesu in der Weitergabe eine gewisse Einseitigkeit, ja eine Spitze gegen die Reichen bekommen haben, die sie im Munde des Meisters nicht hatten. Hat Jesus wirklich gesagt, knapp und paradox zugleich, selig ihr Armen, wehe euch Reichen! – so hat er hinzugedacht: sofern ihr einen höhern Reichtum gefunden bzw. nicht gefunden, sofern ihr nun dafür mich habt, bzw. mich nicht wollt. Den Wahn hat er damit abgeschnitten, als ob Reichtum an sich ein Kennzeichen des göttlichen Wohlgefallens, Armut eine Strafe und schweres Unglück sei.

2. Die niederen Klassen seufzten damals tief unter dem Druck der herrschenden Stände. Wie bei den „klassischen Völkern" des Altertums unbeschränkte Sklaverei waltete, so ertönte in Israel seit Jahrhunderten die Klage der Propheten und Sänger über die Tyrannei der Reichen, über den Frevelmut der „Fetten", der Geldmenschen, der Machthaber[663], die ohne alle Rücksicht, ohne Herz und Gewissen wirtschaften und sich nachher mit reichen Opfern vor der öffentlichen

---

[661] Jak 2 5 ff.
[662] Mt 11 5 Lk 4 18.
[663] Ps 22 30 17 10 Hes 34 6. 20 Am 4 1 ff Sach 11 16 Jak 2 6 5 4 ff.

Meinung, ja vor Gott reinzuwaschen suchen. Reich und gottlos, arm und fromm waren der Volkssprache fast gleichbedeutend zur Zeit Jesu[664]. Der Gegensatz zwischen Reich und Arm, zwischen herrschenden und Dienenden klaffte jedenfalls breiter als heute. Das Empfinden eines Jesus konnte nicht lange schwanken. Auf die Seite der Unterdrückten mußte er treten und die Sünden der Gottvergessenen, den Frevel des Reichtums strafen. Auch bei den Pharisäern, diesen geistlichen Tyrannen des Volkes, war die heuchlerische Gesetzlichkeit mit *drückendem Geize*[665] verbunden. „Sie fressen der Witwen Häuser; ihre außen peinlich rein gehaltenen Becher und Schüsseln strotzen innen von Raub und Bosheit[666]." Ihr Geld, statt dem Dienst der Mitmenschen zuzufließen, vermehrte nur ihre Übermacht.

Eine von Origenes aufbewahrte, selbständige und glaubwürdige Kunde läßt Jesus dem Reichen auf sein „ich habe die Gebote gehalten" antworten[667]: Wie sagst du, ich habe Gesetz und Propheten gehalten? da doch im Gesetz geschrieben steht, du sollst deinen Nächsten lieben wie dich selbst; sieh deine vielen Brüder, Söhne Abrahams, im Schmutz starrend, vor Hunger sterbend, und von deinem Haus, das voller reicher Güter, fließt ihnen gar nichts zu!

Um die Reichen zu beschämen, die Armen aber zu trösten, anzuziehen und zu gewinnen, wurde Jesus selber arm. Ein Begüterter oder ein Mann mit gesichertem Einkommen, der der Arbeiterklasse predigt: Trachtet nach dem Reiche Gottes, kümmert euch nicht um das Irdische! ist immer in Gefahr, sich lächerlich zu machen. Die zündendsten Volksprediger waren die Bettelmönche des Mittelalters.

3. Dazu kommt, daß seit den Tagen des goldenen Kalbes Habsucht die eigentliche Nationalsünde der Juden war. Die-

---

[664] Psalm Sal 10.
[665] Lk 16 14.
[666] Mk 12 40 7 11 Lk 11 39 Mt 23 25.
[667] Mt 19 20.

sen Feind galt es also mit schonungsloser Offenheit, ja mit unverdrossener Einseitigkeit zu bekämpfen.

Wie für den Trunkenbold Abstinenz das einzige Rettungsmittel ist, so verordnete Jesus den von den Gütern dieser Welt Berauschten und Gefesselten – Verkauf aller Güter, Abstinenz. Und wie, um den Trunkenbold zu ermuntern, andere, die es nicht so nötig hätten, ihm vorangehen in der Abstinenz, so ging Jesus mit seinen Begleitern den Befitzenden voran in der Besitzlosigkeit. Ihre selbsterwählte Armut sollte ringsum die Gewissen wecken, ähnlich wie seinerzeit die dürftige Lebenshaltung des Wüstenpredigers Johannes[668].

Bekanntlich gibt es unter den Alkoholabstinenten neben den Gemäßigten, welche nur aus Mitgefühl mit den Trunkfälligen für eine Weile auf den Genuß verzichtet haben, eine durchgreifende mit der Losung: Alkohol ist Gift. In ähnlicher Weise erklärte Jesus: Der Mammon ist ungerecht, ein Hindernis, ein Strick, eine beständige Verführung[669]. Der Besitz nimmt den Menschen in Besitz; besser gar kein Besitz.

Das galt seinem israelitischen Volk, das er mit Riesenschritten dem Untergang entgegeneilen sah. Das sagt ein Arzt, der die Krankheit des Volkskörpers[670] im Innersten durchschaut, ihre Ursachen und Folgen deutlich vor sich sieht und den einzigen Weg zur Entklammerung klar erkennt.

4. Ein nahes Ende erwartet Jesus ohnehin, einen baldigen Weltuntergang, der die Neugeburt aller Dinge in sich schließt – ein Hereinbrechen des Gottesreichs noch in dieser Generation[671]. Also braucht man für kommende Geschlechter nicht zu sorgen; jegliche Kulturaufgaben fallen dahin. Das Reich

---

[668] Mt 3 4.
[669] Lk 16.
[670] Mk 2 17.
[671] Mk 10 17–31 8 34–38 Mt 10 23 16 28 Kap. 10. 21. 29.

Gottes ist das eine große Ziel, das alle andern verdrängt[672], Gott der eine unendliche Gedanke, der unsere ganze Seele ausfüllen[673], die Gerechtigkeit, die er verlangt, das eine erhabene Streben, das unser Leben beherrschen soll[674]. „Sucht zuerst nach Gottes Reich und nach seiner Gerechtigkeit, so wird euch alles für das irdische Leben Nötige obendrein zuteil werden."

5. Und damit tut sich uns bereits das intimste Motiv Jesu auf, das auch das bleibendste und wertvollste für seine Nachfolger: sein unbedingtes, kühnes, grenzenloses und darum alle Brücken hinter sich, alle Stützen unter sich abbrechendes Gottvertrauen. Der, um dessen Reich es sich handelt, ist ein allmächtiger Gott, und seine Herrschaft unbegrenzt[675]. Wer sein Reich von der Zukunft erwartet, der soll in der Gegenwart schon sich ihm rückhaltlos in die Arme werfen. Wenn ihr für Gott lebt und strebt, so wird er euch nähren und kleiden; wenn ihr das ängstliche Sorgen, Raffen und Schaffen aufgebt, so wird euer himmlischer Vater herrlich für euch sorgen[676]. Sehet die Lilien des Feldes, die Vögel des Himmels, die Sperlinge auf dem Dach. Sorgen ist heidnisch, es versklavt den Menschen, es erniedrigt uns unter die vernunftlose Kreatur[677]. Fürchtet euch nicht! Hängt euer unendlich wertgeachtetes Sein nicht an Geld oder Sachen[678]. „Bittet um die großen Dinge, so werden euch die kleinen ‚dreingegeben', bittet um die himmlischen, und ihr werdet die irdischen hinzubekommen", ist ein von den Kirchenvätern öfter angeführter, in der Bibel so nicht enthaltener, wahrscheinlich echter Spruch Jesu.

---

[672] Mt 6 33 13 31–33. 44–46. 19–23.
[673] Mt 6 24.
[674] Mt 6 33 5 6. 8. 10.
[675] Mt 6 30 10 29 ff.
[676] Mt 6 25 ff Lk 12 22 ff.
[677] Mt 6 26 ff 10 29 Lk 12 24.
[678] Lk 18 24 12 15 16 19.

Die wunderbare Besitzlosigkeit Jesu, Anspruchslosigkeit und Sorglosigkeit zugleich, führt in das innerste Heiligtum seines Verhältnisses zu Gott hinein und offenbart uns bei aller Einseitigkeit, vor der wir betroffen stehen, eine Glaubenskraft, die, die Erde dahinten lassend, die Welt überwindend, sich kühn in den Himmel schwingt.

Mit mehr Recht als Mohammed konnte Jesus von sich sagen: „Gott bot mir die Schlüssel zu den Reichtümern der Welt, aber ich wollte sie nicht." Groß steht aufs neue dieser einzige Mann vor uns da mit seinem freien Verzicht auf den Tand der Erde. Je weniger er aber für sich selber hat und begehrt, desto mehr darf er für andere von seinem allmächtigen Vater erbitten: je freier von Erdendingen, desto würdiger für höhere Gaben; je unabhängiger von sinnlichen Bedürfnissen, desto berechtigter zu geistigen Ansprüchen; je ärmer an weltlichem Gut, desto empfänglicher für überweltliche Zuflüsse; je schroffer gegenüber dem Mammon, desto inniger mit Gott. Er hat die gewaltigste Großmacht der Welt, das Geld, besiegt durch Glaubenskraft, den Egoismus und Absolutismus durch selbstverleugnende Liebe.

Mit seiner ebenso sonderbaren als großartigen Besitzlosigkeit, mit seinem ins Fleisch schneidenden „Entweder Gott oder der Mammon" hat Jesus den Menschen den Weg zurück zum wahren Glück gezeigt. Dieser Weg scheint zwar auf den ersten Blick für die moderne Gesellschaft nicht recht gangbar. Wir werden uns späterhin weiter mit der Frage beschäftigen, was die freiwillige Armut Jesu und seine persönliche Stellung zu den Nöten der Welt unsere Zeit lehrt. Hier nur noch soviel.

Jesus war kein Weltverbesserer, sondern Seelsorger. Es finden sich bei ihm ebensowenig sozialistische als kapitalistische Bestrebungen – er bleibt eine rein religiöse Persönlichkeit. Er lehrt weder als Nationalökonom noch als Geschichtsphilosoph, sondern als Prophet. Als solcher hat er den Finger aus die wunden Stellen des Herzens gelegt und unermüdlich die Schäden aufgedeckt, an welchen Unzählige zugrunde gehen – voran die Geldliebe. Über die Bedeutung, welche die Geldliebe, ähnlich wie der Ehrgeiz und andere Leidenschaften, als kulturfördernde Triebfedern im Haushalt der Welt haben können, hat er sich wahrscheinlich nie Betrachtungen hingegeben, wie sie beispielsweise der englische Kulturhistoriker Buckle anstellt:

„Immer wieder müssen wir von den Übeln des Reichtums und von der sündlichen Liebe zum Gelde hören – und doch hat sicherlich, nächst dem Wissenstriebe, keine andere Leidenschaft der Menschheit so viel Gutes gebracht. Verdanken wir ihr doch allen Handel und alle Gewerbtätigkeit; diese wieder haben uns mit den Produkten vieler Länder vertraut gemacht, unsere Wißbegier erweckt, durch den Verkehr mit Nationen von verschiedenen Sitten, Sprachen und Gedanken unsere Ideen erweitert, die Menschen zu Unternehmungen, zur Voraussicht und Verechnung geleitet und uns außerdem viele nützliche Kunstfertigkeit gelehrt, uns in den Besitz höchst schätzbarer Mittel zur Rettung des Lebens und zur Linderung des Schmerzes gesetzt. Alles dies verdanken wir der Liebe zum Gelde. Gelänge es den Theologen, sie auszurotten, so würde das alles aufhören, und wir fielen verhältnismäßig in Barbarei zurück."

Welch einseitige Betrachtungsweise! Niemand kann bestreiten, daß die Habsucht auch ein mächtiger Hebel zur Entwicklung des Menschengeschlechts ist, daß sogar blutige Kriege und andere schreckliche Geißeln die Völker vorwärts treiben – aber wehe der Menschheit, wenn keine anderen Mächte in ihr walteten, als jene selbstischen Triebe. Unerträglich würde das Leben, wenn es nicht von höheren Idealen wüßte. Die Erde wäre ein zwiefaches Jammertal, wenn lediglich die Jagd nach dem Golde, nach Ehre und andern nichtigen Gütern die Menschen aneinander vorbeihetzte, wenn nicht auch die Liebe sie zusammenführte, erquickte und stärkte zu vereintem Aufwärtsstreben.

Der unheilvolle Einfluß des Geldes auf das Seelenleben und auf die geistige Entwicklung ist von den Denkenden aller Zeiten beachtet und erkannt worden. Vom Fluch des Goldes tönt es durch die Sage der Völker. Besonders ergreifend in der vom Nibelungenring. Was neuerdings über die Entstehung und Bedeutung großer Vermögen erforscht und veröffentlicht worden ist[679], gibt der Betrachtungsweise Jesu Recht, welcher gehäufter Besitz als ein übel erscheint und die Wege und Stege des Mammons von vornherein verdächtig sind. Ein französisches Werk über die Schicksale der reichsten Familien Frankreichs im 18. Jahrhundert zeichnet erschütternde Bilder von Schuld und Vergeltung, von der Fragwürdigkeit und Unbeständigkeit irdischer Güter[680]. „Manchmal in der ersten, meist in der zweiten Generation begann mit der sittlichen Entartung der Menschen auch der Zerfall des Besitzes. Was übrig blieb, war ein Haufen Elend." Immer wieder hören wir von körperlichen Qualen, von aussterbenden Familien. Nur wenig freundliche Ausnahmen, da, wo zum erworbenen Reichtum ein gewissenhafter Sinn für seine Verwendung und ein höherer Flug der Gedanken sich gesellten.

Welche Verirrung also, die Milliardäre unserer Tage zu beneiden und fast wie Fürsten zu ehren! Sie bilden gewiß nicht die Spitzen der Menschheit. Die wahren Wohltäter und die wirklich Glücklichen sind nicht im Tempel des Mammons zu suchen. Der Milliardär Carnegie[681] hat das

---

[679] Rich. Ehrenberg, *Große Vermögen, ihre Entstehung und ihre Bedeutung*; 2 Bde. Jena 1925 Vgl. auch W. Sombart, *Der moderne Kapitalismus*. 2 Bde. 6. Aufl. München 1924. – Wilh. Berdrow, *Das Buch berühmter Kaufleute*. Berlin 1909.
[680] Ch. Ribbe, *Les familles et la Societé en France avant la Révolution*. 2 vols. Tours 1879.
[681] Andreas Carnegie, *Das Evangelium des Reichtums*. Übers. von Dr. L. Heubner. 4.-6. Tsd. Leipzig 1907.

Wort geprägt: Wer zu reich stirbt, stirbt entehrt. Ohne innere Erneuerung nützt äußerer Wohlstand nichts. Reichtum macht nicht glücklich, wie sehr auch alles „am Golde hängt, nach Golde drängt". Wer nicht Goldneres kennt und besitzt, wer nicht in seinem Gemüte sich eine unvergängliche Welt schafft, der ist ärmer als ein Bettler, selbst auf goldnem Throne.

In diesem Sinne hat Jesus den Reichen seiner Zeit ins Gewissen geredet. übrigens nicht bloß den Reichen, sondern auch den Unbegüterten – deren Gemüt vielleicht von der gleichen Geldliebe und Lust belastet ist, wie das des zu Wohlstand Gelangten. Der moderne Sozialist huldigt dem Mammonismus so gut wie der Kapitalist. Durch eine tiefe Kluft ist er von Jesus geschieden. Der Sozialist schreit: Geld her – Jesus: Fort mit dem Geld. Der Sozialist will haben, nehmen – Jesus fordert auf zum Nichthaben, Hergeben. Er warnt vor der Sorge, dem Habenwollen und dem kleinlichen Trachten nach Erdendingen so gut wie vor dem großen Plänemachen und dem Betrug des Reichtums[682].

Jesus zeigt der Seele den Weg zur Freiheit. Einerlei ob hoch oder niedrig, ob reich oder arm – der Mensch soll zur innern Ruhe und Freude, zu derjenigen „Vollkommenheit" oder Vollendung des Charakters[683] durchdringen, die sich vor Tod und Gericht nicht zu fürchten braucht. Nur wenn er sein ganzes Leben und Streben ins Licht der Ewigkeit stellt, bekommt er das rechte Augenmaß für den Wert der Dinge. Ob man das Reich Gottes mit Jesus als etwas unmittelbar Bevorstehendes, überweltlich mächtig Hereinbrechendes, oder aber, im ruhigeren Fahrwasser von heute, als still einherziehend denkt, ist gleichgültig, wenn man es nur überhaupt ins Auge faßt, das Gemüt ausfüllen läßt, sich persönlich dafür mit verantwortlich fühlt und seine Seele in den Händen trägt.

---

[682] Mt 6 25 ff 16 8 ff 13 22.
[683] Mt 19 21 5 48.

Das ordnet und heiligt unser Handeln und Wandeln. Die große Weltkatastrophe, die Jesus malte, diente ihm als Hintergrund, um den unvergänglichen Wert der Menschenseele hervorzuheben. Wenn alles in sich zusammenstürzt, so schwingt sich siegend die Seele über dem Staube; sie erniedrigt sich also und vergißt ihr wahres Wesen, wenn sie sich an die Dinge dieser Welt hängt. Setzen wir an Stelle des Weltuntergangs den jeden Einzelnen früher oder später ereilenden Tod, so behält der Gedanke Jesu seine volle Kraft.

In wieviel Tausende von Menschenleben hat nicht jener Ruf Jesu: „Was hülfe es dem Menschen..." hineingezündet gleich einer Brandfackel! – um so wirksamer, als hinter ihm das Bild eines Mannes emporragt, der durch seine Gaben selber die Welt hätte gewinnen können, aber ohne jedes Sauersehn in königlicher Freiheit auf alles verzichtet hat. Jesus haßt die Reichen nicht – im Gegenteil, zu den Wenigen, von denen ausdrücklich erwähnt wird, daß Jesus sie geliebt habe, gehört der reiche Jüngling –, aber er weiß, daß ihre Seelen erst frei werden, wenn sie, von der tödlichen Umklammerung des Goldes gelöst, nicht bloß bereit sind, ihre Sachen von sich zu werfen, sondern tatsächlich hergeben, und zwar alles.

Auf einen Herzensumschwung zielt Jesus, alle Religion vollzieht sich innerlich. Wie einem Liebenden kein Opfer zu groß und zu viel ist für die Geliebte, wie ein Schatzfinder ohne weiteres alles verkauft, um den Schatz zu sichern oder ein Freund von Perlen alles hergibt für ein strahlendes Kleinod, so muß der Mensch etwas Höheres lieb gewinnen, suchen und im Herzen hegen, wenn er die rechte äußere Stellung zum Besitze erlangen soll[684].

So schafft denn Jesus grundsätzlich das Eigentum ab. Nicht im Sinne des Kommunismus oder einer äußeren Rechtsform, sondern vor dem Gewissen der Menschen. Er

---

[684] Mt 6 20 f 13 44 ff.

entthront die Eigentümer und setzt sie zu Verwaltern herab[685]. Er enterbt die Besitzer und macht sie zu Bettlern, zu Leibeigenen. Alles von Gott zu Lehen! Alles nur anvertrautes Gut! Alles bist du deinem Gott schuldig! Gib jedes Eigentums- und Herrschaftsrecht auf. Eine „Heiligkeit des Eigentums" liegt lediglich darin, daß es Gott gehört und dem Menschen auf Zeit zu göttlichen Zwecken überlassen ist. Verwalte also das in deinen Händen Befindliche nach Gottes Sinn. Gib, was er dich heißt. Gib seinen Kindern, deinen Brüdern! Für deinen Unterhalt laß Gott sorgen, deinen Herrn und Arbeitgeber, der dein Leben braucht und erhält. Bewähre dich vor ihm während deines Erdenlaufs durch Treue im Kleinen hinsichtlich der dir anvertrauten Güter, so wird er dir danach Großes geben und dich an seiner Herrlichkeit teilnehmen lassen…

Was sind das alles für unendlich große, ewige und auf jedes Menschenleben irgendwie anwendbare Wahrheiten!

18. Kapitel

Geistesgegenwart

Von großen Männern erzählt man gern Anekdoten, welche ihre Schlagfertigkeit oder Geistesgegenwart zeigen. Überrascht bestaunen wir die Blitze ihres Geistes und behalten den Eindruck des Außerordentlichen. Der Mann, so schließen wir, ist völlig mit seiner Aufgab verwachsen; hingegeben an seinen Beruf, steht sein wacher, zielbewußter Geist vollgerüstet auf der Hut bei Tag und Nacht. Die Schlagfertigkeit eines Fürsten, Feldherrn, Staatsmannes gibt dem Volke das Gefühl der Sicherheit. Bei irgendeinem uns Begegnenden werden die Beweise von Geistesgegenwart uns zu Kündern seiner Überlegenheit.

---

[685] Lk 16 1 ff 19 12 ff 12 42 ff Mt 25 14 ff.

Das überlieferte Lebensbild Jesu ist voll von solchen Zügen. Sein einzigartiger Beruf, sein Wanderleben, sein wechselndes Geschick brachte täglich Unvorhergesehenes. Die Ruhe und innere Gewißheit, mit der er die an ihn herantretenden Fragen erledigte, den verschiedensten Leuten gerecht ward, sich in den schwierigsten Lagen zurecht fand, ist erstaunlich. Überall war er den Umständen gewachsen. Furcht, Menschenfurcht, schien ihm völlig fremd[686]. Erschrecken, verwirren, aus der Fassung bringen konnten ihn weder freudvolle noch widerwärtige Überraschungen. Fast schien es, als ahne oder erwarte er die Ereignisse, so ruhig nahm er auch die seltsamen entgegen. Den gewaltigsten Eindruck machte auf die Begleiter seine Haltung, als er mitten im Seesturm von den Verzweifelnden aus dem Schlaf gerüttelt, nicht die leiseste Aufregung zeigte, ja nicht einmal Eile, der Gefahr zu wehren. Zuerst wieß er die Jünger zurecht wegen ihrer Hoffnungslosigkeit; dann erhob er sich in seiner ganzen Hoheit Und der Eindruck blieb: Was ist das für ein Mann[687]!

Wie oft ist es vorgekommen, daß er mitten im Vortrag durch Zwischenfälle unterbrochen wurde! Das eine Mal wird ihm im menschenüberfüllten Hause das Dach über dem Kopf abgedeckt und ein Gelähmter auf seinem Lager vor die Füße niedergelassen[688]. Das andere Mal schleppt man ihm, um ihn auf die Probe zu stellen, in der Morgenfrühe eine auf frischer Tat ertappte Ehebrecherin in die Tempelhallen, mitten hinein in den Kreis, den er um sich gesammelt[689]. Öfter machten sich Kranke während seiner Rede bemerkbar oder kreischten Wahnsinnige in der Synagoge schrill auf und drohten alles zu stören[690]. Manchmal loderte der Haß hell empor über seinem

---

[686] Mt 22 16 10 26 ff Lk 12 32.
[687] Mt 8 23 ff.
[688] Mk 2 2 ff.
[689] Joh 8 2 ff.
[690] Lk 4 33 6 6 13 11 14 2.

Wort[691]. Des Morgenländers Blut wallt schnell und heiß, und es fehlte nicht an raschestem Wechsel der Szene in den Scharen um Jesus. Den ehemaligen Zimmermann beirrte weder die Menge der ihn Umdrängenden, noch die Feierlichkeit des Orts noch die Wichtigkeit des Augenblicks. Er verfolgte sein Ziel und löste ohne Zögern die ihm gestellte Aufgabe mit größter Treffsicherheit.

Besondere beachtet und bewundert wurde seine Schlagfertigkeit gegenüber listigen Fragern und Gegnern. Tizians „Zinsgroschen" stellt meisterhaft eine solche Abfertigung dar. Pietisten und Orthodoxen zeigte er sich gleichsehr überlegen wie den Lebemännern und Weltleuten[692]. Mochten sie einzeln ihm nahen oder gruppenweise, in wohlberechnetem Doppelangriff, sie fanden ihn fest im Sattel. Wie wehrfertig er sich gegen das Lob der Menschen hielt, haben wir gesehen[693]. Sein feiner Takt in der Seelsorge, seine angemessene Behandlung der verschiedenen Hilfesuchenden wären einer eingehenden Betrachtung wert[694]. Während der peinlichen Gerichtsverhöre und Martern finden wir ihn nie mit sich selbst beschäftigt, nie von den Leiden überwältigt, vielmehr stets auf der Höhe des Augenblicks. Die großartigste Haltung zeigte er bei der Gefangennahme im Garten[695].

Was ist Geistesgegenwart? Ist es ein lebhaftes Temperament, schnelle Auffassungsgabe, klarer Verstand, sogenannter Mutterwitz, Sammlung der Seelenkräfte auf einen Punkt, Ruhe und Selbstbeherrschung? Alles dies oder einzelnes mag mitwirken, aber das eigentliche Geheimnis der Geistesgegenwart ist tiefer zu suchen.

---

[691] Mt 9 3 Mk 3 6 12 12 Lk 4 28 5 21 6 11 7 39. 49 11 45 13 14 19 7 20 19 Joh 2 20 5 18 6 41 7 20. 30. 44 usw.
[692] Mt 9 14 11 2 15 16 21 15. 23. 33 22 15. 23. 34. 41 23.
[693] Kap 16.
[694] Z. B. Mk 2 5 9 23 5 32 6 5 7 29. 33 f 8 23 ff 10 49.
[695] Mk 14 41 ff Joh 18 4 ff.

Hören wir zunächst, wie Jesus selbst sich über das Geheimnis ausspricht. „Wenn sie euch den Gerichten übergeben, so ermutigt er seine Jünger, dann macht euch keine Sorge, wie oder was ihr reden sollt; es wird euch in jener Stunde gegeben werden, was ihr reden sollt. Ihr seid es ja nicht, die da reden, sondern der Geist eures Vaters in euch redet! (bei Markus: ihr seid nicht die Redenden, sondern der heilige Geist)[696]." Gegen die Verleumdung der Pharisäer, er sei von einem unreinen Geist besessen und stehe mit dem Herrscher der Dämonen im Bunde, behauptet er, durch den *Geist Gottes* treibe er die Dämonen aus, daher komme ihre Verleumdung fast einer Lästerung des *heiligen Geistes* gleich[697]. – Im vierten Evangelium werden solche Gedanken häufiger und deutlicher ausgesprochen: „Ich habe nicht aus mir selbst geredet, sondern der Vater, der mich gesandt hat, hat mir aufgetragen, was ich sagen und was ich reden soll. Was ich also rede, das rede ich so, wie der Vater es mir gesagt hat[698]." – „Die Worte, die ich zu euch rede, rede ich nicht von mir selbst; der Vater, der in mir wohnt, tut seine Werke. Glaubt mir, daß ich im Vater lebe und der Vater in mir!... Ich will den Vater bitten, und er wird euch einen andern Beistand senden, der bei euch sein soll in Ewigkeit: den Geist der Wahrheit. Der Beistand, der heilige Geist, wird euch über alles unterrichten[699]."

Demnach leitet Jesus seine Geistesgegenwart von einem himmlischen Beistand oder Anwalt her, von jenem Geist, dessen Herabkommen auf ihn bei der Taufe die Evangelisten möglichst sinnlich zu schildern suchen[700]. Unmittelbar nach der Taufe ließ er sich, er muß es selbst erzählt haben, von diesem Geist in die Einöde hinaustreiben[701]; dann kehr-

---

[696] Mt 10 19 f Mk 13 11 Lk 12 11 f.
[697] Mt 12 28 ff.
[698] Joh 12 49 f 5 19 ff 30. 43 8, 28. 42 f.
[699] Joh 14 10 ff 15 26 16 7 17.
[700] Lk 3 22.
[701] Lk 4 1 Mk 1 12 Mt 4 1.

te er, nach Lukas, „in der Kraft des Geistes" nach Galiläa zurück, und als er in seiner Vaterstadt Nazareth auftrat, nahm er zum Text seiner Verkündigung die Jesajasstelle, in der es heißt: „Der *Geist* des Herrn ist in mir, dieweil er mich gesalbt hat[702]."

Jesus stand also mindestens seit der Weihe am Jordan unter dem beständigen Gefühl einer höheren Leitung. Seinem Ich stand in seinem Innern nunmehr ein unendlich überlegenes Wesen zur Seite, dem er sich schlechthin unterwarf und das er meist als Gott oder heiligen Geist bezeichnete. Das Gespräch mit Nikodemus gibt eine Schilderung des wunderbaren, als Wiedergeburt bezeichneten Erlebnisses, wie der Geist einem unberechenbaren, geheimnisvollen Winde gleich den Menschen erfaßt und erfüllt, um ihn dann völlig zu beherrschen und zu verändern[703].

Das, was wir Geistesgegenwart nennen, leitet Jesus demnach von der Gegenwart des Geistes Gottes her, die er durch sein ganzes Wirken hindurch im Glauben festhält. Eine ähnliche Betrachtungsweise findet sich in dem bekannten Erlebnis Salomos[704]. Das „salomonische Urteil" ist ja sprichwörtlich geworden und verrät eine bedeutende Geistesgegenwart. Sie zu erklären, wird erzählt, wie der junge Salomo nicht lange nach seinem Regierungsantritt im Traum eine Begegnung mit Gott gehabt und sich etwas habe wünschen dürfen. Da habe er sich ein weises oder lenksames Herz ausgebeten, um das große Volk regieren zu können, und Gott habe es ihm verliehen. Unter dem gläubig festgehaltenen Eindruck dieser göttlichen Gabe handelt nun Salomo. Seine Weisheit fließt aus dem Glauben an die göttliche Güte und Weisheit, aus deren unerschöpflichem Born er immerfort empfangen darf, empfangen mittels

---

[702] Lk 4 14. 18 Jes 61 1.
[703] Joh 3 3 ff.
[704] 1 Kön 3 Chr 1.

unbewußter Seelentätigkeit. Jesus denkt sich den Geist Gottes als eine fremde, persönliche Gewalt, die ihn regiert und mit Übermacht zu diesem oder jenem zwingt.

Unser modernes Denken will diese fast stofflich vorgestellte Geistperson fremd anmuten, die in einem bestimmten Augenblick von einem Menschen Besitz ergreift und hinfort selbstherrlich seine Angelegenheiten führt. Mag dem gläubigen Bewußtsein solche Erklärung genügen, der Psychologe wird weiter forschen. Was ist Geistesgegenwart?

Was ist das Daimonion des Sokrates, diese deutliche „jenseitige" Stimme, welche ihn vor jeder Gefahr warnte und bei jedem Schritte lenkte? Was ist die Muse des Homer, welche ihm die Gestalten so lebhaft vor Augen stellte, daß er sie mit den richtigen Worten beschreiben konnte? Was ist der Genius des Napoleon, welcher ihn tags zuvor den Verlauf der Schlacht von Austerlitz so scharf und klar schauen ließ, wie wir sie heute schauen? Was war der Trieb- und Schutzgeist der Jungfrau von Orleans, ob er ihr nun unter der Rüstung des Erzengels Michael oder im Gewande der heiligen Katharina erschien? In allen Fällen die gleiche, merkwürdige seelische Erscheinung: Die Verdoppelung des Ich zu dem „bisherigen", bewußten Ich tritt aus der Region des Unbewußten ein neues, das sich in aller Stille vorbereitet hat. Wenn der Künstler oder der Gelehrte sich bewußten Denkens angespannt, aber erfolglos mit einem Gegenstande beschäftigt hat, so geschieht es wohl, daß unbewußt während des Schlafes die Seele weiterarbeitet und die rechte Lösung findet. Im Traumbild steht sie plötzlich vor dem Geist, oder er kann sie auch ohne Traum am andern Morgen unmittelbar „wie von Gott geschenkt" niederschreiben; „seinen Freunden gibt er es schlafend". Da wir gewohnt sind, nur die Früchte bewußter Denkvorgänge zu ernten, so will uns alles, was unser Geist unbewußt in seinen Tiefen erarbeitet und hervorbringt, als „geschenkt", als etwas Fremdes, Höheres, Himmlisches erscheinen. Als in dem dreizehnjährigen Hirtenmädchen jener kriegerische Geist und seherische Scharfblick, jene Feldherrngabe in zartem weiblichem Organismus erwachte, meinte sie, den Erzengel Michael zu hören, ja sah ihn wieder und wieder deutlich vor sich in den Empfängnisstunden ihrer „kriegerischen" Eingebungen! Ihre Prozeßakten gehören für die Seelenkunde zu den lehrreichsten Schriftstücken.

Der Glaube an einen höheren Geist, der über das Genie kommt, rührt daher, daß dieses das Beste oft mittels unbewußter Seelentätigkeit, durch Intuition, hervorbringt.

Anderseits zeichnen sich die wahrhaft genialen Menschen gerade durch Wachheit und Bewußtheit des Geistes, durch hellstes Gedächtnis für das eigene Leben und tiefste Einsicht in ihr Inneres wie in die Weltzusammenhänge aus. Musikalische Genies haben ein wunderbares inneres Schauen und Empfinden, einen für andere unfaßlichen Einblick in die Sprache der Töne, in geheimste, noch auf keine Formel gebrachte musikalische Gesetze. Ein Franz von Assisi, ein Goethe zeigten ein unendlich zartes Verstehen für das Leben und Weben der Natur. Ähnlich Jesus, wie seine aus der Tiefe des Naturwaltens schöpfenden Gleichnisse beweisen.

Aber die Genialität Jesu tritt vor allem aus dem seelischen und religiösen Gebiete zutage: in jenem unmittelbaren Schauen der Zusammenhänge zwischen Schöpfer und Geschöpf, Geist und Stoff, Wille und Leib. Intuitiv erkannte er die ewigen Gesetze der Seele, die Pflichten des Menschen gegenüber Gott, die Fäden und Pflichten der Menschen untereinander[705]. Mit den Kräften der Natur, insbesondere den seelischen Kräften, konnte er schalten und walten einem Feldherrn gleich, wie es jener römische Zenturio in Kapernaum so treffend ausdrückte[706]; in geheime Gänge, ja in verschüttete Kanäle der Natur vermochte er einzudringen und „Wunder" zu tun, welche das langsame

---

[705] Mt 11 27 22 16 Joh 1 18 2 25 3 2. 11. 13. 32 6 46.
[706] Mt 8 8 f Lk 7 7 f.

Denken und Forschen der übrigen Sterblichen erst nach Jahrtausenden in ihrem natürlichen Zusammenhange erkennt. Sein inneres Schauen durchdrang die Bedürfnisse, Neigungen, Gefahren des Menschenherzens, die Schäden der Gesamtheit wie jedes einzelnen; und durch den gleichen Genius erkannte er die Mittel und Wege zu ihrer Abhilfe, zur Erlösung der Menschen[707].

Woher stammte dieser Genius? Ist es nicht heiliger Geist? Ist es Jesu eigener Geist? Doch wohl beides.

Müssen wir nicht annehmen, daß gerade jene geheimnisvolle Zentrale des menschlichen Geistes, jene innerste Werkstätte seines Lebens und Webens, jene noch viel zu wenig erforschte Region des Unbewußten, das Göttliche, Ewige am Menschen darstellt, während das bewußte Erkennen und Verstehen, Urteilen und Vergleichen mit dem Hirne vergeht? Bei den meisten Menschen ist jener göttliche Urquell unter dem Schutte der Sinnlichkeit vergraben. Kommt aber der Mensch zu sich selbst, wie es Jesus am verlornen Sohne schildert[708], besinnt er sich auf seinen Ursprung und auf seine Bestimmung, so wird die ewige Stimme wieder gehört, der Geist Gottes wird frei, Gott selbst kann herrschen in dem sterblichen Leibe. Dieser mächtige Durchbruch kommt in der Tat einer neuen Geburt gleich; und jetzt erst beginnt ein Leben, das des Lebens wert ist, „in Harmonie mit dem Unendlichen". Der in sich selbst befreite, von der Sklaverei des Trieblebens erlöste Menschengeist, aus Gott stammend und für Gott bestimmt, ist nun wieder geöffnet für das Fluten des göttlichen Geistes, ähnlich wie ein Hafenbecken, sobald seine Zugänge freigelegt sind, an allen Wasserbewegungen des Weltmeeres teilnimmt, oder wie das Auge, sobald es geöffnet ist, ein Träger des Lichtes wird, ohne das es nichts zu sehen vermag[709].

---

[707] Mt 20 28.
[708] Lk 15 17.
[709] Mt 6 22 Lk 11 34 ff Joh 9 39.

Wann bei Jesus zum ersten Male jenes große Unbewußte ins Bewußtsein eindrang, seit wann das Göttliche mächtig und immer mächtiger durch die offenen Tore der Sinnlichkeit hereinströmte, wissen wir nicht. Auf das erste Geschehen dieser Art folgten immer neue Offenbarungen, das früher Erfahrene bestätigend, Neues einleitend. An jeder Wende der Entwicklung stand ein inneres Erlebnis; als besonders eingreifend und ihn mächtig emporschnellend empfand er die Berufung und Weihe bei der Taufe[710]. Der aus Fleisch und Geist gewobene Mensch kann nicht beständig die gleiche geistige Höhe behaupten. Auch bei Jesus werden besondere Höhepunkte, Weihestunden, Verzückungen hervorgehoben[711]. Auch er spricht von seinen Anfechtungen, erzählt von seinen Versuchungen[712]. Es gehört eine ungewöhnliche Glaubenskraft dazu, nur ein Jahr lang diese sich stetig steigernde Vorherrschaft des „heiligen Geistes" festzuhalten, diese alles erfüllende Übermacht des Göttlichen bei sich zu ertragen. Die mit solchem Höhenstand verbundenen Gefahren sind außerordentliche! Wir finden bei Jesus alle Abstufungen, von der schlichten, nüchternen Andacht und der sich versenkenden Anbetung[713] bis hinauf zu der das Übersinnliche entschleiernden Ekstase[714], von Momenten seligster Gottesnähe, in denen die Himmelsstimme durch lichte Wolken bricht[715], bis hinab zu so finsterer Ferne, daß der Geängstete nur mit entlehnten Worten schreien kann: *Eli Eli lama asabthani*[716]. Wir finden nebeneinander ruhiges, verständiges Lehren, Handeln, Wandeln, und ein solches Hingerissenwerden von den Forderungen des Augenblicks, von den Zielen seines Berufs, daß die

---

[710] Mk 1 10 ff.
[711] Lk 10 18. 21. 23 9 28 ff 22 43 Mt 4 1. 11 Joh 12 28.
[712] Lk 22 28 4 2 ff. 13 Ebr 4 15.
[713] Kap 14.
[714] Kap 6.
[715] Lk 3 22 9 35 Joh 12 28.
[716] Mk 15 34 Ps 22 2.

Seinen fürchten: „er wird von Sinnen kommen" und die Gegner lästern: „er ist besessen[717]".

Erst in neuerer Zeit schenkt man diesen jenseits des Bewußtseins liegenden „okkulten" Erscheinungen des Seelenlebens die gebührende Aufmerksamkeit und erforscht sie nicht bloß einseitig theologisch, philosophisch, sondern vor allem psychologisch, naturwissenschaftlich. Das heutige Denken sträubt sich gegen die Willkür der vorangehenden Periode, welche die „Wunder" Jesu einfach beseitigen wollte. In rationalistischer Weise erklärte David Strauß in seinem Leben Jesu: „Wir können summarisch alle Wunder, Prophezeiungen, Erzählungen von Engeln und Dämonen und dergleichen als einfach unmöglich und als mit den bekannten universalen Gesetzen, welche den Lauf der Ereignisse lenken, unversöhnlich verwerfen." Wozu hatte im Anfang des Jahrhunderts der berühmte spanische Physiker Aragon in die Welt hinausgerufen: „Wer mit Ausnahme der rein mathematischen Wissenschaften das Wort unmöglich ausspricht, ermangelt aller Vorsicht und Klugheit." Napoleon hielt die Verwendbarkeit des Dampfes als Schiffsbewegers für unmöglich, aber auf seiner Reise nach St. Helena fuhr der erste Dampfer an ihm vorüber! Wie viele wissenschaftliche Theorien hat das neuentdeckte Radium über den Haufen geworfen, was für Aussichten hat dieses wunderbare Element eröffnet! Und so gibt es noch mancherlei Dinge zwischen Himmel und Erde – ! Unsere heutige, noch so reiche Erfahrung kann nicht der Maßstab für alles sein, was im Verlauf der Erdenzeiten geschehen ist oder geschehen wird.

„Der Ausdruck ‚Ein Wunder', sagt Bismarck einmal, entlockt mir immer ein Lächeln über Mangel an Logik, denn in jeder Minute sehen wir Wunder und nichts als solche. Die,

---

[717] Mk 3 20 f. 22 Joh 7 20 8 48. 52 10 20.

gegen welche wir durch die tägliche Gewohn-heit abgestumpft sind, rechnen wir als den natürlichen Lauf der Dinge, dem jeder altkluge Tor auf den Grund zu sehen meint; tritt uns aber etwas Neues, dem bisher beobachteten, doch unerklärten Lauf des großen Räderwerkes anscheinend Fremdes entgegen, dann rufen wir Wunder, als ob nur diese Erscheinung uns unbegreiflich wäre."

Die Wunder Jesu sind ein wesentlicher Bestandteil seines Charakterbildes. Die heftigsten Feinde Jesu, die Pharisäer und Schriftgelehrten, hätten gewiß seine Wunder geleugnet oder für Lug und Trug erklärt, wäre das möglich gewesen. Aber angesichts der Öffentlichkeit dieser Wunder, angesichts der zahlreichen Geheilten, die als lebendige Zeugen der außerordentlichen Kraft Jesu umherwandelten, unter dem allgemein verblüffenden Eindruck jener Taten auf das gesamte Volksleben, ja auf die Pharisäer selbst, war es denn doch ausgeschlossen, das alles totzuschweigen oder als fromme Täuschung hinzustellen[718]. Wir haben diese Wunderwerke mit eigenen Augen gesehen, so tönt uns aus dem Talmud bis heute die Stimme der Juden entgegen, dem Talmud, der sonst Gift und Galle gegen den Nazaräer sprüht. Aber freilich, sie werden auf satanische Künste zurückgeführt. Der Behauptung Jesu, durch Gottes Geist, durch Gottes Finger[719] tue er solche Werte, stellten die Juden die Verleumdung entgegen, er treibe die Dämonen aus durch Beelzebub, den Fürsten der Dämonen. Der Talmud sagt: Jesus vollbrachte seine Wunder mittels Zauberei, die er aus Ägypten gebracht. Von Ägypten, jenem alten Land der Zauberer, heißt es nämlich an einer andern Stelle: Zehn Maß Zauberei sind in die Welt gekommen, neun Maß hat Ägypten und ein Maß die übrige Welt erhalten. – Also Jesus ein Erzzauberer.

---

[718] Joh 3 2 11 47 Mt 9 34 12 24.
[719] Mt 12 82 Lk 11 20 2 Mos 8 15.

Die Heiltaten Jesu behalten auch für uns Heutige etwas Erstaunliches, als Beweise seiner Geistesgegenwart. Im Lichte verwandter Gegenwartserscheinungen erschließen sie uns das Innerste seines Glaubenslebens.

19. Kapitel

Selbstbewußtsein

Dicke Bücher sind über das Selbstbewußtsein Jesu geschrieben worden. Sie befassen sich mit allem, was Jesus über sich gedacht und gesagt, mit seinen Selbstbezeichnungen, Ansprüchen, Erwartungen, Enttäuschungen, mit seinem gesamten innern Entwicklungsgang. Wir haben hier nur das Selbstbewußtsein darzustellen, soweit es als Charaktereigenschaft in Betracht kommt. Unbegrenzt in seinem Fluge, bildet es für den Psychologen eine der an- ziehendsten, aber auch der schwierigsten Fragen.

Die Schwierigkeit liegt darin, daß über das Werden Jesu historische Kunde fehlt, daß die Berichte wie über sein Wirken und Reden, so über seine Selbstaussagen durch die persönlichen Erwartungen seiner Hörer und der Berichterstatter möglicherweise getrübt sind, und daß unser eigenes Urteil hier mehr als sonst mit Voreingenommenheit zu kämpfen hat.

Was hat Jesus über sich selbst gesagt? Wie hat er es gesagt? Aus welchen Beweggründen und in welcher Absicht? Wie angelegentlich und wie häufig redet er über sich? Ist irgendwelche Steigerung in der Angelegentlichkeit zu bemerken, überhaupt eine Entwicklung des Selbstbewußtseins wahrzunehmen? Das Selbstbewußtsein wird sich auch nicht bloß in Reden, sondern ebensosehr in Gebärden, Handlungen, Unterlassungen ausgeprägt haben, bei einem Manne, der es mit den Worten so genau nahm. Das gesamte Auftreten Jesu ist aufs neue zu beleuchten. Nur so läßt sich ein Urteil gewinnen über die Höhe, die Tiefe, die natürliche Begründung, die moralische Berechtigung dieses Selbstbewußtseins. Maßstab der Beurteilung kann nicht der Erfolg jenes selbstbewußten Redens und Auftretens sein, sondern lediglich die Treue gegen Gott, dessen Stimme Jesus in seinem Innern hörte.

„Selig seid ihr, wenn euch die Leute um *meinetwillen* schmähen und verfolgen und euch lügnerisch alles Schlechte nachreden! Freut euch und frohlockt, denn euer Lohn ist groß im Himmel! Wer Vater oder Mutter mehr liebt als mich, ist meiner nicht wert; wer nicht sein Kreuz nimmt und mir folgt, ist mein nicht wert. Wer sich zu mir bekennt vor den Menschen, zu dem werde auch ich mich bekennen vor meinem Vater im Himmel. Wer mich aber verleugnet vor den Menschen, den werde ich auch verleugnen vor meinem Vater im Himmel[720]."

„Folget mir nach, ich will euch zu Menschenfischern machen." „Mir nach!" ertönt immer wieder der Ruf. „Wahrhastig, ich sage euch, ihr meine Begleiter sollt in der neuen Welt, wenn der Menschensohn auf dem Throne seiner Herrlichkeit sitzt, gleichfalls auf zwölf Thronen sitzen und die zwölf Stämme Israels richten. Und jeder, der sein Haus oder Eigentum oder Verwandtschaft um meines Namens willen verlassen hat, der soll es vielfach zurückbekommen und ewiges Leben erlangen." Jesus erwartet von seinen Nachfolgern sofortige Drangabe ihrer Familie und ihres Berufs, er verlangt von allen seinen Zuhörern die Bereitschaft, für ihn zu leiden und zu sterben[721].

Mit wiederholtem „Ich aber sage euch" stellt er sein Wort dem Wortlaut des Gesetzes entgegen. Obgleich er die Schrift nie fachmäßig gelernt hat, setzt er sich über die Schriftge-

---

[720] Mt 5 11 10 37 ff. 32 f.
[721] Mt 4 19 9 9 19 21. 28 f Lk 9 59 Joh 21 19. 22 Kap 9.

lehrten und nimmt alle Erkenntnis Gottes für sich in Anspruch. „Wahrlich, ich sage euch, Himmel und Erde werden vergehen, meine Worte werden nicht vergehen[722]!"

„Alles ist mir von meinem Vater übertragen, und niemand kennt den Sohn als der Vater, niemand kennt den Vater als der Sohn und wem der Sohn ihn offenbaren will. Kommt her zu mir alle, ihr Geplagten und Beschwerten, ich will euch erquicken. Nehmt mein Joch auf euch und überzeugt euch bei mir, daß ich geduldig und demütigen Sinnes bin, dann werdet ihr Erquickung für eure Seelen finden. Denn mein Joch ist sanft und meine Last ist leicht[723]." Würde nicht jeder andere, welcher sagte: „ich bin demütig", sich dem Verdachte aussetzen, es nicht zu sein? Welch ein sicheres Selbstbewußtsein redet aus dieser herzinnigen Einladung!

„Die Männer von Ninive sprechen dem heutigen Geschlecht das Urteil, denn sie taten Buße auf des Jona Predigt, und hier steht doch ein Größerer als Jona. Die Königin von Saba kam vom Ende der Welt, um Salomos Weisheit zu hören, und hier steht doch ein Größerer als Salomo[724]." Im Munde eines andern würde ein solches Selbstlob als maßlose Eitelkeit erscheinen. Man denke sich, ein Bismarck hätte sich zur Zeit der ersten preußischen Kriege über Karl den Großen erhoben, ein General Bonaparte hätte sich selber hoch über Cäsar und Alexander den Großen hinausgerückt, oder der dreißigjährige Goethe hätte öffentlich gesagt: Hier steht doch ein Größerer als Dante, als Homer! Jesus stellte sich den Pharisäern gegenüber auf eine Linie mit David, dem Größten ihres Volkes, und fuhr, das Ausnahmerecht der Tempelpriester für seine Jünger in Anspruch nehmend, fort: „Ich sage euch, hier ist mehr als der Tempel!" Der Tempel war der letzte Stolz des Juden-

---

[722] Mt 5 21 ff 23. 24 35.

[723] Mt 11 27 ff.

[724] Mt 12 41 ff.

tums, der Inbegriff aller Herrlichkeit, Heiligkeit und Gottesgegenwart[725]. „Dieser Tempel, sagte Jesus ruhig, mag fallen, und sogleich baue ich etwas Besseres!" Ja, Jesus hat, über den jüdischen Ehrennamen „Davidssohn" sich hinausschwingend, als Davids Herr gelten wollen[726].

Seine erste Predigt in Nazareth handelt ganz von ihm selbst. In ihm sei der aus Jesajas gewählte Text erfüllt[727]. Öfter wird er in solcher Weise gepredigt haben. Auf seine Person ziele so manche alte Weissagung, sein Leben und Sterben seien nicht zu verstehen ohne die Schrift und die Schrift nicht ohne sein Erscheinen. Er sei gekommen, um recht eigentlich erst die Schrift zu erfüllen[728].

Unter stets neuem Widerspruch der Umstehenden, insbesondere der Religionswächter, nimmt sich Jesus heraus, den zu ihm Kommenden ihre Sünden zu vergeben[729]. Dagegen erklärt er es für unverzeihlich, für eine Todsünde, wenn jemand *den aus ihm* sprechenden, *durch ihn* wirkenden Geist Gottes lästert[730]. Er stellt sich hin als einen Herrn auch des Sabbats, als den Sohn des Höchsten, der nicht nötig habe Tempelsteuer zu zahlen, als den Bräutigam, um den sich die ganze Hochzeit dreht, als den Längstverheißenen und Ersehnten[731]. „Selig sind die Augen, so wandte er sich einmal an seine Jünger, die da sehen, was ihr seht! Ich sage euch, viele Propheten und Könige wollten sehen, was ihr seht, und haben es nicht gesehen, wollten hören, was ihr hört, und haben es nicht gehört[732]." Johannes der Täufer, dieser größte unter allen Propheten, sei nur sein Vorläufer, und der gering-

---

[725] Mt 12 3 ff Joh 2 20.
[726] Mt 22 45.
[727] Lk 4 18 ff.
[728] Kap 15.
[729] Lk 5 20 7 48 Joh 8 11 20 23 Mt 16 19 18, 18.
[730] Mt 12 31 f.
[731] Mt 12 8 17 25 ff 9 15 Joh 8 56 3, 29.
[732] Mt 13 16 Lk 10 23 f.

ste seiner Jünger sei mehr als Johannes[733]. Mit ihm selber beginne eine neue Ära im Himmel und auf Erden[734].

Die Stadt Kapernaum, durch sein Wohnen und Wirken bis in den Himmel erhöht, werde ein desto furchtbareres Gericht erleben, weil sie ihn nicht angenommen[735]. Ähnlich werde das Geschick anderer Städte, ja der Völker sich an ihm entscheiden[736]. Und so werde er zur Rechten Gottes stehen als der Welten-Richter. „Wenn der Menschensohn kommt in seinem Glanz und alle Engel mit ihm, dann wird er auf seinem glänzenden Throne sitzen, und alle Völker werden vor ihm versammelt werden, und er wird sie voneinander scheiden, wie der Hirt die Schafe von den Böcken scheidet", und für das Gericht wird maßgebend sein der Menschen, wenn auch unbewußtes, Verhalten zu ihm[737]. Hier redet ein mehr als königliches Selbstgefühl, und unumwunden hat er sich öfter als König bezeichnet[738].

Das Himmelreich erscheint mit ihm; nicht mehr nebelhaft fern, sondern, in seiner Person ahnungsvoll gegenwärtig, wird es bald vor aller Augen als sein Reich herrlich offenbar[739]. Er ist der Gesalbte und Gesandte Gottes, der Geschäftsträger und Bevollmächtigte, dem alle Dinge übergeben sind und der alles hinausführen muß. Wo er ist, da ist das Reich Gottes, ja Gott selbst. Sein Wort ist Gottes Wort, seine Hilfe Gottes Hilfe[740]. Die Freunde, die sich ihm angeschlos-

---

[733] Mt 11 11 ff 17 10 ff.
[734] Lk 12 52 4 19 ff Joh 1 51 Mt 23 37 ff 16, 18.
[735] Mt 11 23 f 4 13 9 1.
[736] Lk 13 34 f 20 22 ff 10 10 ff Mt 25 31 ff.
[737] Mt 25 40 10 32. 40 ff 7 22 16 27 Joh 5 22 (Apg 10 42 17 31).
[738] Mt 25 34. 40 vgl 21 5 27 11. 29. 37. 42 Mk 15 2 Lk 19 12. 27. 38 Joh 18 37 1 50 12 13. 15 19 3 12 ff 21.
[739] Mt 12 28 13 11. 41 16 19. 28 20 21 25 Lk 21 31 22 29 f 23 42 Joh 18 36.
[740] Lk 4 18 ff 8 21 11 28 Mt 11 26 f 28 18 10 40.

sen, sind Gottes Auserwählte, das Vertrauen, das man ihm erweist, ist Glauben an Gott, die Lebensgemeinschaft mit ihm ist Gottesgemeinschaft[741]. Er ist der Sohn Gottes. Freudig erleidet er für dies von ihm beschworene Bekenntnis den Tod[742]; aber auch seine außergewöhnliche Lebenshaltung entsprach dieser einzigartigen Stellung. Mitten in der Welt sonderte er von aller Welt sich ab, geselliger Natur, trat er doch völlig außerhalb der Gesellschaft; er löste die menschlich ihn umschließenden Kreise der Heimat, Familie, Arbeit, um nur als Gast und Fremdling dort wieder zu erscheinen, ließ sich auf seinem Wege bewirten, salben, feiern, als verstehe sich das von selbst, aber teilte auch nach allen Seiten wunderbare Kräfte aus und ging in seinen Leistungen weit über das menschliche Maß hinaus[743]. Alles dies zeigt, daß er nicht bloß einer von vielen Gottesboten, sondern der Gesandte, der Sohn sein wollte, auf den alle früheren hinweisen, über den nichts hinausgeht als nur Gott selber[744].

Wer kann sich wundern, daß den orthodoxen Juden dies Gebaren höchst anstößig war und daß sie ihn schließlich wegen Gotteslästerung verurteilten! Die Art, wie er von seinem Vater redete, empörte sie und klang ihnen wie ein Sichgottgleichstellen. „Wegen eines guten Werkes steinigen wir dich nicht, sondern wegen Lästerung, und weil du, der du ein Mensch bist, dich zu Gott machst[745]." Seine kühnen, z. T. mißverstandenen Behauptungen wiesen sie als Größenwahn

---

[741] Lk 12 32 22 28 ff 7 50 17 5. 19 Mk 2 5 5 34. 36 9 23 10 52 4 40 Mt 8 10 9 28 15 28 18 6 Joh 14 1.
[742] Mk 1 11 13 32 14 61 Lk 2 49 4 3. 9 vgl 1 Mos 6 2 Hiob 38 7 2 Mos 4 22 Jer 31 9 Hos 11 1 2 Sa 7 14 Ps 2 7. 12 89 27 Mt 5 9. 45 Joh 1 12 11 52 1 Joh 3. 5 2.
[743] Kap 6–11.
[744] Lk 20 13 (Mt 17 26 16 18) Mt 23 37 vgl Jes 31 5 Lk 10 21 f Mt 23 8 ff.
[745] Joh 10 33.

zurück. „Sechsundvierzig Jahre hat man an diesem Tempel gebaut, und du willst ihn in drei Tagen herstellen[746]?" Im vierten Evangelium erscheint das Selbstbewußtsein Jesu am schärfsten ausgeprägt[747]. Als er ans Holz genagelt zwischen Himmel und Erde hing, da weideten sich die Juden besonders an dem Gedanken, daß nun sein Rühmen zunichte geworden und seine eigene Ohnmacht alle seine früheren Behauptungen widerlege[748].

Die Zuschiebung des Größenwahns, und zwar in psychopathischem Sinne, ist in neuerer Zeit von medizinischer Seite wieder aufgenommen worden. Anknüpfend an Renan, hat der Psychiater Jules Soury in Paris in seinem Essay *„Jésus et la religion d'Israel"* den Stifter unserer Religion als *„aliéné et halluciné"*, als hysterisch und exaltiert, nervenleidend und gehirnkrank darzustellen versucht. Der „Messianismus" habe zu jener Zeit in der Luft gelegen und eine Reihe von Messiassen erzeugt. Die religiöse Bewegung, Schwärmerei und Überspanntheit, durch so abnorme Erscheinungen wie Johannes der Täufer und andere genährt, habe gleich einer Krankheit um sich gegriffen und in der strenggläubigen, altjüdischen Familie des Joseph in Nazareth einen günstigen Boden gefunden. Von diesem Feuer früh entzündet, sei Jesus teils durch seine gesundheitsschädliche Aszese, teils durch seine überraschenden Erfolge immer weiter getrieben worden. Sein Gemüt sei mehr und mehr entgleist, sein Selbstbewußtsein ins Maßlose gesteigert, kurz, er gewähre zuletzt das Bild eines völlig aus dem Gleichgewicht gebrachten Geistes.

Wir werden auf diese unhaltbare Ansicht in einem der Schlußkapitel zurückkommen. Sie kann uns immerhin die Erkenntnis sichern helfen, daß die seit alters beliebte Alternative: Jesus ist entweder genau der, wofür er sich selbst erklärte, in dem dogmatisch festumgrenzten Sinne, oder der

---

[746] Joh 2 20.
[747] Z. B. 3 13 5 20 ff 6 35 ff 8 56. 12 11 25 f 14 6 15 1.
[748] Mt 26 61 27 40. 42 f. 47. 49.

todeswürdigste Gotteslästerer und Betrüger – daß dies Entweder-Oder falsch ist. Zwischen diesen beiden Polen liegen noch mancherlei psychologische Möglichkeiten.

Bedeutende Menschen müssen mit großer Energie und starkem Selbstbewußtsein ausgerüstet sein, um ihre Gabe wie Aufgabe zu erkennen und zu erfüllen. Es gibt keinen bedeutenden Menschen, der nicht wüßte, wie sehr er sich von andern unterscheidet. Der kühne Matterhornbesteiger blickt mit jedem Höherschritt auf zahlreiche niedere Berge und Hügel hinab, sie erscheinen ihm immer flacher und tiefer, bis er schließlich, mit unendlich erhabenem Empfinden, aus einsamer Höhe anlangt. Je genialer der Mensch, desto stolzer bewußt. Genialität ist zugleich die schwerste Aufgabe und das seligste Hochgefühl, das dem Menschen beschieden.

Für die Frage nun des Selbstbewußtseins Jesu erheischen vier auffallende Tatsachen sorgsamste Beachtung.

Erstens. Sehr merkwürdig ist die Neigung Jesu, von sich in der dritten Person zu sprechen. *„Der Menschensohn* hat nicht, wo er sein Haupt hinlege": mehr als achtzigmal kehrt diese seine Selbstbezeichnung in den Evangelien wieder. Niemand sonst hat diesen Namen von sich oder von ihm gebraucht. Zahllose Abhandlungen beschäftigen sich mit dem Rätsel dieses Namens. Offenbar hat Jesus damit den Leuten ein Rätsel aufgeben wollen, und gespannt fragte er gegen den Schluß seines Wirkens, wie sie es gelöst: „Wer sagen die Leute, daß der Menschen-sohn sei[749]?"

Zweitens. Jesus drängt seine Ansprüche den Leuten nirgends auf. Er scheut für seine Person die Öffentlichkeit, die Werbetrommel, die Titel[750]. Die Selbstaussage: „Ich bin der Sohn Gottes", kommt so nackt nicht vor. Und wenn seine Schüler oder sonst Geheilte zu einer neuen Erkenntnis seiner

---

[749] Mt 16 13. 27 20 28 13 37 17 12 8 20 11 19 17 12 12 40 26 24 12 32 Mk 2 10. 28 Lk 19 10 usw vgl Ps 8! Mt 21 16 1 Kor 15 27 Offb 1 13 14 14 Dan 7 13 ff Apg 7 55 Lk 22 69.
[750] Mk 8 30 Kap 16.

Person gelangt waren, so verbot er ihnen, es weiter zu sagen. Erst am Ende seiner Laufbahn hat er diese Zurückhaltung abgelegt und das Volk zur Entscheidung, zur gläubigen Anerkennung seiner höheren Würde gedrängt.

Drittens. Er hat die Menschen durch seine Person nicht von Gott ablenken, sondern zu Gott hinlenken, hat nicht an die Stelle Gottes treten, sondern eine Brücke zu Gott schlagen wollen. Glauben an seine Person verlangte er, damit Gott Glauben finde, und der Unglaube der Mitwelt schmerzte ihn, weil sie Gottes Wirken nicht anerkannten. Glauben suchte er, Bewunderung stieß er fort, ja, er unterdrückte sie gewaltsam, weil sie seine Person ungebührlich erhob und dem Menschen räucherte statt Gott. Der Bewunderer entfernt sich von Gott, statt sich ihm zu nähern; er erhöht den Bewunderten, und er erhöht sich selbst, indem er großartig Bewunderung zollt und Lob spendet, statt, bußfertig und hilfsbedürftig unter Gott sich beugend, diesem allein die Ehre zu geben. Deshalb ist auch die moderne Bewunderung Jesu als eines Helden, dieser bloße Genie- oder Heroenkult, etwas von Religion und Glauben Grundverschiedenes, der Absicht Jesu Fremdes. Die Evangelien sind keine Lobreden auf ihn. Aus dem Glauben an ihn geboren, wollen sie Glauben an ihn erzeugen. Hätte Jesus sich bewundern lassen, wohlan – so wäre er ein Betrüger und Gotteslästerer gewesen. Er dankt Gott, daß die Weisen und Klugen ihm ferne stehen und daß die Einfältigen durch ihn zu Gott kommen, die „Kleinen", wie er gerne sagt. Am Kinde veranschaulicht er den Glauben, am Kinde, das sich in den Arm nehmen, sich leiten, sich helfen läßt[751]. Er verlangt für sich Anerkennung, Vertrauen, Glauben, um erfolgreich helfen und Gottes Absichten ausführen zu können[752].

Im gleichen Sinne und ohne Selbstüberhebung verlangte das Hirtenmädchen von Orleans für sich Glauben; erst nach-

---

[751] Mt 18,1 19,14.
[752] Mk 1,15 2,5 4,40 5,36 6,5 f 9,23 Mt 8,10 9,22.28.

dem sie den König von ihrer wunderbaren Sendung überzeugt hatte, konnte sie zur rettenden Tat schreiten.

Die Forderung des Glaubens, die Jesus stellte, hatte zur Kehrseite die Verwerfung, der er sich aussetzte. Wie der Pöbel vor den Fenstern des Gesandten die Gefühle ausläßt, die er gegen den Herrscher hegt, so erfuhr Jesus an seinem Leibe die Gesinnung der Menschen gegen Gott.

Vermöge seiner einzigartigen Gottinnigkeit Gottes Sache ganz zu der seinen machend, zog er sich einerseits den Schein der Anmaßung und Gotteslästerung, den Haß und die Verfolgung zu, die seiner Bahn einen so frühen und jähen Abschluß bereiteten, anderseits legte er den Grund zu der göttlichen Verehrung, die seitdem seinem Namen in der Völkerwelt zuteil werden und mit der seine Kirche bald das Judentum wie das Griechentum siegreich überflügeln sollte.

Viertens. Durch seine höhere Erleuchtung und Gotteserkenntnis fühlte sich Jesus allerdings zu einer Führerstellung den Menschen gegenüber berufen, aber nicht, um für sich irdischen Glanz und persönliche Vorteile, sondern um der Menschheit die höchsten Güter zu erringen, die sich ihm in das Wort „Himmelreich" zusammenfaßten: die gleiche Gemeinschaft mit Gott, in der er stand, die gleiche Freiheit vom Bösen, die er besaß, samt einer völligen Neugestaltung aller Verhältnisse. Der Weg zu diesem Ziele war für ihn durch ein armes Leben des Dienens, war durch Dornenkrone und Kreuz bezeichnet. „Der Menschensohn ist nicht gekommen, um bedient zu werden, sondern zu dienen und sein Leben zu lassen als Lösegeld für viele[753]." Die landläufige, krankhaft sinnliche, politische Messiasvorstellung hat er in aller Stille völlig umgewandelt und sich aus den prophetischen Stellen gerade diejenigen gemerkt, die ihn auf den Leidensweg wiesen[754].

---

[753] Mt 20 28.
[754] Mt 16 21 26 24. 31 Lk 24 26 ff. 44 ff 9 30 ff Kap 15.

Diese Schriftstellen hatte vor ihm kaum jemand auf den Messias bezogen. Daß ihr Messias sterben oder gar am Fluchholz hängen müsse, war für die Juden „ein Ärgernis", ein unvollziehbarer Gedanke[755]. Ihr Ersehnter sollte in der Wüste warten, bis Gott ihn auf seinen Thron erhöbe. Jesus wartete nicht in der Wüste, sondern trat hervor, um der Not des Volkes sich helfend anzunehmen; er ist „umhergegangen und hat wohlgetan[756]". Durch unendliche Entsagung, Selbsterniedrigung und schmachvollen Tod hat er Gottes Sache fördern, sein Reich anbahnen wollen. Er hat gerungen mit den überkommenen Träumen eines israelitischen Königs[757]. Das war der innerste und heißeste Kampf mit Fleisch und Blut, den er geführt. Das war die Reinigung seines Selbstbewußtseins, die er durchgemacht. Hier wird sich eine Entwicklung, Verinnerlichung, Begeistigung nachweisen lassen[758].

Nicht aber scheint sich seine Überzeugung über seinen eigentlichen Beruf, sein letztes Ziel, seinen göttlichen Auftrag geändert zu haben während seiner so kurzen öffentlichen Wirksamkeit. Er trat auf mit dem Gedanken, das Reich Gottes nicht bloß zu verkündigen wie Johannes und andere, sondern es in seiner Person als der göttliche Würden- und Bürdenträger zu verwirklichen. Mit unerschütterlicher Gewißheit stand er vom ersten Tage seines Hervortretens ab, durch Versuchungen, Enttäuschungen, Erniedrigungen hindurch, fest in dem Glauben: Ich bin's – das göttliche Werkzeug, die abschließende Offenbarung, der Messias, der Sohn.

Wie die Entstehung und Ausbildung dieses Selbstbewußtseins seelisch vermittelt gewesen, das läßt sich etwa folgendermaßen denken[759]. Jesus war Davidide und der Erstgebo-

---

[755] 1 Kor 1 23 Röm 9 32 Mt 11 6 26 31.
[756] Apg 10 38.
[757] Joh 6 15 vgl 18 36 f.
[758] Mt 16 21. 23 20 22 5 5 8 12 19 28 f Lk 19 11 ff.
[759] Mt 9 27 15 22 12 23 20 30 21 9 f Apg 2 22. 30 f 3 6 10 38 13 23 Röm 1 3 Lk 3 23 ff (Mt 1 2 ff).

rene seines Hauses. Die politische und moralische Not seines Volkes war auf das Äußerste gestiegen. Alles rief nach einem nationalen Führer und gottgesandten Erretter. Da erwachte in Jesus in einzigartiger Reinheit und Stärke jener wunderbare Genius, jener übermenschliche Blick in das Innere der Natur, in das Verborgene der Herzen, in die Geheimnisse der Kräfte, in die Gesetze des Lebens, in die Tiefen der Gottheit, kurz, jene außerordentliche Geistesanlage, die ihm verliehen war[760]. In dieser Gabe lag für ihn eine mit Gewalt hinausdrängende, großartige Aufgabe. Gabe und Aufgabe wurden ihm nicht durch grübelndes Überlegen allmählich klar, sondern stoßweise durch unmittelbares Empfinden und Schauen. Es erging wie ein himmlischer Befehl an ihn. Es erschien wie ein göttliches Geschenk an die Menschheit; die Zeit war gekommen für den von Daniel geschauten[761] „Menschensohn", richtiger „Menschen". Jesus kann und soll das Urbild des Menschen, nach Gottes Bilde[762] und zu Gottes Wohlgefallen[763], verwirklichen, und dann wird er als der Verheißene in den Wolken des Himmels kommen[764].

Dieser in ihm zum Bewußtsein erwachte und zur Vollendung gelangende, in Wahrheit übermenschliche „Mensch" war für ihn selbst zum Staunen, wie eine fremde Person, der Gegenstand seines Nachdenkens, seiner Verkündigung. In einzelnen Gesichten[765] verkörperte sich das innere Erleben; was vorher nur gehofft oder ahnungsweise empfunden worden war, verdichtete sich zur unumstößlichen Gewißheit. In den äußern Erfolgen, besonders den Heilwirkungen, lag die Bestätigung des göttlichen Berufs vor aller Augen. „Bist du

---

[760] Kap 18 5.8.
[761] Dan 7 13 ff.
[762] 1 Mos 1 27 Eph 4 24.
[763] Mk 1 11 9 7.
[764] Kap 21.
[765] Mk 1 10 ff 9 2 ff Lk 4 3 ff 10 18.21.

der Verheißene, oder sollen wir auf einen andern warten?" so fragte der schwergeprüfte Johannes aus dem Gefängnis. In jener Stunde, erzählt Lukas, heilte Jesus gerade viele von Krankheiten, Plagen, bösen Geistern und schenkte vielen Blinden das Augenlicht. Er erwiderte den Boten des Zweifelnden: „Geht und berichtet dem Johannes, was ihr seht und hört: Blinde werden sehend, und Lahme können gehen, Aussätzige werden rein, und Taube können hören, Tote stehen auf, und Arme empfangen die frohe Botschaft. Und selig ist, wer an mir nicht Anstoß nimmt[766]."

Das Selbstbewußtsein Jesu war eine fortgesetzte Glaubenstat, je greller es mit der äußern Erscheinung in Widerspruch trat, zumal als der „Kommende" gebunden vor dem Hohenpriester, geschmäht und verspien vor dem Machthaber stand und zwischen zwei Übeltätern am Kreuze hing. Die eigentliche Anfechtung im letzten Leiden war die gleiche wie in früheren Kämpfen: Die Frage, bist du's oder bist du's nicht[767]? Sollte nicht auch des Pilatus Wort ihm ein Stich gewesen sein: „Sieh da, *der Mensch*[768]!"? Jesus blieb fest in seinem Glauben an sich selbst, weil dieser in seinem Glauben an Gott wurzelte.

Und daß er seine Person gar zum Gegenstand seiner Predigt machte, daß er durch eigens von ihm bestellte Boten und durch alle seine Jünger seinen Namen ins Volk hinaus predigen ließ[769], das war ihm Pflicht. Nichts von Ruhmsucht und Eitelkeit – es war der Drang des Arztes, der ein unübertreffliches Heilmittel besitzt: preist es allen, kommet her zu mir. Es war der Eifer des Gesetzgebers, der im Gefühl der durchschlagenden Wahrheit seiner Sätze eine zwingende Macht für sich in Anspruch nimmt. Es war die Sicherheit und Selig-

---

[766] Mt 11 2 Lk 7 18. 21.
[767] Mt 4 3. 6 27 40. 42 f 26 63 f. 72. 74 27 11 f Mk 14 62 Joh 18 5. 17. 33. 37 19 14. 21.
[768] Joh 19 5.
[769] Kap 9.

keit eines reichen Wohltäters, der ungezählte Millionen an Arme auszuteilen hat und ein Gefühl der Erschöpfung weder kennt noch fürchtet. Es war der Ruf des Führers, der in der Bergeswildnis den rechten Weg gefunden, festen Stand gewonnen hat und der nun den Irrenden, Zagenden, Gleitenden die Hand entgegenstreckt: Mir nach! Verlaßt euch auf mich! Ich habe den Weg und das Ziel und die Kraft.

Das Selbstbewußtsein Jesu ist nicht zu verstehen ohne den Glauben an das Göttliche im Menschen und über dem Menschen, das durch Einzelne die Gesamtheit segnet, leitet, befruchtet. Einzelne Männer finden sich zu Trägern großer Menschheitsgedanken ausersehen – und damit ebenso hoch erhoben als schwer belastet. Vor ihrem Geiste steht es wie ein flammender nationaler Ruf, oder wie ein mächtiger künstlerischer Drang, oder, wenn es sich um rein sittliche Güter handelt, wie ein unmittelbarer göttlicher Befehl. Es ist in allen Fällen dieselbe Erscheinung: Eine besondere Gabe, welche unter den besonderen Umständen zu einer besonderen Aufgabe wird. Mit der höheren Gabe muß das Selbstbewußtsein wachsen als notwendiges Gegengewicht gegen den Druck der lastenden Aufgabe. Der Träger würde die sich türmenden Schwierigkeiten, zumal die Widerwärtigkeiten seitens der Menschen, nicht durchbrechen ohne die immer neue Schwungkraft eines sieghaft gläubigen, gebieterischen Selbstbewußtseins.

20. Kapitel

Demut

Das erstaunliche Selbstbewußtsein Jesu verhält sich zu seiner nicht minder großen Demut ähnlich wie die Ungeduld zu der Geduld in seinem Charakter. Solche Höhen und Tiefen finden sich in starken Gemütern häufig beieinander. Es sind keine sich ausschließenden Gegensätze, aber Kontraste, die dem Charakter seine scharfe Prägung geben, und denen die Betrachtung sorgsam prüfend gerecht werden muß. Am Selbstbewußtsein Jesu hat sich das Judentum gestoßen, an seiner Demut das Christentum. Doch ist eines in diesem Charakter so notwendig wie das andere.

Demut atmen zunächst die einfachen Frömmigkeitsübungen Jesu, die von den Quellen erwähnt werden[770]. Wenn er vor der Mahlzeit mit emporgerichtetem Antlitz danksagte[771], wenn er nach dem Passahmahl den üblichen Psalm sprach[772], wenn er den Sabbat-Gottesdienst der Synagoge besuchte[773], wenn er die hohen Feste in Jerusalem mitfeierte[774], wenn er Geheilte ihre Gaben im Tempel darbringen hieß[775], so waren ihm das nicht bloß heilige Gewohnheiten, die er um der andern willen noch fest-hielt, sondern Herzensanliegen, unveräußerliche Bestand-teile seines Lebens. Wenn er Stunden, ja ganze Nächte im Gebete zubrachte, wenn er, von seinen Gefühlen überwältigt, vor allen Umstehenden seine Rede zum Lobpreis und Dank gegen Gott erhob[776], oder einsam am Boden liegend in heftigem Flehen und Seufzen seinem angsterfüllten Herzen Luft machte[777], so war eine solche Beugung vor dem Höchsten sicherlich sein tiefstes seelisches Bedürfnis. Wenn er immer wieder auf die „Schrift" weist und ihr sein Leben, sein Wirken, sein Leiden unterstellt, so daß er im drohendsten Augenblick das Schwert des Petrus in die Scheide zurückstößt mit den Worten: „Meinst du, ich könnte nicht meinen Vater anrufen, daß er mir sogleich mehr als

---

[770] Kap 14.
[771] Mt 14 19 26 26 Lk 24 30 vgl Mk 7 34 Joh 11 41.
[772] Mk 14 26 Ps 113–118.
[773] Lk 4 16.
[774] Joh 2 13 5 10 7 10 usw Lk 13 34.
[775] Mk 1 44 Lk 17 14 vgl Mt 5 23.
[776] Mk 1 35 Lk 5 16 6 12 9 18. 28 10 21.
[777] Lk 22 40 ff Hebr 5 7 ff.

zwölf Legionen Engel sendete? Wie würde sich dann aber die Schrift erfüllen?" – welch eine Selbstbeschränkung und Unterwerfung unter den höheren Willen[778]! Wenn er freiwillig jenes Wanderleben erwählte, ohne Besitz und Behagen, ohne Haus und Familie, und jenes schmähliche, qualvolle Lebensende, so lag darin eine tiefe Selbsterniedrigung[779]. Wenn er die Salome, die für ihre Söhne um die Ehrenplätze in seinem kommenden Reiche bat, mit dem Geständnis zurückwies: „Die Plätze zu meiner Rechten und Linten habe ich nicht zu vergeben, Gott verleiht sie"; wenn er die Frage der Jünger nach dem „Wann" der letzten Dinge mit einem runden „Ich weiß es nicht" beantwortete, „über jenen Tag und die Stunde weiß niemand etwas, auch nicht die Engel des Himmels, auch nicht der Sohn, nur der Vater", so lag darin eine laute Anerkennung seiner Schranken[780]. Wenn er beharrlich das Lob der Menschen ablehnte, ja schroff bis zur Unhöflichkeit es zurückwies[781], so war das nicht Spiegelfechterei oder ehrgeizige Arglist, es war das mächtig emporquellende Gefühl des 115. Psalms: „Nicht uns, nicht uns, sondern Gott die Ehre! Die merkwürdigste Ablehnung aus seinem Munde war das Wort an den jungen Reichen: „Was nennst du mich gut! Niemand ist gut außer Gott allein[782]!"

Was hat man an dem Worte gedreht und gedeutet[783], statt diese Perle der Demut einfach in ihrem ganzen Werte leuchten zu lassen! Bekanntlich besitzen unsere indogermanischen Sprachen keine einfachen Steigerungsformen für

---

[778] Kap 15.
[779] Kap 17.
[780] Mk 10 40 13 32.
[781] Kap 16.
[782] Mk 10 18 f Lk 18 19.
[783] Schon Mt 19 16 f nach richtiger Lesart: „Meister, was muß ich Gutes tun…? – Was fragst du mich über das Gute? Einer ist der Gute."

die Wörter Gut und Böse. Gott ist der Gute, über ihn hinaus oder ihm gleich gibt es nichts. Mit seinem „Gott allein ist gut" stellt sich Jesus ganz zweifellos nicht an die Seite Gottes. „Wenn ihr, die ihr böse seid, euern Kindern Gutes spendet, wieviel mehr euer Vater im Himmel[784]!" Kein Grund zwingt zu der Annahme, Jesus habe sich hier von den Menschen ausgeschlossen. „Ihr" sagt er, der Kinderlose, wie in andern Gleichnissen und Sprüchen auch[785].

Das kirchliche Dogma von der unbedingten Sündlosigkeit Jesu und die damit zusammenhängenden Gedankenreihen sind menschliche Grübeleien, entflossen der unbegrenzten Verehrung, mit welcher die Gemeinde Jesu zu ihrem Stifter, zu ihrem Ideale aufschaut; sie ruhen aber nicht auf Worten Jesu, und die Möglichkeit des historischen Beweises bleibt für immer ausgeschlossen; von Jesu Kindheit und von seinem Jünglingsalter wissen wir ja nichts. Sündlos ist unendlich mehr als makellos. Wir können auf dem geschichtlichen Bildnis Jesu keinen Flecken aufzeigen. Wir können seine unter heißen Kämpfen erreichte sittliche Vollendung, jene herrliche Einheit und Reinheit des Wollens und Strebens nicht genug bewundern und erheben. Allein damit müssen wir uns zart zurücktretend bescheiden; tiefer werden unsere Augen nie dringen. „Wie könnt ihr über mein innerstes Verhältnis zu Gott und zum Guten urteilen?" so würde Jesus vielleicht jenen Dogmatikern entgegnen. Die Sünde wird nicht von irgendwelchen menschlichen Richtern, sondern lediglich vom eigenen Gewissen und an letzter Stelle von Gott allein gerichtet. Die Schuld vor Gott bemißt sich nicht nach äußeren Maßstäben, sondern nach dem ins Herz geschriebenen Gesetz[786]. Ob Jesus sich allezeit „ohne Sünde" wußte, wer darf es behaupten? Ob die seine Kompaßnadel,

---

[784] Mt 7 11.
[785] Lk 15 4 17 7 14 28 Mt 10 30.
[786] Röm 2 14 ff.

welche seinen göttlichen Kurs anzeigte, niemals schwankte, niemals leise zitterte, wer kann es wissen? Sicher ist, daß er mit starken Trieben und Leidenschaften zu kämpfen hatte bis zuletzt[787]. Er selber erzählt von seinen Versuchungen und dankt seinen Begleitern, daß sie bei ihm ausgeharrt haben in seinen Anfechtungen[788]. Nach der „Versuchung in der Wüste", schreibt Lukas[789], stand Satan von ihm ab „bis auf einen günstigen Zeitpunkt". Demütig stellt sich Jesus bei Johannes am Jordan ein zur „Taufe der Sündenvergebung[790]". Demütig opfert er an seinem letzten Lebenstag das Sühnopfer des Osterlammes und genießt es dankbar mit seinen Jüngern[791]. Diese beiden ihm so wichtigen Handlungen sind ganz gewiß nicht bewußter Schein oder bloße Formalität gewesen. Und jener aszetische Zug im Leben Jesu? Ist er nicht am einfachsten erklärt aus dem Gefühl des Abstandes zwischen Gott und Mensch, aus einem Ringen nach Vollkommenheit, aus geistigem Hungern und Dürsten?

Die Reue ist eine bittere, aber unendlich heilbringende Wurzel aus dem Garten des Paradieses. Etwas Göttliches nennt sie Paulus, die Traurigkeit über das, was wir gefehlt und was uns noch fehlt, das Eingestehen unserer Schwachheit und Verlangen nach Kraft. Diese Gefühle gehören zu den edelsten, deren die Menschenbrust fähig ist; sie sind die eigentlichen Überwindermächte, ohne die kein Fortschritt, keine Vollendung denkbar. Sollten sie Jesus fremd gewesen sein? Was bedeutet denn sein gewaltiger Ausspruch in der Gethsemanestunde: Der Geist ist willig, aber das Fleisch ist schwach? Wer konnte bei dem daliegenden Gelähmten das Sehnen nach göttlicher Aussöhnung am sichersten erkennen und am überzeugendsten sprechen: Sei getrost, mein Sohn,

---

[787] Lk 22 44 Mt 26 39 Hebr 5 7.
[788] Mt 4 1 ff Lk 22 28 Jak 1 13 Hebr 4 15 2 18 5 8 12 1 ff.
[789] Lk 4 13 vgl Lk 22 31 ff.
[790] Lk 22 7 f. 15. 17.
[791] Mk 1 9.

deine Sünden sind dir vergeben? Doch wohl, wer selber erfahren, wie eine vor-handen gewesene Spannung gehoben, wer selber die gött-liche Liebe als zudeckende Gnade empfunden und ergriffen. Aus solchem Erleben quoll sein tröstendes Evangelium.

Es versteht sich, daß entsprechend der innern Höhe und Reinheit Jesu auch seine Irrungen sich auf einer andern als der gewöhnlichen Linie bewegt haben. Wir denken nicht an Verfehlungen „mit erhobener Hand", wir ahnen zarteste innere Vorgänge. Das ungewöhnlich erleuchtete Gewissen Jesu wagte nicht zu trennen zwischen der eigenen Schuld und der Mitschuld seiner Eltern, seines Volkes, seiner Mitmenschen überhaupt. Verkehrte Gewohnheiten, von seiner Umgebung ihm anerzogen, mag er, wenn er sie ablegte, als Schuld empfunden haben. In früher Jugend angelernte Mißverständnisse des Gesetzes, von seinem Volk übernommene Mißdeutungen des göttlichen Willens wird er, ehe er sie abstreifte, als Verfehlungen gegen Gott betrachtet haben[792]. Die bloße Tatsache des Wachsens an Erkenntnis, die Beobachtung des Zunehmens an Kraft und heiligem Willen, hat ihm wahrscheinlich mehr das Zurücksein als das Fortschreiten ins Gemüt gerückt, ihn zeitweilig mehr erniedrigt als erhoben.

„Wehe mir, ich bin unreiner Lippen, von einem uns reinen Volke! Du allein bist heilig. Wasche mich, daß ich schneeweiß werde!" Solcher tieffrommen Gefühle braucht sich der Höchststehende, der Heiligste nicht zu schämen.

Die weltbewegende Neugeburt, die er in sich erlebte, jenes gewaltige „Stirb und werde", da der Christ an Stelle des Juden in ihm trat – konnte sich nicht ohne tiefe Scham über das entpuppte alte Wesen vollziehen. Ja Ekel davor zittert nach in seinen flammenden, öffentlich es verdammenden Worten[793].

---

[792] Kap 5.
[793] Mt 5 21 ff 6 1 ff. 24 ff 7 1 ff Lk 15 15 f.

Die biblischen Quellen, die uns über die Jugend Jesu, diese Zeit des Gärens und Schäumens, des Sturmes und Dranges im menschlichen Leben, jede Kunde vorenthalten, lassen doch das eine Wort fallen: er nahm zu an Weisheit und *Gnade bei Gott*[794]; und von dem Manne heißt es wieder, er habe Gehorsam und Mitgefühl *gelernt* in seinem Leiden[795]. Wie war ihm so bange, nach seinem eigenen Wort, bis die Leidenstaufe, diese letzte *Reinigung* an ihm vollzogen war[796]! Lebenslang fühlte er sich als ein Werdender, Kämpfender, durchaus nicht als ein Vollkommener; erst als er mit dem Ruf „es ist vollbracht!" sein mattes Haupt zum Tode senkte, da nahm die Ruhe der Vollendung den Thron seiner Seele ein. Seine schroffe Ablehnung des „Guter Meister" soll offenbar einer beginnenden falschen Verherrlichung vorbeugen, bei aller selbstbewußten Anerkennung dessen, was Gott ihm gegeben.

Übrigens war er gar nicht ein Mann fortgesetzter Selbstbespiegelung oder krankhafter Grübeleien über sein Innenleben. Er kannte sich selbst durch und durch, aber mehr instinktiv, intuitiv, als durch Betrachtung und Überlegung. Wie Goethe in den Sprüchen in Prosa sagt: „Wie kann man sich selbst kennen lernen? Durch Betrachten niemals, wohl aber durch Handeln. Versuche deine Pflicht zu tun, und du weißt gleich, was an dir ist." Eine so unendlich tätige Natur wie Jesus stand fortwährend im lebendigsten, unmittelbarsten Gefühl ihres Werts und ihres Unwerts – beides wogte schroff nebeneinander, eben dadurch sich ausgleichend und das Höchste erreichend.

Bei den meisten Menschen ist der Ehrtrieb, diese an sich berechtigte Abzweigung des Selbsterhaltungstriebes, nach der einen oder andern Seite hin entartet. Der *Ehrgeizige* Ruhmsüchtige setzt die persönliche Geltung vor der Mitwelt,

---

[794] Lk 2 52.
[795] Hebr 4 15 5, 8.
[796] Mt 20 22 Lk 12 50.

den Vorrang unter den Mitstrebenden über alles und betrachtet Macht, Einfluß, Herrschaft, Ruhm als sein höchstes Ziel. Der *Eitle*, Selbstgefällige, hinsichtlich seiner Schmeichler und Verehrer nicht wählerisch, stellt seine Verdienste und Vorzüge zur Schau, ohne sie auf ihre Herkunft noch auf ihren innern Wert zu prüfen. Eigenes und Fremdes, Großes und Kleines, Äußeres und Inneres, alles nützt er, um damit zu glänzen. Der Ehrgeizige will nicht sowohl glänzen als herrschen, nicht bloß bewundert, sondern hochgestellt sein. Edler als beide, strebt der *Stolze* danach, nicht etwas zu scheinen, sondern es zu sein. Er wählt sich hohe Ziele, sucht das Urteil der Besten und weicht der Menge aus. So sehr ihn Beifall und Erfolg beglückt, so genügt ihm zum unverdrossenen Weiterwirken schon das Bewußtsein redlichen Strebens und die Hoffnung auf künftigen, von ihm selbst vielleicht nicht mehr zu erlebenden Sieg. Ohne Frage wohnte in Jesus ein gut Teil solchen edlen Stolzes; keine Spur aber jenes Hochmuts, der, sich selber überschätzend, die Menschen verachtet und Gottes nicht bedarf. Die rechte Mitte zwischen Hochmut und dem die eignen Kräfte unterschätzenden Kleinmut, zwischen gewalttätigem Übermut und verzweifelnder Schwermut hält ein gesundes *Selbstgefühl*. Wer da will, was er kann, der überwindet ein Hindernis nach dem andern und strebt doch nach immer Größerem, bei allem Selbstvertrauen schwerlich mit sich selbst zufrieden. Es ist ihm kein Trost, diesen und jenen zu überholen. Er blickt nicht auf den Lohn, er schrickt nicht vor der Last. Er sieht sein Ziel vor sich, seinen Maßstab in sich, seinen Richter über sich. Es wächst der Mensch mit seinen größern Zwecken, und was sein Glaube erst nur fern geschaut, sein Wille kühn erstrebt, das wird ihm zuletzt reichlich zuteil. Die Demut gibt jedem die ihm gebührende Ehre, beugt sich vor dem Höchsten und anerkennt die eigenen Schwächen und Schranken. Ihre Zwillingsschwester heißt *Freimut*. Wo Demut, da Freimut. „Der demütig Freimütige, sagt Friedrich Paulsen, beugt sich vor dem wahrhaft Ehrwürdigen, auch wenn es in Knechtsgestalt einhergeht, und verweigert dem bloß äußerlich Mächtigen, was dem Verehrungswürdigen allein gebührt. Es ist ihm ein Stolz, sich zu denen zu bekennen, die um des Rechts und der Wahrheit willen geschändet werden."

Die demütige Beugung vor Gott, „dem Herrn des Himmels und der Erde"[797], gab Jesu jenen ruhigen Freimut vor den Menschen[798] und berechtigte ihn zu dem kühnen Selbstbewußtsein, das ihn beseelte. „Wer sich selbst erniedrigt, der wird erhöht werden; wer sich selbst erhöht, der wird erniedrigt werden", das war eines seiner Lieblingsworte[799].

Jesus war in seinem jungen Leben durch den gewaltigsten Bruch mit der Vergangenheit hindurchgegangen; er hatte den Löwen Juda in sich überwunden, den Juden, der er war, mit Füßen getreten und von sich gestoßen, das Judentum verurteilt und hingerichtet und hatte dem Lamme, dem Christus, dem Christentum bei sich Raum geschafft. Ob dieser Bruch sich langsam, allmählich, „in stillem sanften Sausen" oder ob er sich stürmisch, in gewitterhaften Bußkämpfen und blitzartig durchgreifender Belehrung vollzogen – wir wissen es nicht. Bei seinem Auftreten gewinnen wir das Bild eines, der überwunden hat, aber nicht eines bloß Geretteten, immer noch von den Wogen Kranken, vielmehr eines auf dem Felsen Stehenden, die Welt sieghaft Überschauenden.

„Sein Gottesglaube, bemerkt Heinrich Holtzmann, ist nicht, wie bei so vielen in seiner Nachfolge, aus den Stürmen der Verzweiflung geboren; er ruht als Sonnenschein auf weiter und stiller See." Was er vom reinen Herzen sagt, paßt zuerst auf ihn selbst. Die Menschen, die ihn belauerten und befeindeten, seine Ankläger und Richter suchten in seinem Charakter vergeblich nach einer Handhabe, sie „fanden keine Schuld an ihm[800]". Seine Jünger, die ihn in innigster Lebens-

---

[797] Mt 11 25 5 35 27 46 Joh 20 17 14 28 10 29.
[798] Mt 22 16.
[799] Lk 14 11 18 14 Mt 23 12 Hiob 22 29.
[800] Mt 26 60 27 24.

gemeinschaft Tag und Nacht beobachteten, haben den hehrsten Eindruck behalten, selbst ein Judas gestand, daß er unschuldig Blut verraten habe[801]. Kühnlich darf Jesus im vierten Evangelium seine Gegner herausfordern: „Wer von euch kann mich einer Sünde, einer Unwahrheit zeihen[802]?" Er weiß seinen Schild vor Menschen blank. Noch auf dem Wege zur Hinrichtung bezeichnet er sich als das grüne Holz im Unterschied von der Fäulnis seines Geschlechts[803]. Das hindert aber nicht, daß er sich in seinem Herzen weit vom Ziele und tief unter Gott fühlte. Er hatte keinen Gefallen an sich selber[804], er ruhte nie aus auf der erreichten Stufe, er strebte unaufhaltsam vorwärts, aufwärts. Hinsichtlich seiner Mängel fand sein übermächtiger Glaube die unmittelbare Zuflucht zur Liebe des Vaters. „Ich und der Vater sind eins!" das war das siegende, beherrschende, bleibende Bewußtsein, die fortwährende Quelle seiner Freude wie seiner Offenbarungen und Krafttaten[805]. Ohne dies Bewußtsein wäre er durch die Last der ihn umringenden Feindschaft und Verachtung innerlich zermalmt worden, wie unser Leib durch das Gewicht der umgebenden Luft zerquetscht würde ohne die ihn erfüllende, widerstehende Luft. Die immer neu im Glauben errungene und festgehaltene Einigung mit Gott war in gleicher Weise der Herzpunkt seiner Demut, seines Selbstgefühls und der ihm entströmenden Religion.

---

[801] Mt 27 4.
[802] Joh 8 46.
[803] Lk 23 31.
[804] Röm 15 3.
[805] Joh 10 30.

21. Kapitel

Hoffnungsfreudigkeit

Auf einer Forschungsreise in Island, erzählt Professor Baring Gould, habe er zu Pferde einen der breiten und reißenden Ströme durchschwimmen müssen, die sich aus dem Innern der Insel dem Meere zuwälzen. Während das tapfere Tier mit den schäumenden Wogen kämpfte, wirkten die wilden Strudel so verwirrend auf das Gehirn des Reiters, daß er, in seinem Sattel von argem Schwindel ergriffen, in die größte Gefahr kam, vom Pferde zu gleiten und in dem reißenden Strom zu verschwinden. Allein der sich umblickende Führer erkannte sofort den Zustand des Gelehrten und rief ihm mit lauter Stimme zu: „Fassen Sie fest das Ufer ins Auge! Dort den Felsen!" Gehorsam den Blick von den Strudeln hinweg auf das feste Land gerichtet, erreichte Gould bald danach glücklich das jenseitige Ufer. – So bedarf der Sterbliche in den Wogen des Lebens eines festen Punktes am jenseitigen Ufer, um die Besinnung zu behalten und sich durchzukämpfen. Er nennt ihn sein Ideal, sein Lebensziel, seine Hoffnung.

An dem Ideale eines Menschen oder eines ganzen Volkes bemißt sich seine sittliche Höhe. Zerrinnt auch zuletzt das hehre Bild, bevor es erreicht worden, so hat es doch, hebend, bewahrend, mächtig emporziehend, seinen Dienst getan.

Das große Ideal Jesu, das erhabene Ziel seines Lebens und Strebens, seines Schauens und Hoffens, das Thema seiner Predigten, der Gegenstand seiner Gleichnisse, der feste Punkt in seinem Wirken und in seinem Leiden war das Reich Gottes. Ihm opferte er die Blüte seines Lebens, die Fülle seiner Kraft, die Gesamtheit dessen, was ihm die Welt bieten wollte. Mit allen Fasern seines Gemüts streckte er sich nach dieser Hoffnung aus und gab sich mit unentwegter, ja durch alle Widerwärtigkeiten nur gesteigerter Freudigkeit ihr hin. Wie hat sich Jesus das Reich Gottes gedacht? Was schloß dieser Begriff für ihn ein? Woher hat er seine Hoffnung, was ist sie ihm unter den Händen geworden, und was ist für uns davon geblieben?

Die „Königsherrschaft Gottes" oder das Himmelreich ist für Jesus etwas durchaus Jenseitiges, Himmlisches, Göttliches. Als etwas ganz Neues, Hohes, Herrliches, Übermenschliches bricht es herein[806]. Das Alte wird vorher untergehen. Jerusalem muß zerstört, diese Erde vernichtet werden. Die Sonne wird verlöschen und die Sterne vom Himmel fallen, ein vollständiger Zusammenbruch der alten Welt wird allen Jammer, alles Leid für immer begraben[807]. Und auf den Trümmern des Alten wird dann vom Himmel her das Neue geboren. Das Zeichen des Menschensohnes erscheint, er selbst kommt daher in den Wolken. Die Posaune schallt, die Toten erstehen, Gericht wird gehalten, ein jeder empfängt den Lohn seines Lebens[808]. Die Erdenzeit ist die Aussaat, das Himmelreich die Ernte. Alles hier ist nur Vorbereitung, Übung, Probe, Schule, dort folgt die Anwendung, die Fülle, der Genuß, die Vollendung. Jetzt ein kurzes Sammeln, Trauern, Dürsten, Streben, Warten, Sichsehnen, dann ein ewiges Besitzen, Sichfreuen, Schauen, Sattwerden[809].

Das Himmelreich, diese jenseits der Zeit sich auftürmende Ewigkeit, bringt die Erneuerung des Daseins, die Wiedergeburt der ganzen Welt, die Umkehr aller Verhältnisse: Glück statt Unglück, Reichtum statt Armut, Jubel statt Verfolgung, Daheimsein statt Heimweh, Gemeinschaft statt Verlassenheit. Der Gipfel ist der selige Vollbesitz Gottes, Gott schauen, sein Kind heißen, seine ununterbrochene Nähe genießen, seine unaussprechliche Barmherzigkeit erfahren. Das Reich Gottes ist das ewige Leben im Vaterhause, in verklärtem Leibe, in fleckenloser Reinheit; die Wiederher-

---

[806] Mt 4 17 Lk 18 30.
[807] Mt 24 Lk 17. 21.
[808] Mt 24 27 ff 5 22 8 11 13 43 Lk 22 30.
[809] Mt 5 3–12 13 37 ff. 44. 45. 47 ff 25.

stellung des verlorenen Paradieses, die volle Beseligung des aus Unruhe und Kampf zu Ruhe und Frieden gelangten Menschen, die herrliche Vereinigung auch der hienieden durch ihre Lasten und Kasten vielfach getrennten Menschen[810].

Was für eine lichte Welt tut sich hier vor unsern blöden Augen auf, würdig des größten Dichters! Wer seine Seele an solchen Bildern nährte und spornte, der muß ein ganz idealer Mensch gewesen sein, der hat den Sinn des Lebens erfaßt. Wunderbar verklärt wird die kurze Spanne des armen Erdendaseins durch solche Vision des Reiches Gottes. Jesus schaut für sich und zeigt der Menschheit „einen fernen göttlichen Ausgang, dem sich die ganze Schöpfung entgegenbewegt". Mögen die gegenwärtigen Verhältnisse noch so verworren und unerquicklich sein – es winkt wie ein Licht die himmlische Ruhe, die Lösung aller Knoten, die planvolle Ausmündung alles Irdischen in ewige, unendlich befriedigende Harmonie. Und so schreckt auch als Ziel des Einzellebens nicht mehr die finstere Nacht des Grabes, sondern es lockt der ewighelle Tag der vollen Gemeinschaft mit Gott und mit den vorangegangenen Seligen.

Jesus hat seine Zukunftshoffnung teils überkommen, teils selbst gebildet; aus der Schrift und aus dem Sinnen der Besten seines Volks hat er die Ideen gewonnen, durch sein eigenes Erleben sie fort und fort geläutert. Insbesondere hat er sie befreit von der politischen Erwartung, die bei den Juden voranstand[811]. Er hat sie befreit von der Sinnlichkeit, die in morgenländischen Phantasien sich so breit macht[812]. Man vergleiche nur das Paradies des Koran. Das Himmelreich Jesu ist etwas durchaus Reines, Heiliges, Geistliches, Erhabenes. Nicht mehr das verzehrende und schließlich doch oerglühende Feuer von Lust und Leidenschaft. Nicht

---

[810] Lk 15. 14 15 ff 16 19 ff 23 43 Mt 22 30 19 28 f.
[811] Mt 4 8 f 12 26 ff Mk 12 17 Lk 10 18 f Joh 6 15 18 36.
[812] Mt 22 30 Kap 7.

wieder die nationale oder irgendeine andere irdische Beschränktheit, sondern ein weiter Raum und ein tiefer Friede im Lichte Gottes.

Einzelne phantastische Züge sind geblieben, so das Kommen des Menschensohns in den Wolken, die Posaune, das Auferstehen aus den Gräbern, der Sternfall u. a. m. Sie stammen aus der früheren Weissagung, z. T. aus dem Buch Daniel; sie entsprechen dem damaligen Stand der Kosmologie, der Psychologie. Wenn sie für unsern Blick gleich Luftbildern im Abendglanz zerrinnen, so wird Jesus darum nicht kleiner.

Den Quellen zufolge hat Jesus gar erwartet, sein „Kommen in den Wolken" werde von seinen Zeitgenossen erlebt, insbesondere auch von seinen Feinden, seinen ungerechten Richtern geschaut werden. In der letzten Nacht rief er's diesen mit sieghafter Bestimmtheit zu, und seine Jünger hat er auf dem Wege zum Leiden mit der gleichen Aussicht getröstet[813]. Diese Hoffnung hat sich nicht erfüllt, so zähe auch die ersten Christen daran festgehalten und nach den vorangehenden Zeichen ausgeschaut haben. Doch ihren Zweck hat diese Hoffnung reichlich erfüllt: sie hat Jesu Seele über die grausen Fluten seines Leidens hinweggetragen, und sie hat seiner ersten Gemeinde über vieles Schwere hinweggeholfen, bis sie einmal sicher in der Welt eingerichtet war. Auch hat sich ja der geistige Kern jener Hoffnung erfüllt, wenn es erlaubt ist, ihn von seiner phantastischen Hülle zu trennen. Jesus ist wiedergekommen aus dem Tode, erschienen den Völkern, aufgetreten in der Weltgeschichte als Welterneuerer in einer selbst für seine Verächter offenkundigen Weise. Sein Wort hat Recht behalten, seine Sache hat gesiegt und wird weiter siegen.

„In Jesu war der stolze göttliche Mut einer Persönlichkeit, die überzeugt ist, daß ihr nichts geschehen kann, weil der

---

[813] Mt 23 39 26 64 16 28 10 23 Kap 10.

sterbliche Leib nichts, die unsterbliche Seele alles ist." So schrieb Peter Rosegger in seinem von der K. K. Polizei beschlagnahmten Aufsatz des Heimgarten „Wie ich mir die Persönlichkeit Jesu denke."

Die unverwüstliche, freudige Hoffnung auf den Sieg, nicht bloß seiner Persönlichkeit, sondern der Sache Gottes, des Guten über das Böse, des Lichts über die Finsternis, der Wahrheit über die Lüge, der Segenskräfte über alles Übel, diese Hoffnungsfreudigkeit ist groß an Jesu, und sie ist nicht zuschanden geworden. Sie hat ihn von Sieg zu Sieg geführt. Weder die wirbelnden Strudel des Stroms, noch das Aufwallen und Zurückfluten der Wellen konnten seinen Blick umfloren, der von dem ferne leuchtenden, seligen Ufer gebannt war. Kleinlichkeit, Einförmigkeit, Mühsal, Widerstand, ja selbst Enttäuschung, Schmerz und Schmach wurden in die Bewegung der mächtigen Hoffnung hineingerissen und hinderten nicht, nein verstärkten ihren Schwung. Als Jesus, die tragische Wendung seines Lebens für gewiß erkennend, dem Tod entgegenging, da schnellte nur um so höher seine Hoffnung empor. Sein gewaltsamer Tod wird vor seinem Geistesauge zur Erlösungstat. Die wenigen, die im ablehnenden und kreuzigenden Israel sich um ihn geschart, erweitern sich zu vielen aus allen Völkern. Und er, der jetzt Erniedrigte, wird dann erhöht sein, nach dem Tode erst recht lebendig. So schaute er's, und mit diesem Hoffnungsblick nahm er das Kreuz auf sich[814].

Das alles erwartete er von Gott. Die Hoffnung ist der unmittelbarste Ausfluß des Vertrauens. Das Reich Gottes, die Weltvetwandlung, alle die großen Wendungen in der Geschichte führt Gott herbei[815]. Die persönliche Wiederbelebung und Erhöhung erhofft Jesus von Gott. In seine Hände

---

[814] Mt 20 28 26 28 16 27 17 2. 5 Lk 9 31.
[815] Mt 6 10 25 34 12 32.

befiehlt er seinen Geist[816]. Weil Abraham, Isaak, Jakob gläubig mit Gott verbunden waren, kann Gott sie nicht im Tode lassen, sondern sie leben. So lautet der Auferstehungsbeweis Jesu[817]. So wächst aus dem Glauben die Hoffnung, bei Jesus persönlich und bei allen, die von ihm glauben lernen.

Diese Hoffnung macht ihn aber nicht zum müßigen Schwärmer, sondern sie beflügelt seinen Gang und stärkt seinen Arm. Gewiß, das Reich Gottes ist etwas überweltliches, ein Geschenk des Himmels, eine selbstherrliche Machttat Gottes, ein unendliches Wunder, eine unvergleichliche Lichtwelt – aber Jesus macht sich auf, dies Reich anzubahnen, ja im Sturm herbeizureißen und in die dunkle Gegenwart hineinzustellen, mit wundertätig machtvollem Auftreten und Wegschaffen des Übels und Vergebung der Sünden, und er predigt: tut Buße, das Reich ist nahe[818]! Es kommt zu denen, welche Buße tun. Es wird denen geschenkt, die sich in der Tat nach ihm ausstrecken. „Die Herrschaft Gottes beginnt da, wo man Gott herrschen läßt, wo man seinen Willen tut." Ein jeder muß in seinem Leibe den Kampf mitkämpfen, um Satans Reich zu stürzen und in das Himmelreich gewaltsam einzudringen[819]. Ringet, daß ihr durch die enge Pforte eingehet, die Tür tut sich euch nicht von selber auf. – Eine solche Verbindung von Tatkraft und Hoffnung, zeugt sie nicht von einem durchaus gesunden, strebensmächtigen, alles überwindenden Glauben?

Selbstverleugnendes Wirken in der Gegenwart bringt Freude und einen Hauch ewigen Lebens, ein Stück Himmelreich. Das Größere, das Wahre ruht im Schoße der Zu-kunft. Vorwärts und aufwärts den Blick! Jesu Religion ist eine Jenseitsreligion, eine Religion der Hoffnung, des Heimwehs,

---

[816] Lk 23 46 vgl Ps 31 6 Apg 7 58.
[817] Mk 12 26 f.
[818] Mt 12 28 ff Lk 17 20 f 18 8.
[819] Lk 13 24 16 16 Mt 11 12.

eine Religion der Unvollkommenen, der Armen geworden, die ihren Anker in der ewigen Welt der Vollkommenheit befestigt haben, um dadurch für das Heute desto tüchtiger zu werden. Wer bei allen Erfolgen und bei allen Schlägen vorwärtsblicken kann wie er, der hat überwunden, der wird auch ans Ziel der Vollendung gelangen.

* * *

Damit beschließen wir den zweiten Abschnitt unserer Untersuchung. Er hat uns vor die schwierigsten Fragen gestellt, die der Charakter Jesu aufgibt, und nirgends wie hier fühlt der Verfasser hinter seinem großen Gegenstande zurückgeblieben zu sein. Als gesichertes Resultat darf immerhin die Erkenntnis gelten, daß Jesus, durch den Glauben in eine höhere, unsichtbare Welt versetzt, aus dieser oder jedenfalls aus solchem Glauben eine unendliche Verstärkung seiner Kraft empfing und damit zum machtvollsten Wirken wie zum sieghaftesten Leiden gleich ausgerüstet war, während ohne jenen Glauben sein Ton längst verklungen, ein Ton vielleicht überhaupt nie von ihm zu uns gedrungen wäre.

Liebe

22. Kapitel

Liebeskraft

Starke Triebe[820] können für den Träger einen mächtigen Kraftzuwachs bedeuten. Der Wille, der Glaube, sie wer-den entweder verstärkt oder gelähmt durch das unmittelbare, leidenschaftliche Gefühl, daß den Menschen in einer bestimmten Richtung fortreißt. Wenn beispielsweise der Zorn

---

[820] Kap 12.

eines Heißblütigen mit elementarer Gewalt auf-lodert, so ist das eine Macht, mit der man rechnen muß und die sich in zerschlagenen Geräten, zerrissenen Gemütern, zerstörten Verhältnissen und andern Verheerungen auswirkt[821]. Nicht umsonst haben die Römer den Furor Teutonicus gefürchtet. Gelingt es durch planmäßige Zügelung das Triebleben in Einklang mit der Grundrichtung des Strebens zu bringen, so zeigt sich der Welt ein starker Charakter, eine ungeheure Kraft. Bei schlechter Gemüts-richtung, wenn der Wille lediglich aus das rohe Ich zielt und kein höherer Glaube waltet, verleihen Haß, Habsucht, Herrschsucht, Rachsucht, Ehrgeiz, Eitelkeit, Wollust dem Menschen eine oft geradezu dämonische Gewalt. Guten Menschen schenkt die Liebe in ihren verschiedenen Beziehungen nicht bloß Takt und Feinheit, sondern auch eine meist unwiderstehliche Kraft in schwierigen Lagen. Was für Hindernisse Mutterliebe zu überwinden vermag, welch eine übermenschliche Stärke sie dem zarten Leib eines geängsteten Weibes, etwa in Feuersgefahr, verleiht, ist bekannt. Was für Wunder Gattenliebe verrichtet, davon sind Beispiele, wie die Weiber von Weinsberg, in die Geschichte übergegangen. Zu welcher Hingebung Kindesliebe sich aufschwingen kann, beweist unter vielen andern eine Irene, Tochter des geblendeten Belisar. Welcher Opfer Freundesliebe fähig ist, das haben die Dichter aller Zeiten besungen. Zu was für Taten die Vaterlandsliebe begeistert, das wissen alle, die ein Vaterland kennen und seiner Geschichte nachgehen. Und schon auf die bräutliche Liebe läßt sich häufig das Wort anwenden: Liebe ist stark wie der Tod.

Augustins bekannter Ausspruch: „Habe Liebe und tu was du willst!" *Habe caritatem et fac quicquid vis*! deutet sowohl auf die alles verklärende Art der Liebe als besonders auf ihre große Kraft. Augustin meint die „christliche Liebe"; sie bildet jedoch keine Ausnahme von der all-gemeinen Regel. Einen der deutlichsten Beweise von der gerade der christlich gefärbten Liebe innewohnenden Kraft liefert Bernhard von

---

[821] Richter 14 19 16 28 ff Jak 1 20.

Clairvaux. Sein durch übermenschliche Anstrengungen abgezehrter Körper hatte viele Monate vor dem Ende mit zehrender Krankheit zu kämpfen. Wie sehr er sich in das bessere Leben über dieser Welt sehnte, so raffte er sich doch immer wieder zum Handeln auf. „Wo es seiner Wirksamkeit für das Wohl der Menschen bedurfte, schreibt Neander, da ward das schwindende Leben durch die Macht der den kräftigen Geist entflammenden Liebe immer wieder zurückgerufen, und es fehlte ihm nie an Kraft, wo er sie, um etwas durchzusetzen, am meisten brauchte." Sein Biograph und Schüler drückt dies so aus: „Die Vorsehung, in deren Hand sein gottgefälliges Leben lag, ließ es ihm, so oft ihn ein großes Bedürfnis irgendwohin rief, an Körperkräften nicht fehlen: sein Geist überwand alles, und die Augenzeugen mußten sich darüber wundern, wie er selbst starke Menschen durch die Kraft alles zu ertragen übertraf. Denn, wenn er die Geschäfte vollführt hatte und wie zu sich selbst zurückkehrte, litt er an vielen Krankheiten, so daß er in der Muße kaum lebte, er, der beschäftigt nicht zu unterliegen wußte."

In der wunderbaren Kraft, die den staubgebornen Leib Jesu beseelte und die bis heute in die Welt hinaus wirkt, ist die Macht der Liebe jedenfalls nicht zu übersehen. Wissen wir doch, welch hervorragende Stelle die Liebe in seiner Lehre einnimmt und welche Bedeutung durch ihn die Liebe in der Welt gewonnen hat. Diese von ihm aus-strahlende Liebe war in seiner Person verkörpert, in seinem Wesen zur Tat geworden. Sie war ein Grundzug seines Charakters, nicht bloß als dunkler, ihn selbst überwältigender Trieb, sondern als sein Wille, miterzeugt durch seinen Glauben, ein vollbewußtes, ausgereiftes ethisches Gefühl, ein durchläuterter, wohltemperierter und bis zur Vollkommenheit ausgebildeter Willensdrang. Beziehung, Schranke, Farbe, Bewährung seiner Liebe wird Gegenstand der folgenden Untersuchung sein müssen. Nach seinen eigenen Worten haben wir zu scheiden zwischen Gottesliebe und Nächstenliebe und das weite Reich der letzteren nochmals zu teilen in Gerechtigkeit, Barmherzigkeit,

Treue. Diese drei nämlich bezeichnet Jesus einmal als das „Schwere im Gesetz", das von den Heuchlern dahinten gelassen wird: „Das Recht und das Mitleid und die Zuverlässigkeit." Wenn wir diese ethischen Grundbegriffe im folgenden auf das Verhalten zum Nächsten beschränken, so ist damit ihr Sinn vielleicht nicht völlig erschöpft. Allein unser Ziel ist ja nicht sowohl ein Aufriß der Lehre Jesu, als vielmehr ein Bild seiner Persönlichkeit.

23. Kapitel

Gottesliebe

Nie hat der ewige Gott auf Erden einen hingebenderen, glühendeten Verehrer und Vertreter gehabt als es Jesus war. Niemand hat so einzig und innig wie er bis zum letzten Atemzuge zum Himmel empor sagen können: Mein Vater[822]! Und niemand hat mit gleichem, alle Erdendissonanz übertönenden Vollklange die Antwort des Himmels vernommen: Du bist mein lieber Sohn[823].

In ihm lebte nicht bloß jenes dürstende Verlangen, wie es auch die finstere Seele eines Fetischisten durchzuckt, nicht bloß die sklavische Unterwerfung des indischen Büßers oder die fatalistische Ergebung des Moslems, auch nicht bloß der berechnende Gehorsam des frommen Israeliten, ihn beseelte kindlich freudige, begeisterte Hingabe an Gott. Heißes Sehnen, grenzenloses Vertrauen, gewissenhaftester Gehorsam, tiefste Ehrfurcht – und zugleich eine reine, unermeßliche, das ganze Herz ausfüllende Liebe zum Vater, die lauterste, tiefinnere Freude an Gott. Was wir in früheren Kapiteln dieses Buchs als

---

[822] Mt 6 6. 8. 9. 18. 26. 32 7 11. 21 10 32 f 11 25 ff 12 50 15 13 16 17. 27 18 19. 35 20 23 25 34 26 29. 39. 42. 53 Mk 14 36 usw.
[823] Mk 1 11 9 7 3 11 Mt 16 16 f.

Früchte des Gottesglaubens gewürdigt, was wir als Zeichen gewaltiger Willenskraft angestaunt, das empfängt jene wunderbare Verklärung und Vollendung, die es bei Jesus zeigt, erst durch die Liebe, die eben doch die Seele von allem Handeln ist.

Nicht als ob er die Liebe zu Gott erst erfunden hätte. Das war ein altes Gebot, und auch in seiner Bedeutung längst anerkannt[824]. Er hat diesem Gebot nicht einmal eine neue Form gegeben oder etwas Neues hinzugefügt. Auch Gott Vater zu nennen, unser Vater, mein Vater, das hat er nicht aufgebracht[825]. Er hat keine neuen, besonderen Namen Gottes ersonnen, keine neue Ausdrucksweise der Verehrung erfunden. Aber was im israelitischen Volk als Lehre nahezu vollkommen ausgebildet war, das hat er zuerst vollkommen zur Tat gemacht. Er hat nicht bloß mit der Zunge, sondern mit dem Willen, in Wahrheit geliebt, mit ganzem Gemüt, mit ganzer Seele und aus allen Kräften.

Der israelitische Ausdruck, welcher die gesamte Betätigung der Liebe zu Gott zusammenfassen sollte, lautete zur Zeit Jesu: Heiligung des Namens Gottes. Gott soll die allerhöchste Ehre erwiesen werden, seine Sache jeder andern vorangestellt und mit keiner andern vermengt, alles, was sich aus ihn bezieht, soll mit unbedingter Aus-zeichnung behandelt werden. Diese Heiligung des Namens Gottes umspannte das ganze Leben des Israeliten und befaßte vor allem Liebe zum Gesetz und Liebe zum Heiligtum; als höchster Erweis der Liebe galt das Martyrium. Wenn Jesus im Vaterunser die Bitte um Heiligung des Namens Gottes allen andern voranstellte, so entsprach das durchaus dem frommen jüdischen Empfinden. Wenn er beim ersten öffentlichen Betreten der heiligen Stadt den Tempel von den Mißbräuchen säuberte[826],

---

[824] Mk 12 32 Lk 10 27 Hos 6 4. 6 Micha 6 8 Sir 1 10 2 18. 20 7 31 usw.
[825] Jubiläenbuch 1 25 Sotah 9 15 2 Sam 7 14 Ps 89 27.
[826] Kap 4.

welche die Priester duldeten; wenn er sich gleich in der ersten öffentlichen Rede fest zum Buchstaben der Schrift stellte[827], den die Pharisäer listig zu umgehen suchten, so war das Heiligung des Namens Gottes. Er liebte den Tempel nicht zuerst als das Heiligtum der Juden, sondern als das Haus Gottes[828], die Schrift nicht als ein jüdisches Altertum, sondern als Gottes Willensurkunde, den Kultus nicht als nationale Sitte, sondern als die gottgegebene Form der Gottesverehrung. Alles war Liebe zu Gott. Aber eben diese schuf auch seine Freiheit gegenüber jenen Dingen, welche wir in und neben seiner Gebundenheit sich entfalten sahen[829]. Sein Gehorsam war ihm nicht durch das Gesetz abgerungen, sondern kam dem Gesetz von innen her entgegen, nicht ein knechtischer, sondern ein kindlicher Gehorsam, also Liebe. In diesem Sinne stand Jesus über der Schrift und über der Religionsform. Nach seinem eigenen Spruch ist es ein Vorrecht der Sohnesliebe, den Vater zu kennen, zu verstehen, wie auch der Vater den Sohn kennt[830]. Er kennt den Vater gewissermaßen vor dem Gesetz, ohne das Gesetz, über das Gesetz hinaus; er trägt dessen Gesetz in sich, er erkennt die innersten Absichten seiner Gebote[831]. Liebe öffnet ihm die Augen für den wahren Willen Gottes, sie befähigt ihn zu jener neuen, überaus feinen, einfach schlagenden Auslegung des Gesetzes und zu der scharfen Kritik der jüdischen Sittlichkeit.

Liebe führt ihm den Pinsel, so oft er Gott malt, vor allem in den Gleichnissen. Es ist entzückend und erhebend, ihm diese Liebe nachzufühlen. Wo findet sich in den frommen Erzeugnissen der Völker eine gemütvollere, zartere, liebendere Schilderung Gottes als in der Geschichte des verlorenen

---

[827] Nach Mt vgl Kap 15.
[828] Lk 2 49 19 46 Joh 2 16 f.
[829] Kap 15.
[830] Mt 11 27.
[831] 1 Joh 5 3 Jer 31 33 f.

Sohnes[832]? Oder man schaue den gütigen Weinbergsvater, der den ganzen Tag bis zur letzten Abendstunde Arbeitslose in seinem schönen Weinberg anstellt und allen den gleichen Lohn gibt[833], oder jenen reichen Wohltäter, der die Blinden, Lahmen, Krüppel an seine vollbeladenen Tische nimmt[834], oder den König, der dem schuldigen Beamten die ungeheure Schuld von zehntausend Talenten mit einem Federstrich erläßt[835]... diese Ausmalungen sind desto unmittelbarer, desto bezeichnender, als sie nicht den Nerv des Gleichnisses bilden. Jesus zielt in jenen Erzählungen nicht so sehr darauf, ein Bild Gottes zu geben, als eine ethische Wahrheit zu illustrieren. Aber wo er auch nur entfernt an Gott denkt, da zeigen sich ihm sogleich die leuchtendsten Farben. Hier ist Gottseligkeit im schönsten Sinn des Worts. Nicht jenes jüdische Auf dem Angesicht liegen und den Namen Gottes nicht aussprechen wollen, sondern ein warmherziges, frei offenes, kindliches Verhältnis zu einem alliebenden und über alles geliebten Vater.

Von hier aus empfängt auch die Naturbetrachtung Jesu ihr besonderes Licht. Weil er den Schöpfer liebt, liebt er das kleinste Geschöpf. Das unscheinbarste Werk wird ihm wichtig, das aus der Hand dieses Vaters hervorgegangen, und er hat ein waches Auge für alles, was unter seiner Herrschaft geschieht. „Er läßt seine Sonne aufgehen über Böse und Gute und Regen fallen auf Gerechte und Ungerechte. Seid also vollkommen, wie euer himmlischer Vater vollkommen ist[836]!" Oder der unvergleichliche Doppelspruch[837]: „Seht die Vögel des Himmels an; sie säen nicht, sie ernten nicht, sie

---

[832] Kap 8.
[833] Mt 20.
[834] Lk 14 16 ff.
[835] Mt 18 23 ff.
[836] Mt 5 45 ff.
[837] Mt 6 25 ff Lk 12 24.

sammeln nicht in Scheunen, und euer himmlischer Vater nährt sie doch. Seid ihr nicht viel mehr als sie? Seht wie die Lilien des Feldes wachsen! Sie arbeiten nicht, sie spinnen nicht, und doch sage ich euch, selbst Salomo in seinem Glanze war nicht gekleidet wie eine von ihnen. Wenn Gott aber des Feldes Grasblumen, die heute stehen und morgen in den Ofen wandern, so bekleidet, wie viel mehr euch, ihr Kleingläubigen!" Oder die Hinweise auf die Sperlinge, auf die Tauben, auf die Senfstaude, auf die wachsende Saat[838] – sie alle verraten den durch die Liebe geschärften Blick für das einzelne der geschaffenen Welt und ziehen überraschende Linien von dem vor Augen Liegenden hinauf zu den großen Gedanken des Vaters, immer wieder des Vaters. Für ihn tritt er ein vor allem Volk, seine wahren Absichten weist er nach gegenüber so viel Mißdeutungen, seine Ehre verteidigt er mit flammenden Worten.

Wer Gott liebt, den liebt Jesus auch, mit dem weiß er sich verbunden. „Wer den Willen tut meines Vaters im Himmel, der ist mir Bruder, Schwester, Mutter[839]. Wer seinen Willen nicht tut, der wird weggewiesen wie ein Fremder und Frevler[840]." Die Schroffheit Jesu gegen so manche zeitgenössische Richtung war nur die Kehrseite seiner Gottesliebe; sein Zorn gegen so manchen frommen Schein nur die Spitze der Flamme, welche die Liebe schlägt. Seine Freundschaft mit den Geschwistern von Bethanien wurzelte in der Gottesliebe; und wenn er den jungen Reichen liebend anblickte, so tat er es, weil dieser ihm gestanden, er habe alle Gebote Gottes von Jugend auf zu halten sich bemüht[841]. Solche gottliebenden Seelen zogen ihn mächtiger an als irgend andere Vorzüge einer noch so

---

[838] Mt 10 16. 29 Mk 4 26. 31.

[839] Mt 12 50.

[840] Mt 7 21 21 31. 41.

[841] Mk 10 20 f.

bedeutenden Persönlichkeit. Die Freunde Jesu waren Fischer und Zöllner, weil sie – Gottesfreunde waren.

Aber daneben umfaßte er alle Menschen mit Liebe, weil sie alle Gottes Geschöpfe, Gegenstände seiner beson-deren Fürsorge und seiner Gebote sind. Jesus liebt die Menschen, weil Gott sie liebt[842]; als den eigentlichen Kern des Gesetzes erfaßt er die Menschenliebe[843]. Bisher standen die beiden Gebote: Du sollst Gott lieben – und deinen Nächsten wie dich selbst! unvermittelt nebeneinander. Jesus nennt sie nacheinander, aber schmelzt sie zu unlöslicher Einheit zusammen. Waren in der israelitischen Lehre Gottesdienst und Menschendienst Gegensätze, so ist für Jesus der rechte Gottesdienst – Menschendienst. Er bespricht ausschließlich die Gebote der zweiten Tafel. Mit größtem Nachdruck setzt er die Kultus-Ordnung unter die Pflicht der Nächstenliebe; die vorschriftsmäßige Reinigung der Gefäße, der Hände ist nichts gegenüber der sittlichen Reinigung des Herzens von Selbstsucht; der Dienst der Liebe steht über der Sabbatfeier, die Versöhnung mit dem Bruder geht dem Opfer im Tempel vor, die Versorgung der Eltern ist wichtiger als die Gabe an die Priester[844]. Gott will vor allem Barmherzigkeit[845].

Die Menschenliebe Jesu, welche die folgenden Kapitel schildern, fließt also unmittelbar aus seiner Gottesliebe. „Er dient Gott nur an den Menschen, und er dient an den Menschen nur Gott." Dadurch bekommt seine Menschen-liebe etwas Eigentümliches, Erhabenes, Heiliges. Sie richtet sich weniger nach den Wünschen der Menschen als nach dem Willen Gottes, den sie an den Menschen erfüllen und geschehen lassen möchte. Frei von Sinnlichkeit, Eitelkeit, Parteilichkeit, Weichheit, Schlappheit, kurz von bloßer Leiden-

---

[842] Mt 5 45.

[843] Mt 7 12 22 39 f.

[844] Mt 23 14. 23. 25 15 2–20 6 23 f Mk 11 25 Lk 10 31 ff.

[845] Mt 9 13 18 27. 33 Lk 6 36.

schaft, ist sie desto wirksamer und segensreicher. Kampf ist nicht bloß mit ihr vereinbar, sondern von ihr erfordert. Die Kämpfe, die bei aller Liebe Jesus zeitlebens führt, sind nicht Abwehr, sondern Angriff. Von seiner Liebe wird er entflammt zum heiligen Krieg um Gottes willen, Krieg mit der Sünde, mit dem Unglauben, mit falschen Meinungen, mit falschen Verbindungen, mit falscher Liebe[846]. Er löst sich selbst und die Seinen aus den bisherigen, im Grunde selbstigen Verhältnissen[847], predigt Selbstverleugnung, pflanzt eine neue Liebe. Die natürliche Liebe muß untergehen, ja dem Hasse gegen alles Eigene weichen. In Jesu lebt ein Haß gegen die Welt; neben der Liebe zu den Menschen, die ihn erfüllt, steht ein Widerwillen gegen sie alle. „Seine Liebe ist überwundener Widerwille", sagt wohl nicht zu stark Wilhelm Lütgert. In allen Menschen ist etwas, das ihm widerwärtig. „Ihr seid boshaft, ein falsches und ehebrecherisches Geschlecht[848]." Seine Liebe ist kein schwärmerisches, naives Wohlgefallen an den Menschen, kein bloßer Enthusiasmus. Er liebt sie nicht wegen ihrer Liebenswürdigkeit, sondern in Gott.

Sehr merkwürdig und fein ist das von Friedrich Nietzsche anerkannt worden in „Jenseits von Gut und Böse[849]": „Den Menschen zu lieben um Gottes willen – das war bis jetzt das vornehmste und entlegenste Gefühl, das unter Menschen erreicht worden ist. Daß die Liebe zum Menschen ohne irgendeine heiligende Hinterabsicht eine Dummheit und Tierheit mehr ist, daß der Hang zu dieser Menschenliebe erst von einem höheren Hange sein Maß, seine Feinheit, sein Körnchen Salz und Stäubchen Ambra zu bekommen hat – welcher Mensch es auch war, der dies

---

[846] Kap 4.
[847] Kap 6. 7. 9. 17.
[848] Mt 7 11 12 33 ff. 39 ff.
[849] 60.

zuerst empfunden und ‚erlebt' hat, wie sehr auch seine Zunge gestolpert haben mag, als sie versuchte, solch eine Zartheit auszudrücken, er bleibe uns in allen Seiten heilig und verehrenswert, als der Mensch, der am höchsten bisher geflogen und am schönsten sich verirrt hat."

Menschenliebe ohne Gott üben wollen, das beruht auf einer Selbsttäuschung. Setzt doch selbstlose Liebe eine Erlösung vom Selbst voraus, nämlich Zügelung und Umlenkung der niedern Triebe. Erst durch die Liebe zu Gott, wenn der Mensch mit heißer Sehnsucht und freudigem Streben sich dem persönlichen Ideal der höchsten Vollkommenheit hingibt[850], wird das kleine Ich von sich selbst befreit und auf eine Höhe der Gefühle erhoben, welche es reiner, selbstvergessener, langmütiger Liebe fähig macht. „Die Notglut der Leidenschaften kann nur durch die Weißglut einer gewaltigen Begeisterung überwunden werden." Solche Begeisterung kann sich nicht an dem Begriff Mensch bloß entzünden. Was ist der Mensch? – Und die Menschheit? – Gemeinschaft macht gemein, sagt Nietzsche scharf aber wahr. Die sozialen Triebe oder „Herdeninstinkte" sind um nichts höher als die Eigenbegierden.

„Erfahrungsgemäß, sagt ein neuerer Erzieher, ist der höchste Aufschwung menschlichen Fühlens von jeher weder einer abstrakten Idee, noch dem unvollkommenen Mitmenschen, sondern stets nur einer übermenschlichen Größe und Reinheit dargebracht worden, und erst, wenn das Fühlen durch diese Hingebung gleichsam gelöst ist im Menschen, vermag es auch – im Namen des Höheren – auf irdische Gegenstände übertragen zu werden. Der irdische Eros ist nur durch den himmlischen Eros zu leiten. Wenn Gott aus der Moral schwindet, so bleibt sie nichts anderes mehr als die Herrschaft der Gesellschaft über den Einzelnen, die Mehrheitsherrschaft der Vielen über das Individuum, und gerade

---

[850] Mt 5 48 18 27 ff Lk 6 36 1 Petr 1 15 f.

ein aufrichtiger und scharfsichtiger Mensch wird dann in ungeheurer Ernüchterung das empfinden, was Paulus die ‚Knechtschaft des Gesetzes' nannte."

Also Menschenliebe um Gottes willen, oder Gottes-dienst an den Menschen! hieß die Losung. Sie erzeugte bei Jesu jene großzügige, rastlose, selbstvergessene Tätigkeit, die seine letzten Monate ausfüllt. Das Himmelreich anbahnen wollte er – nicht um die israelitischen Wünsche, sondern um Gottes Willen zu erfüllen. Wo Gottes Wille geschieht, da kehrt von selbst für die Menschen das Glück ein, da kommt das Reich Gottes. Mit welcher glühenden Begeisterung er auf dies Ziel hinwirkt, das läßt ihn der vierte Evangelist aussprechen, als er, selbst müde und hungrig, sich am Jakobsbrunnen niedergelassen, aber dann eine arme Seele gefunden hat[851]: „Meine Speise ist's, den Willen dessen zu tun, der mich gesandt hat, und sein Werk zu vollenden!" Und ähnlich bei einer Blindenheilung[852]: „Wir müssen wirken, so lange es Tag ist, im Dienste des, der mich gesandt hat; es kommt die Nacht, da niemand wirken kann." Die andern Evangelisten lassen ihn das Wort vom Salz und vom Licht reden[853]. Das Salz vergeht, indem es salzt, das Licht verzehrt sich, indem es leuchtet. „Lasset euer Licht leuchten vor den Leuten, daß sie euern Vater im Himmel preisen[854]." Jesus möchte mit seinem Wirken zum Preise Gottes dienen, und öfter erwähnen die Berichte, daß er diesen Zweck erreicht[855]. Zur Tätigkeit für Gott ruft er auf[856]. Der tatlose Jünger ist unbrauchbar, ja verloren. Der faule Knecht muß in die äußerste Finsternis hinaus. Er hat keine Liebe zu seinem Herrn. Er hat dessen

---

[851] Joh 4 34.
[852] Joh 9 4.
[853] Mt 5 13. 14.
[854] Mt 5 16.
[855] Mt 9 8 15 31 Lk 7 16 8 39 5 25 13 13 17 15. 18 18 43.
[856] Mt 9 37 ff 10 8. 27 20 1 ff 21 28. 33 25 14 ff Lk 17 7 ff 15 29.

Gut nicht zu dessen Vorteil verwandt und vermehrt; dazu hat er ihm noch harte Absichten zugetraut. Die Liebe tut, was sie kann, gibt, was sie hat. Das unter den Scheffel gestellte Licht verfehlt seine Bestimmung. Salz, das nicht salzt, ist etwas Dummes, Widersinniges, Abgeschmacktes, zum Wegwerfen und mit Füßen treten, eine unheilbare Entartung. Aus Liebe gibt Jesus sein Alles für Gottes Ehre und Herrschaft und empfindet es nicht einmal als ein Opfer. Die Liebe kann nicht anders, als alles geben. Schön sagt indische Weisheit: „Was man Entsagung nennt, ist die Ergebung in des Höchsten Tun. Wer so mit Gott beständig sich vereint und sich zum Opfer bringt, der fühlt in sich die grenzenlose Seligkeit, mit der ihn Gottes stete Gegenwart erfüllt."

Dieselbe Liebe machte Jesu das Leiden zu einer innern Notwendigkeit. Mußte nicht gerade die Liebe am meiste sein Gewissen schärfen, sein Schuldgefühl entwickeln? Mußte er nicht jede Mißachtung und Mißkennung Gottes um sich her als eine Beleidigung Gottes empfinden? Mußte er nicht, je mehr er vor den Menschen für Gott eintrat, desto mehr auch der Sünden der Menschen sich schämen und sie um Gottes willen auf sein Haupt zusammennehmend ausrufen: Hier bin ich, Vater, tu an mir, was deine Gerechtigkeit verlangt, laß das Opfer meines Lebens, wenn es möglich ist, deine Ehre unter den Menschen wieder herstellen. Ohne solche Gefühle in der Seele Jesu können wir sein Leben und Leiden kaum völlig verstehen. Gewiß hat Goethe Recht mit seinem „Der mißversteht die Himmlischen, der sie blutgierig wähnt; er dichtet ihnen nur die eigenen grausamen Begierden an". Aber es läßt sich anderseits auch sagen: der mißversteht die Liebe, der ihr Selbstopferung wehrt, er dichtet ihr nur die eigene fühllose Selbstsucht an. Tatsache ist, daß Jesus sein Leiden, sein gewaltsames Sterben als einen Kelch hinnahm, den ihm sein Vater reicht, und den er nicht bloß in abgenötigtem Gehorsam, sondern aus Liebe willig trinken muß[857]. Sein Sterben ist ein Gottesdienst, darum hat er es vom Eintritt in den Garten bis zum Verscheiden am Kreuz immerfort mit dem Vater zu tun[858]. Sein eigner Wunsch ist solches Sterben freilich nicht, seine ganze Natur sträubt sich[859]. Aber es ist göttlich; nicht sterben wollen wäre menschlich[860]. Aus meinen Augen, Versucher, der mich vom Todesweg zurückhalten will[861]! Mein Vater, dein Wille geschehe[862]! Hier ist Selbstüberwindung, ja Todesüberwindung in Gott, und wir blicken hinein in den rührendsten Gehorsam, hervorquellend aus reiner Liebe zu dem, dessen Wille allein sein Himmelreich war.

In seiner Schrift von der Liebe zu Gott unterscheidet Bernhard von Clairvaux vier Stufen im Entwicklungsgang dieser Liebe und schildert, wie der Mensch allmählich von der Selbstliebe zur Gottesliebe hinangebildet wird. Die unterste Stufe ist noch selbstiges Begehren, welches in Leiden und Nöten Gott sucht und seine Hilfe erfährt. Die folgende Stufe ist die von diesem Begehren aus sich ent-wickelnde Freude an Gott: „Müßte nicht das Herz von Eisen sein oder von Stein, das durch die Erfahrung der Hilfe nicht erweicht würde, nicht anfinge Gott um seiner selbst willen zu lieben und nun öfter, als die bittre Not nur treibt, zu dem freundlichen Gott sich hinwendet?" Eine dritte Stufe bezeichnet die von selbstischem Wunsche sich immer mehr frei machende Liebe zu Gott, die ihn selbst zum Ziele hat, da mehr die von uns gekostete Liebenswürdigkeit des Herrn als unsre eigne Not uns Gott zu lieben, rein zu lieben treibt. Auf der höchsten

---

[857] Mk 10 38 14 36 Joh 18 11.
[858] Mk 14 36 Mt 26 53 Lk 23 34. 46.
[859] Lk 22 44 Kap 11.
[860] Mt 16 23.
[861] Mk 8 33.
[862] Mt 26 39. 42. 31. 54.

Stufe steht die von aller Selbstsucht gereinigte Liebe zu Gott, vermöge deren der Mensch alles andere und sich selbst nur in Gott liebt – wie der Sänger des 73. Psalms: Wenn mir auch Leib und Seele verschmachtet, so bist du doch, Gott, allezeit meines Herzens Trost und mein Teil. – „Selig und heilig, sagt Bernhard, möchte ich den nennen, welchem in diesem sterblichen Leben etwas dieser Art selten, zuweilen, oder auch nur einmal und dies nur für einen Augenblick zu erfahren verliehen wird; denn dein Ich so zu verlieren und von dir selbst so dich loszusagen, das ist ein himmlischer Wandel, nicht menschliche Art zu fühlen." „Nicht ohne Belohnung wird Gott geliebt, obgleich er ohne Rücksicht auf Belohnung geliebt werden soll. Die wahre Liebe hat in sich selbst genug, ihre Belohnung ist nichts anderes als das, was Gegenstand der Liebe ist." „Wie die Verherrlichung Gottes das Ziel der ganzen Schöpfung ist, so ist es das Ziel der religiösen Entwicklung, alles nur zu wollen um Gottes willen. Eine solche Grundstimmung der Seele ist eigentliche Vergöttlichung. Doch hienieden kann der Mensch nur in einzelnen Momenten auf dieser Höhe sich erhalten. Ich weiß nicht, ob von irgendeinem Menschen der vierte Standpunkt in diesem Leben vollkommen ergriffen werden kann. Mögen es die behaupten, welche es erfahren haben, mir scheint es unmöglich zu sein."

Noch treffender und klarer schildert Bernhard in einem Briefe an den Karthäuser Guigo die vier Phasen der „Liebe, welche, vom Sinnlichen ausgehend und unter der Leitung der Gnade fortschreitend, zur Vollendung im Geiste hinstrebt. Auf den selbstischen Standpunkt folgt zuerst der der Knechtschaft, wo die Verehrung Gottes als des Allmächtigen und daher die *Furcht* vorherrscht; sodann der der *Lohnsucht*, wo das Verlangen nach den durch die Gemeinschaft mit Gott zu erlangenden Gütern vorherrscht; dann der *kindliche* Standpunkt, wo Gott an sich um seiner selbst willen geliebt wird. Solche Liebe allein vermag von Grund auf die Richtung des Gemütes umzuwandeln, denn sie allein vermag von der

Selbst- und Weltliebe das Gemüt abzuwenden und zu Gott es hinzurichten. Diese reine Gottesliebe vernichtet die früheren Standpunkte nicht, sondern gibt ihnen erst die Erfüllung; *sie mäßigt die Furcht, sie ordnet das Verlangen…*"

Gerade der letzte Satz wirft ein helles Licht auf die Gottesliebe Jesu. Wir sehen nämlich bei dieser die verschiedenen Standpunkte fortwirken. Wir finden bei Jesu sowohl eine tiefe Furcht Gottes als ein großes Verlangen nach den Gütern und Freuden des Himmelreichs, Warnung vor ewigem Fluch und Ausblick auf reiche Glückseligkeit — neben der reinsten Liebe.

Was die Furcht betrifft, so war es bereits bei den frommen Israeliten eine vielerörterte Frage, wie sie mit der Liebe sich vereine, zuletzt damit gelöst, daß sie der Anfang der Liebe sei[863]. Schroffer erklärt der erste Johannesbrief[864]: „Die Liebe in ihrer Vollendung zeigt sich darin, daß wir mit Zuversicht dem Tage des Gerichts entgegensehn. Die Liebe duldet keine Furcht, sondern die vollendete Liebe treibt die Furcht aus, die noch an Strafe denkt; wer sich fürchtet, ist nicht vollendet in der Liebe." Hier waltet ein etwas engerer Begriff von Furcht: Furcht vor dem Gericht. Die Furcht Bernhards, die Furcht Jesu ist Ehrfurcht, welche mit Gott in Übereinstimmung zu bleiben strebt und sich hütet von ihm getrennt zu werden; also zugleich Furcht vor der Sünde und ihren Folgen. In diesem Sinne sagt Bernhard: Die Liebe *mäßigt* die Furcht, nicht: treibt sie aus. In diesem Sinne predigt Jesus die Furcht vor dem, der Leib und Seele verdammen kann, die Scheu vor dem jedes unnütze Wort wägenden Richter, die Selbstprüfung gegenüber dem allesdurchdringenden Auge, den treugewissenhaften Fleiß gegenüber dem himmlischen Herrn, der die anvertrauten Pfunde mit Zinsen heimfordert[865].

Die Glückseligkeitslehre und die Hoffnung betreffend, sagt Bernhard: Die Liebe ordnet das Verlangen. Gewiß tritt

---

[863] Sirach 1 und die Glossen zu 2 9 25 11.

[864] 1 Joh 4 17 f.

[865] Mt 10 28 12 36 f 22 11 ff 25 14 ff.

der Lohngedanke in Jesu Predigt oft hervor[866]. Himmel und Hölle stellt er den Menschen vor Augen. Er tut das Gute nicht bloß um des Guten, sondern um des Himmelreichs willen, das kommen soll. Dies selige Ziel schwebt ihm bei allem Tun vor Augen. Aber es wird nicht ohne bitteres Leiden und Sterben erreicht. Wer sein Leben *verliert*, der wird es finden[867]. So wird der Lohngedanke gereinigt, das „Verlangen geordnet". Das künftige Glück liegt in weiter Ferne. Niemand weiß Zeit und Stunde des Hereinbrechens[868]. Hingegen werden furchtbare Katastrophen die Jünger hinwegreißen und Jesus, „den Bräutigam", zuerst[869]. Da fällt also jede pharisäische Lohnberechnung dahin. Ein jeder nimmt zuletzt das Seine aus der Hand des gütigen Gottes nicht nach Verdienst, sondern nach Gnade[870].

24. Kapitel

Gerechtigkeit

Napoleon I. war groß als Heerführer und Organisator, mit einem verblüffenden Gedächtnis und schier übermenschlicher Arbeitskraft ausgerüstet, aber nicht groß als Charakter. Sein Wille war nicht auf das Gute, nicht auf höhere Zwecke, nicht auf die Förderung der Menschheit gerichtet. Im Lichte der allgemeinen Menschenrechte betrachtet, war er geradezu ein Ungeheuer. Er, der Imperator, ist der genaue Gegenpol Jesu: lebte in diesem soviel Machtwille, daß er vierzig Tage ununterbrochen ohne Nahrung mit diesem Feinde in sich kämpfen mußte, so ist auch im jungen Napoleon einmal eine

---

[866] Mt 5 3 ff. 46 6 1 ff 10 41 f usw.
[867] Mt 5 10 ff 10 16–39 16 21 ff 24 Joh 12 24 ff Mk 10 35 ff Lk 12 50.
[868] Kap 21.
[869] Mk 2 20.
[870] Mt 20 8–16.

Wendung vor sich gegangen, aber nicht vom Glück dieser Erde hinweg, sondern als endgültige Entscheidung für deren Schätze, Macht und Herrlichkeit. Wir folgen im wesentlichen der Charakteristik des Franzosen Hippolyte Taine, wenn wir die nachstehenden Züge seines Bildes herausheben.

Schon in den wütenden Parteikämpfen der französischen Revolution, die sich doch um große Fragen der Menschheit drehten, blieb der junge Offizier Bonaparte völlig kalt und verfolgte seine eigenen Pläne; er zog seinen Degen weder für den König, dessen Brot er viele Jahre gegessen, noch für irgendeine andere Sache – „*devoué seulement à sa propre fortune*". Ein Bandenführer großen Stils, trieb er unter dem Vorwand des öffentlichen Wohles stets seine eigenen Geschäfte und dachte bei allem nur an sich. General auf eigene Rechnung und mit eigenem Nutzen, blieb er unverwandt seinen ehrgeizigen Plänen zugekehrt, bei nur drei Stunden nächtlichen Schlafs. Er wollte Frankreich sich unterwerfen und durch Frankreich Europa. Ein Freund nannte ihn schon damals den kleinen Tiger, um seinen Wuchs, seine raschen Bewegungen, sein kühnes und zähes Greifen wie sein gesamtes Innere zu zeichnen. Madame de Staël schildert ihren ersten Eindruck aus jener Zeit u. a. mit folgenden Worten: „Sobald die anfänglich schwärmerische Bewunderung ein wenig nachgelassen, trat ein sehr ausgesprochenes Gefühl der Furcht an deren Stelle. Obgleich er damals noch keine Macht besaß, ja sogar durch das Schwert des Direktoriums bedroht schien, flößte er doch Furcht ein, und zwar lediglich durch die einzigartige Wirkung seiner Persönlichkeit auf fast alle, die sich ihm näherten. Sein Charakter ließ sich mit gewöhnlichen Worten gar nicht bezeichnen. Er war ohnegleichen, entweder mehr oder weniger als ein Mensch; und in täglich schärferem Maße schüchterte er mich ein. Ich empfand, daß keine Herzensregung auf ihn wirkte. Er betrachtet ein menschliches Wesen als ein Ding oder ein Faktum, aber nicht als seinesgleichen. Für ihn gibt es nur ihn, alle übrigen Geschöpfe sind Nullen. Seine Willenskraft besteht in der unerschütterlichen Berechnung seines Egoismus; ein geschickter Spieler, der die übrige Menschheit als seinen Gegenpart ansieht, geht er drauf aus, diese so schnell als möglich matt zu setzen. Ich fühlte in seiner Seele etwas wie einen kalten, schneidenden Degen, der überall nur verwundete; ich spürte in seinem Geist eine tiefe Ironie, welche nichts groß und schön ließ. Alles war ihm nur Mittel oder Zweck. Nichts galt ihm heilig, er kannte kein Gesetz. Er prüfte die Dinge lediglich auf ihren unmittelbaren Nutzen; ein allgemeiner Grundsatz mißfiel ihm wie eine Albernheit, wie ein Feind." Schon seine Blicke stachen wie Schwerter; seine scharfe Sprache, seine kurzen, schneidigen Gesten, sein zur Rede stellender, gebieterischer Ton wurden von seinen Zeitgenossen als die beunruhigenden Zeichen eines unumschränkten Herrschers empfunden. Jede Gleichheit oder Vertrautheit, jede Gemütlichkeit floh bei seinem Nahen. Sein Auftreten erinnerte an die Tyrannen längst vergangener Jahrhunderte.

Dabei besaß dieser Mann eine ganz erstaunliche Kraft der Konzentration. Er konnte achtzehn Stunden ununterbrochen bei der Arbeit, ja, bei der gleichen Arbeit zubringen. Man hat seinen Geist niemals müde oder zerstreut gesehen. Er war immer ganz bei der Sache. Die verschiedenen Gegenstände und Angelegenheiten waren, wie er selbst einmal sagte, in seinem Haupte untergebracht wie die Fächer eines Schrankes. „Will ich eine Angelegenheit unterbrechen, so schließe ich ihr Schubfach und öffne das einer andern. Sie vermischen sich keineswegs miteinander und belästigen oder ermüden mich nie. Will ich schlafen, so schließe ich alle Schubladen und befinde mich im Schlaf." Ein selten erzogenes und folgsames Hirn, beständig bereit für jede Anforderung, der augenblicklichsten und völligsten Sammlung fähig! Manchmal hat er als Konsul wichtige Sitzungen von zehn Uhr abends bis fünf Uhr morgens ununterbrochen geleitet, oder er hat mehrere Staatsräte und Schreiber von neun Uhr morgens bis fünf Uhr abends beschäftigt und kaum eine Viertelstunde Pause gemacht; seine Mitarbeiter werden milde und schlafen ein oder kommen nicht nach, aber er weckt sie immer wieder und hält sie in Atem. „Er hat in drei Jahren mehr regiert als Könige in hundert Jahren." Er besaß eine wunderbare Menschenkenntnis, eine großartige Fähigkeit, die Regungen des menschlichen Gemüts zu zergliedern, die Handlungen der anderen zu beurteilen, ihre Beweggründe zu durchschauen, ihre Schwächen zu benutzen. Dabei ein beständiges Pläneschmieden, ein rastloses Spinnen von Gedanken, Formen von neuen Gestalten, Entwerfen von Schlachtstellungen, Erwägen von Möglichkeiten, Ersinnen von Ränken und politischen Schachzügen.

Aber das alles ohne eine Spur von Moral. Seine Liebschaften, auch seine Ehe mit Josephine, waren rein sinnlicher Natur. Er verführte eine Schwester Josephinens nach der andern. „Ich bin nicht ein Mensch wie die andern, sagte er selbst, und die Gesetze der Moral oder des Anstandes können nicht für mich gemacht sein." Als zur Zeit des Konkordats der alte treue Senator Volney in Paris ihm im Gespräch eines Tages ein trockenes, freimütiges Wort zugunsten der Bourbonen äußerte, versetzte Napoleon ihm schnell einen solchen Fußtritt in den Leib, daß er bewußtlos niedersank und lange Tage krank lag. In seiner vollendeten Rücksichtslosigkeit und kaltsinnigsten Brutalität konnte er noch auf St. Helena dem Gouverneur und Personen seiner Umgebung die rohesten Beleidigungen ins Gesicht schleudern. Seine schnellste Regung, sein lebendigster Trieb war, „die Leute an der Gurgel zu packen und ihnen den Fuß auf den Nacken zu setzen"; seine gesprochenen Worte waren meist unheimliche Blitze mit Donner gemischt, und selbst viele seiner schriftlichen Kundgebungen gleichen Feuergarben, hinter denen sich seine drohende Gestalt vor dem Leser erhebt. Wenn er in seinem Kabinett diktierte, pflegte er mit großen Schritten auf und ab zu gehen und zahllose heftige Flüche in das Diktat zu mengen, welche die Schreiber größtenteils unterdrückt haben. Zog er sich an, so warf er solche Kleidungsstücke, die ihm nicht gerade gefielen, heftig zu Boden oder ins Feuer. Die

Kammerdiener hatten den denkbar schwersten Stand mit diesem Gewaltherrscher. Die Schreiber arbeiteten im Schweiß ihres Angesichts und konnten nicht die Hälfte des Diktierten schreiben, doch wiederholte er ihnen erbarmungslos nicht einen einzigen Satz.

Von frühester Jugend an hatte er sich in Gewalttaten geübt. Korsika ist die Heimat der Vendetta und des Faustrechts. Gerechtigkeit gibt es dort nicht, hundertdreißig Morde in zwei Jahren verzeichnet ein amtlicher Bericht über die Insel vom Ende des achtzehnten Jahrhunderts. Gemeinnützigkeit, sozialer Sinn, Staatsgedanke sind dort unbekannt; statt eines Gemeinwesens finden wir eine Menge kleiner, einander feindlicher Parteien. Alles geht mit List oder Gewalt vor sich, jeder trägt Waffen, und keiner ist vor dem andern sicher. Dort hat der junge Bonaparte seine Schule durchgemacht und gelernt, daß der Welt Lauf nicht Friede, sondern Krieg ist, und daß man mit der eisernen Hand am weitesten kommt. Dort hat er früh das Lügen geübt, das ihm angeboren war, und es zu jener erstaunlichen Erfindungskunst darin gebracht, die ihm später zu Gebote stand. Auf der Höhe seiner Macht rühmte er sich der Lüge als eines Zeichens politischer Überlegenheit und erinnerte sich gern der Prophezeiung eines Onkels, welcher schon dem Knaben die Weltherrschaft vorausgesagt hatte, „weil er die Gewohnheit hatte, unter allen Umständen zu lügen". Ein äußerst zäher, gewandter, beredter Sophist, der sich stets den Schein des Rechts zu geben wußte, unterwarf er sich nie der Wahrheit, sondern verfolgte beim Sprechen oder Schreiben den einzigen Zweck, mit allen Mitteln und um jeden Preis seine Sache zu verfechten. Das führte zur Täuschung nicht bloß der andern, sondern auch seiner selbst, zu völliger Verwirrung der Begriffe. Alles, alles mußte seinem Machthunger dienen. Sein Heer wußte er sich geneigt zu machen, aber es galt ihm so viel wie eine Meute Hunde dem Jäger.

Die vorherrschende Leidenschaft in ihm war der Ehrgeiz. „Er ist mir, sagt er selbst, wie das Blut, das in meinen Adern rollt, wie die Luft, die ich atme." Ein Diplomat faßte nach langem Verkehr und sorgfältiger Beobachtung seinen Charakter in das Wort zusammen: „Er betrachtete sich als ein besonderes Wesen in der Welt, gemacht, um sie zu regieren und alle Geister nach seinem Gefallen zu lenken." Deshalb mußte jeder, der mit ihm zu tun bekam, auf eigenes Wollen verzichten und sich zum Werkzeug seiner Herrschaft hergeben. Jede Selbständigkeit war ihm verhaßt. Zuletzt duldete er in seiner Umgebung nur noch vollendete Schranzen und Schweifwedler; seine obersten Diener waren Maschinen oder Fanatiker. Seine Generäle, seine Räte hielt er in sklavischer Abhängigkeit. Die niedersten Triebe der Menschen benutzte er, um sie unter sein Joch zu knechten und immer weiter zu erniedrigen. Alle wußte er lächerlich zu machen, alle Urteilskraft zu ersticken, jede wahre Größe in den Staub zu treten. „Ein Staatsmann, erklärte er, darf nicht sensibel sein; er steht völlig außerhalb, allein auf der einen Seite, auf der andern hat er die übrige Welt." Eine schändliche Menschenverachtung leitete ihn in allem. Die Leute schätzte er nur, soweit er sie brauchen konnte; sie sind nur für ihn da, keiner ist fähig außer ihm, und überhaupt ist kein Mensch eines guten, eines selbstlosen Gedankens fähig; sie sind alle von den niedersten Begierden getrieben.

Kein Wunder, daß jedermann und zuletzt ganz Europa unter seiner eisernen Faust seufzte. „Je näher man ihm stand, desto unerfreulicher wurde das Leben." Er dankte nicht für einen schwierigen, ihm mit Aufopferung erwiesenen Dienst, er lobte nicht; er zollte seine Anerkennung in der Regel nur durch Schweigen. Man mußte sich freuen, wenn er schwieg. Welchen unerträglichen Druck er ausübte, wie furchtbar er der menschlichen Gesellschaft den Atem benahm, das fühlte er selbst. Man hörte ihn sagen: „Glücklich ist, wer sich vor mir in irgendeiner fernen Provinz verstecken kann"; und er sprach von der allgemeinen Erleichterung, die mit seinem Tode eintreten werde, von dem gänzlichen Mangel an Trauer bei seinem Scheiden. Die beständige Furcht, welche er einflößte, vernichtete um ihn her jedes Wohlsein und Behagen, jede Unterhaltung und Freude. Da herrschte lediglich der Befehl und der Gehorsam. Selbst bei den Hoffesten gab es kein Aufatmen, kein Gehenlassen, keine Luft – eisiges Zeremoniell in militärischer Abwicklung. Selten ist aus Napoleons Munde ein liebenswürdiges oder auch nur hübsch gewendetes Wort gegen eine Dame geflossen, wiewohl sich die Anstrengung, ein solches zu finden, bisweilen aus seinem Gesichte malte. Deshalb freute sich jegliche Dame, wenn sie den eckigen, unartigen Herrn sich wieder entfernen sah. Metternich schildert das unbeschreiblich Linkische der Haltung Napoleons im Salon, und Varnhagen von Ense erzählt, er habe nie eine so rauhe, harte Stimme gehört und nie ein so unerfreuliches, eisiges, erschreckendes Lachen gesehen, bei welchem Mund und untere Backen zwinkerten, während Stirn und Augen unbeweglich finster blickten.

Napoleon gefiel sich darin, den Leuten ihre Schlechtigkeiten aufzudecken und vorzuwerfen; er weidete sich förmlich an der Schande ihrer Blöße und an ihrer Vernichtung; aber ebenso erzählte er seine eigenen Ausschreitungen, z. B. im ehelichen Leben, mit der schamlosesten Offenheit und duldete nicht, daß sich Josephine oder sonst jemand darüber beschwerte. „Ich habe das Recht, auf alle euere Klagen mit einem ewigen „Ich" zu antworten." Das Wort „Ich" mußte in der Tat alles zudecken, und zur Erklärung fügte Napoleon hinzu: „Ich bin abgesondert von aller Welt, Ich lasse mir von niemandem Bedingungen stellen noch irgendwelche Pflichten auferlegen; auch kein Gesetz aufzwingen, nicht einmal das der äußeren Höflichkeit… Ach, der gute Geschmack! wieder eins jener klassischen Worte, von welchen Ich nichts wissen will."

Mit einem solchen Charakter ließ sich in der Tat nicht leben. Sein Geist war zu gewaltsam, zu übelwollend und unheilschaffend. So lange er regiert, so lange hat man Krieg.

Keine Schranke kann ihn halten, kein Vertrag ihn binden. Der Friede ist bei ihm immer nur Waffenstillstand, geschlossen, um neue Kräfte zum Krieg zu sammeln. Er ist durchaus unverträglich. Seine Kriege zwischen den Fahren 1804 und 1815 haben mehr als 1700000 eingeborene Franzosen getötet, dazu etwa zwei Millionen sogenannte Verbündete Frankreichs, und dementsprechend sind die Zahlen bei den gegnerischen Truppen. Nach andern Berechnungen ist die Ziffer der durch Napoleons Kriege Getöteten noch um mehrere Millionen höher. Geliebt hat er sein Volk und seine Soldaten niemals – höchstens so, wie der Reiter sein Pferd liebt, das er anschirrt, aufzäumt, dressiert, reizt, hetzt, spornt, jagt, nicht um ihm eine Freude zu machen, sondern um sich selbst seiner zu bedienen und es auszunutzen bis zur völligen Erschöpfung. Napoleon hat sein stolzes Frankreich fast zu Tode geritten, er hat es tief verschuldet und mit allen Völkern zerfallen zurückgelassen. Er hat ihm auch nicht für einen Nachfolger gesorgt. Sein Egoismus verbot ihm das. Was geht ihn das französische Volk, was geht ihn die ganze Mit- oder Nachwelt an? Wenn er nur einen gedeckten Tisch vor sich und eine Krone auf dem Haupte und alle Menschen zu seinen Füßen hat.

* * *

Bekanntlich soll Napoleon auf der Insel Helena selbst Vergleiche gezogen haben zwischen Jesus und sich. „Alexander, Cäsar und ich haben große Reiche gegründet mit dem Schwert, und sie sind zerfallen. Jesus hat sein Reich aus Liebe gegründet – und es besteht, es wird ewig bestehen." Es ist nicht erwiesen, daß Napoleon so gesprochen, aber tatsächlich läßt sich kein klaffenderer Gegensatz denken als zwischen Jesus und Napoleon. Dies Kapitel könnte hier abbrechen mit der Aufforderung an den Leser: Denke dir in allem das gerade Gegenteil vom Egoismus eines Napoleon, und du siehst die Menschenfreundlichkeit Jesu vor dir. Hatte nicht auch dieser eine große Herrschergabe, ein seltenes Organisationstalent und ein wahres Genie in der Behandlung der Menschen? Aber wiewohl er ein geborener Herrscher war, verzichtete er auf weltliche Herrschaft und erwählte das arme Leben des Dienens. Dafür wurde es den Leuten wohl in seiner Nähe; angezogen von dem Sonnenschein seiner anmutigen Worte und seines aufrichtig freundlichen Wesens scharten sie sich um ihn, und mancher wünschte für immer bei ihm zu bleiben. Seine ständigen Gefährten haben sich nie beklagt und sind seiner nicht überdrüssig geworden: sie waren nicht seine Diener, sondern seine Freunde, die unendlich viel von ihm empfingen. Sie empfanden seine Persönlichkeit nicht als Druck. Er nahm allen nur Lasten ab und mißbrauchte niemand für selbstige Zwecke, sein Auge suchte nicht den eigenen Vorteil, weder Mund noch Stirn erhoben Ansprüche an die Umgebung. Aber er hatte allen immer etwas zu bieten. Seine Liebe erstreckte sich auf den ganzen Menschen, auf die leiblichen wie die seelischen Bedürfnisse. Wohltun war sein Leben, „Geben seliger als Nehmen« eines seiner Leitworte.

Diese Liebe gehört zu dem Neuen, das Jesus gebracht hat, sie ist sein eigentliches Vermächtnis an die Menschheit. Und dieser Edelstein erglänzt scharfgeschliffen nach drei Seiten: Die vernünftige Seite heißt Gerechtigkeit, Rechtlichkeit, Achtung der allgemeinen Menschenrechte, Billigkeit; die empfindsame Seite heißt Mitgefühl, Barmherzigkeit; die sozialethische endlich heißt Treue. Wir lassen zunächst die erste Seite leuchten.

Daß die Liebe Jesu nicht bloß ein dunkler Drang, sondern ein vernünftiger Entschluß, eine auf klarer Überlegung beruhende Willensrichtung ist, zeigt die Versuchungsgeschichte, welche die Evangelisten an den Eingang seines Wirkens stellen. Die Versuchung knüpft an das soeben in Jesu erwachte Selbstbewußtsein und Kraftgefühl die Frage: Liebe oder Selbstsucht, dienen oder herrschen? stellt ihn in der ersten Szene vor die Möglichkeit, die ihm verliehenen Kräfte für sich selbst zu verwenden statt für andere; in der zweiten vor die Möglichkeit, durch nutzlose Schauwunder sich Eingang zu verschaffen statt auf dem steilen Weg der Selbstverleugnung; in der dritten vor die Möglichkeit, für sich selbst ein Weltreich zu errichten mittels Lüge und Leidenschaft, statt Gottes Reich aufzurichten mittels Liebe und Leiden. Jesus fühlt in seinem Verhältnis zu Gott sich alles untertan, die Natur, die Menschen, die Geisterwelt. Darin liegt eine große sittliche Gefahr. Solche Macht im Dienst der Liebe zu gebrauchen ist göttlich, im Dienst des Ich teuflisch. Jesus beugt sich rückhaltlos und ohne Zaudern unter Gott und entscheidet sich für ein Leben der Liebe. Er verzichtet für sich auf alles, um desto mehr für andere zu begehren, um niemandem eine Bitte um Hilfe abschlagen zu müssen. Gott muß ihn, den für andere Bittenden, aber für sich Wunschlosen, erhören. Unter dem Kreuz haben ihm seine Feinde das Zeugnis ausgestellt: Er hat andern geholfen – sich selber hilft er nicht.

Er half den Menschen um Gottes willen, Gott allein anbetend und ihm allein dienend. Seine Menschenliebe war Gottesliebe. Die Juden trennten beides durch klaffenden Abstand, setzten die Moral tief unter die Religion, erdrückten mit ihren Kultusübungen fast die häuslichen, bürgerlichen, sozialen, die einfachen Menschenpflichten. Dahinter versteckte sich Heuchelei und Selbstsucht. Wenn Jesus eine bessere Gerechtigkeit von seinen Jüngern fordert, als die der Schriftgelehrten und Pharisäer, so meint er Hebung der Moral auf die Stufe der Religion, ja Verschmelzung der beiden in eins, Menschenliebe als eigentlichen und täglichen Tatbeweis der Gottesliebe[871]. Und diese bessere Gerechtigkeit, dieses neue Rechtverhalten zeichnet er bei Matthäus nach den verschiedenen Beziehungen zum Mitmenschen vor allem als Versöhnlichkeit, Keuschheit, Wahrhaftigkeit, Willfährigkeit, Freundlichkeit selbst gegen den Feind[872]. Er begründet

---

[871] Mt 5 20 vgl Kap 15.
[872] Mt 5 21–48.

sie mit der Liebe, die Gott allen Menschen, guten und bösen, in gleicher Weise erweist. Aus dieser Tatsache folgt doch, daß Gott die Liebe will, daß er die Menschen für die Liebe geschaffen, daß die Menschen die Liebe so nötig haben wie die Pflanzen den Regen und den Sonnenschein.

Das ergibt sich auch aus der Selbstbeobachtung. Du bist, zeigt Jesus in der Geschichte vom Schalksknecht[873], vollständig auf das Erbarmen Gottes angewiesen. Wenn er dir nicht deine Schulden immer wieder erließe und aus der Not hülfe, wärest du verloren. Wer also selber der Liebe bedürftig ist, der muß sich innerlich verpflichtet fühlen, aus Dankbarkeit oder aus Billigkeit, die gleiche Liebe andern zu erweisen, die ihrer bedürfen. Die erfahrene Barmherzigkeit soll nach göttlichem Rechte dich zur Barmherzigkeit treiben. Und weiter. Stellst du nicht deinerseits an deine Mitmenschen von Jugend auf täglich sehr bestimmte Ansprüche? Daraus folgt für einen Billigdenkenden mit Notwendigkeit, daß die gleichen Ansprüche an dich erhoben werden können und müssen. Der Spruch des Hillel, der sich übrigens ähnlich bei andern Völkern findet: „Was dir unlieb, das tue auch deinem Nächsten nicht!" genügt hier keineswegs, denn du erhebst selber sehr bestimmte Wünsche, nicht bloß auf ein Nichttun, sondern auf ein Tun, nicht nur auf ein Nichtschädigen, sondern auf ein Nützen, nicht bloß auf Nichthaß, sondern auf Liebe seitens der anderen. Die Menschen sind vom Schöpfer aufeinander angewiesen zu gegenseitiger Hilfe. Darum: „Alles, was ihr wollt, daß euch die Leute tun sollen, das tut auch ihnen; das ist die ganze Bibel[874]!" Darin ist in der Tat alles enthalten. Dieser goldene Spruch Jesu bedeutet nicht bloß einen gewaltigen Fortschritt gegen alle früheren Epochen der Liebe, sondern die endgültige Lösung der Frage. Hier ist vollkommene Billigkeit und Gerechtigkeit. Du sollst deinen

---

[873] Mt 18.
[874] Mt 7 12 5 43 ff.

Nächsten lieben wie dich selbst! Diese in ihrer Einfachheit geniale Formel hatte den israelitischen Weisen manche Schwierigkeit bereitet. Wie ist das eigne Recht mit dem des Nächsten, wie ist Liebe und Selbsterhaltung zu vereinen, wer hat überhaupt Anspruch auf Liebe, wer ist der Nächste? Ist nicht auch der Zorn berechtigt und der Haß unter Umständen geboten und die Rache Gerechtigkeit? Alle solche Fragen erledigen sich unter den Händen Jesu aufs einfachste. Wie die Sonne die Sterne auslöscht, so beseitigt die sonnenhaft vollkommene Liebe Gottes, welche Jesus schlechthin zum Vorbild stellt[875], alle die abirrenden Gelüste des Herzens. Kann der Mensch nicht in dem Grade und Umfange lieben wie Gott, so soll doch die Art und Weise seiner Liebe die gleiche sein.

Die Liebe fragt nicht, wem? – sie liebt, sie gibt, sie hilft, sie ist *weitherzig*. Die Geschichte vom barmherzigen Samariter[876] wendet die Frage: „Wer ist mein Nächster?" um zu der andern: „Wem bist du der Nächste zum Helfen?" und zu dem Hinweis, „hast du einem vielleicht völlig Fremden oder gar einem Feinde einmal geholfen, so bist du ihm nahe gerückt, und es ist ein dauerndes Band geknüpft." Die Liebe überbrückt von sich aus die tiefsten Gegensätze, ja hebt alle menschlichen Schranken auf. Der reiche Mann war dem armen Lazarus der Nächste, ihm Gutes zu erweisen. Gott hatte den Armen vor seine Schwelle gelegt; daß er ihn liegen ließ, das schlägt Mose und den Propheten ins Angesicht, das trennt ihn nun für ewig von diesem Schützling Gottes, den die Engel heimholen[877].

Die Liebe duldet neben sich nichts Böses im Herzen, sie will ungemischt, unbedingt, unbeschränkt herrschen, in diesem Sinne ist sie *engherzig*. Ein Gemisch von Liebe und Haß ist unhaltbar[878]. Haß ist Bosheit, Liebe ist Güte. Die Liebe

---

[875] Mt 5 45. 48 18 23 20 15 Lk 6 36 15 20–32.

[876] Lk 10.

[877] Lk 16.

[878] Mt 5 21 ff. 39 ff.

fordert also unmittelbar das Vergeben, sie ist eine unbegrenzte Bereitwilligkeit zum Sichversöhnen und Segnen. Liebe schließt jede Rache aus und vernichtet die Rachsucht. Sie bedeutet nicht bloß Mäßigung des Zorns, sondern Aufhebung jeder trennenden Leidenschaft, Überwindung des Bösen. Das beleidigende Wort und der Groll des Herzens sind genau so sündig wie die erhobene Hand. Liebe verträgt sich nicht einmal mit hartem Beurteilen oder hochmütigem Zurechtweisen des andern. *Comprende c'est pardonner.* Nicht richten heißt vergeben zudecken, auf jede Bestrafung oder Demütigung des andern verzichten. Die Liebe läßt sich durch das Tun des andern nicht beeinflussen oder beirren. Sie erhebt sich über die Beleidigungen, indem sie diese aus Gottes Hand annimmt und ihr Verhalten gegen den Beleidiger nicht ändert. Entspringt sie doch frei dem guten Willen des Menschen, der sich an Gott gebildet hat.

Die Liebe ist selbständig, unabhängig, *zuvorkommend.* Sie wartet nicht, bis der andere entgegenkommt. Eine auf Gegenliebe fußende Liebe findet sich auch bei Zöllnern und Heiden; da sie nicht mehr gibt, als sie empfängt, tut sie nichts Besonderes, sie ist im Grunde selbstsüchtig[879]. Selbstlose Liebe, die ohne Nebenabsichten des andern Wohl sucht, zeugt von Seelenstärke, geistiger Übermacht, ja von unversieglichem Reichtum. Während schwächliche Menschen immer nur für sich selber sorgen, ist es großen Seelen gegeben, noch an andere mitzudenken, viele zu tragen, immerfort zu spenden. Die Liebe Jesu, schöpfend aus dem unergründlichen Born einer höhern Welt, ist reich in sich selbst. Sie wartet nicht die Bitte ab, rechnet nicht auf Dank, dient nicht um Lohn, sucht nicht Ehre, Beliebtheit oder Liebe von Menschen – dadurch würde sie ja in sich selbst gespalten und wäre nicht mehr Liebe[880]; sie handelt aus eigenem Triebe.

Die Liebe Jesu hat etwas Königliches – aber im *Gewande der Demut.* Wie weiß er alle Einbildung, alles Verdienstha-

---

[879] Mt 5 46 f Lk 14 12 ff.
[880] Mt 6 1–18 Lk 17 7–10 15 29.

schen dabei abzuschneiden! Jener Knecht, der dem Mitknecht nicht vergeben will, wandert in den Schuldturm; würde er ihm aber vergeben, so wäre das, im Verlauf der Parabel, nicht etwa eine rühmenswerte Großmut, sondern eine ganz selbstverständlich sich ergebende, innere Pflicht. Für die Verfolger und Verleumder beten, ja ihnen wohltun, das ist kein außerordentlicher Edelsinn, sondern einfache Pflicht eines Gotteskindes; der Zweck darf also nicht sein, dem Feinde feurige Kohlen aufs Haupt zu sammeln, wie ein israelitischer Spruch sagte[881], d. h. ihm die Schamröte ins Gesicht zu treiben, sondern sich nicht selber einer Pflichtverletzung schämen zu müssen. Nachdem uns selbst soviel, ja alles geschenkt worden, ist sorglos weiterschenkende, reiche, königliche Freigebigkeit das Natürliche. Nicht Gott hat uns zu vergelten, sondern wir ihm, wir bleiben Schuldner. „Wir sind unnütze Sklaven, wir haben nur unsre Schuldigkeit getan." Die Liebe hat nichts zu schaffen mit jenem ehrgeizig eitlen Gesehen- und Gepriesenwerdenwollen. Sie ist „einfältig" und rechnet nicht, noch besinnt sie sich auf sich selbst. Die linke Hand weiß nicht, was die rechte tut. Eben darum kann Jesus der Liebe den Himmel zusichern. Weit entfernt von irgendeiner Verdienstlehre – denn Liebe und Verdienst schließen einander aus – schildert er selbst, wie die wegen ihrer Liebe im Gericht zur Rechten Gestellten verwundert fragen: Herr, wann haben wir diese guten Werke getan? Die Liebe ist ihnen zur andern Natur geworden, sie hat also tatsächlich den Menschen verändert und für das Licht Gottes reif gemacht; aber sie selber weiß es nicht[882].

Wie der Weg eines Künstlers, beispielsweise eines Sängers, aus der Natur durch die Kunst wieder zur Natur zurückgeht und die höchste Vollkommenheit in der höchsten Natürlichkeit sucht, so wird die Liebe Jesu durch vernünftige Überlegung, beständige Übung und immer wiederholte Willensentscheide zuletzt zur festen Gemütslage, zum unveräu-

---

[881] Röm 12 20 Spr 25 21 f.
[882] Mt 25 31 ff 10 42 f Lk 7 47.

ßerlichen Wesenszug, zur bleibenden Charaktereigenschaft, zur höchsten sittlichen Vollkommenheit.

Um diese schlichte, in sich selbst starke, wahre, ganze Liebe zu pflanzen, gibt Jesus nicht neue Gebote, dringt auch nicht auf besondere Werke oder heroische Taten – nein, in den gegebenen Verhältnissen soll die Liebe klein ansangend sich bewähren. Der Becher kalten Wassers einem Geringen gereicht, der stille Trostbesuch im Gefängnis, die einfache Hilfeleistung des Samariters, die unbeachtete Umarmung eines Kindes, der freundliche Gruß auf der Straße, die verschwiegene Fürbitte im Kämmerlein, der segnende Gedanke im Heiligtum des Herzens – das sind Dinge[883], die das arme Leben verklären und ewiges Leben in sich schließen. Immer wieder beweist sich Jesus als ein ganzer Mann, der auf die Vollkommenheit im einzelnen dringt, dem das bis ins Innerste und Äußerste durchgeführte Sein über allen noch so blendenden Schein geht, die Qualität über die Quantität. Nicht auf das Wieviel und das Wiegroß, sondern auf das Wie kommt es an. Wahres Lieben bringt Gott nahe, hebt den Menschen über sich selbst hinaus und sichert ihm die Ewigkeit.

Solche Liebe bahnt das Reich Gottes auf Erden an und muß in der Tat die menschlichen Verhältnisse auf das Einschneidendste verändern. Unbeschränkte Achtung vor dem Menschen, vor der Menschenwürde und den Menschenrechten wird Regel, und es waltet ein gerechtes Gericht über den Nebenmenschen auf Grund der eigenen Schwäche und der göttlichen Liebe. Wenn ein Napoleon sagen konnte: „Die Menschen sind Schweine, die sich von Gold mästen. Ich werfe ihnen also Gold vor und führe sie, wohin ich will!" – welch eine rohe Verachtung der Menschheit! Wenn Jesus unter den Hunderten, die Spalier bildeten in der Palmenstadt, den einen, und zwar den allerverachtetsten, den Oberzöllner

---

[883] Mk 10 42 18 5 5 44 25 35 f Mk 9 36 f. 41 Lk 10 34 Kap 16.

Zakchäus, entdeckte, auszeichnete und beglückte mit den Worten[884]: „Zakchäus, ich muß heute in deinem Hause einkehren!" ja den Schild über ihn breitete vor allem Volk: „er ist doch auch ein Sohn Abrahams!" – wenn Jesus die Dirne, die ihn im Hause des Pharisäers aufsuchte, vor der frostig stolzen Umgebung zart in Schutz nahm und mit unvergleichlicher Rücksicht behandelte, sie hoch erhob und segnete[885]: „Gehe hin, sei glücklich, dein Glaube hat dir geholfen" – so ist hier der Welt eine neue Liebe, dem einzelnen eine neue Wertschätzung geschenkt. Jesus hat den Menschen im Menschen entdeckt, den unendlichen Wert der Seele erkannt[886] und uns für einander verantwortlich gemacht. „Sucht nicht, fragt er[887], der Bauer sein verlorenes Schaf und die Frau ihr verlorenes Geldstück aus dem einfachen Grunde, weil ihr Eigentum einen großen Wert für sie hat?" So soll der Mensch dem Menschen gehören, jeder den andern hegen, pflegen, suchen, tragen, fördern und mit Freuden als Bruder aufnehmen.

Siehe da, in dieser unerhörten Menschenachtung oder Gerechtigkeit Jesu die drei hochgewünschten Güter der Menschheit unmittelbar gewährleistet: Freiheit, Gleichheit, Brüderlichkeit – nicht im Sinne des gewaltsamen Umsturzes der äußern Verhältnisse, sondern der friedlich gehorsamen Umgestaltung des innern Menschen; nicht mit dem Motto: „Und willst du nicht mein Bruder sein, so schlag ich dir den Schädel ein", sondern mit dem Wahlspruch: Ich dien'.

Freiheit. „Ihr wißt, daß die, welche als Herrscher der Völker gelten, sie unterjochen, und die Großen sie unterdrücken. So ist es aber bei euch nicht. Vielmehr, wer unter euch groß sein will, der soll euer Diener sein, und wer unter euch der

---

[884] Lk 19 5. 9 f.
[885] Lk 7 50.
[886] Mt 16 26.
[887] Lk 15.

erste sein will, der soll aller Sklave sein. Auch ‚der Mensch' ist ja nicht gekommen, um sich bedienen zu lassen, sondern um zu dienen und anstatt vieler sein Leben zum Lösegeld zu geben[888]."

Gleichheit. "Wehe über die geistlichen Machthaber! sie binden schwere Lasten zusammen und legen sie den Menschen auf die Schultern, sie selbst aber wollen nicht mit dem Finger daran rühren. Gerne haben sie den Ehrenplatz bei Tische und in der Synagoge, gern lassen sie sich ehrerbietig grüßen auf dem Markt und sich von den Menschen Rabbi nennen. Ihr aber sollt euch nicht Rabbi nennen lassen, denn einer ist euer Meister, ihr alle aber seid Brüder. Und niemanden auf Erden sollt ihr Vater nennen, denn einer ist euer Vater, der im Himmel. Auch Führer sollt ihr euch nicht nennen lassen, denn euer Führer ist einer, Christus. Der Größte unter euch soll Diener sein. Wer sich selbst erhöht, wird erniedrigt, und wer sich selbst erniedrigt, wird erhöht." Drum überall „setz dich untenan"[889]!

Brüderlichkeit. Es findet sich noch kein Ausspruch Jesu, der ausdrücklich alle Menschen Brüder nennt. Erst zaghaft, mehr nur gleichnisweise wagt sich das Wort Bruder hervor. Der Begriff hat noch mit viel menschlichen Vorurteilen zu kämpfen. In den Geschichten vom Gastmahl, von der königlichen Hochzeit und vom Samariter holt Jesus die Fernen, die Ausgestoßenen von den Hecken und Zäunen herein und setzt sie neben, ja über die vermeintlich Bevorzugten[890]; wie er auch selber Tischgemeinschaft mit den verachteten Kasten pflog[891]. Die Geschichte vom verlorenen Sohn scheint, so herrlich auch der Vater geschildert ist, doch hauptsächlich auf das brüderliche Verhalten abzuzielen. Und überall, wo Jesus vor dem Splitterrichten oder dem Nachtragen warnt, wo er unbedingtes Entgegenkommen, liebevolles Zurechthel-

---

[888] Mt 20 25 ff.
[889] Mt 23 Lk 14 7 ff.
[890] Lk 10. 14 Mt 22 vgl 8 11.
[891] Lk 15 2 19 6 5 9.

fen, Versöhnlichkeit und Friedfertigkeit einschärft, da braucht er mit Nachdruck das Wort Bruder[892]. – Wie klagt doch Uhland:

> Ich ging zur Tempelhalle, zu hören christlich Recht,
> Hier innen Brüder alle, dort draußen Herr und Knecht!
> Der Festesrede Giebel war: Duck dich, schweig dabei!
> Als ob die ganze Bibel ein Buch der Könige sei.

Jesus lebte und lehrte wahre *Humanität*. Die Antike hatte das Wort, aber nicht die Sache. Das Judentum hatte den Buchstaben, aber nicht den Geist. Die moderne Zeit züchtet eine gottleugnende Menschenfreundlichkeit, die wie gewisse wurzellose Luftpflanzen immer ohne Halt und ohne Kraft bleiben wird. Erst die Liebe Jesu, aus Höhen geboren und zu Höhen strebend, macht den Menschen zum Menschen, das Leben lebenswert, ja lieblich. Göttlich erbarmendes Gericht üben gegenüber dem Mitmenschen, billig von ihm denken nach dem Maßstab der eigenen Wünsche, Bedürfnisse, Ansprüche, Schwächen, Fehler, Sünden, im Blick aus den gemeinsamen Ursprung und das gemeinsame Ziel – das ist wahre Gerechtigkeit, das ist Humanität.

Und diese Liebe Jesu, das einzig wahre Menschenrecht, das einzig nötige Gesetz, wird den Sieg erringen in der fernern Entwicklung der Menschheit.

> Nicht trüber Verträge trügender Bund,
> Nicht heuchelnder Sitte hartes Gesetz;
> Selig in Lust und Leid läßt die Liebe nur sein.

So hat um das gärende Jahr 1848 Richard Wagner (im ursprünglichen Schluß der Götterdämmerung) gesungen. Damals dichtete er an einem Drama „Jesus von Nazareth", das nur Entwurf geblieben, aber sich durch tiefe Gedanken und

---

[892] Mt 5 22. 24 7 3 ff Mt 18 15 Lk 15 25 ff.

freudiges Hoffen auszeichnet. Mit Jesu hat er eine Zeit zu schauen gewagt, wo die Liebe auf Erden regiert, und eine neue Gesinnung das Gesetz überflüssig macht; eine neue Menschheit, wo einer dem andern dient und hilft; eine neue Welt ohne Gewaltherrscher und Kriege.

Statt solche Hoffnungen als utopisch zu belachen, gilt es sie in mutigem Glauben ergreifen und als Ziel eigenen Strebens festhalten. Jesus vertröstet die Welt mit ihrem Jammer nicht bloß auf ein besseres Jenseits, sondern er fängt die Weltverbesserung am einzig richtigen Ende an: beim einzelnen Menschen, nachdem er selbst mit dem guten Beispiel eines vollen Verzichtes auf das Eigene vorangegangen. Er will eine neue, lediglich auf Liebe gegründete Gemeinschaft aus seinem Leben erzeugen und ein Friedensreich aufrichten auf Erden. Wie vieles ist tatsächlich durch seinen Einfluß schon anders geworden in Ehesitte, Strafrecht, Staatsverfassung, im Völkerleben. So kommt das Reich Gottes auf die alte Erde – durch die Liebe Jesu.

25. Kapitel

Barmherzigkeit

Unter dem Titel „Das Kind der Barmherzigkeit" hat Herder in den „Blättern der Vorzeit" folgende Dichtung aus der morgenländischen Sage gegeben:

„Als der Allmächtige den Menschen erschaffen wollte, versammelte er ratschlagend die obersten Engel um sich.

„Erschaffe ihn nicht! so sprach der Engel der Gerechtigkeit; er wird unbillig gegen seine Brüder sein, und hart und grausam gegen den Schwächeren handeln.

„Erschaffe ihn nicht, so sprach der Engel des Friedens. Er wird die Erde düngen mit Menschenblut; der Erstgeborene seines Geschlechts wird seinen Bruder morden.

„Dein Heiligtum wird er mit Lügen entweihen, so sprach der Engel der Wahrheit, und ob du ihm dein Bildnis selbst, der Treue Siegel, auf sein Antlitz prägtest.

„Noch sprachen sie, als die Barmherzigkeit, des ewigen Vaters jüngstes, liebstes Kind, zu seinem Throne trat und seine Knie umfaßte. Bild' ihn, sprach sie, Vater, zu deinem Bilde selbst, ein Liebling deiner Güte. Wenn alle deine Diener ihn verlassen, will ich ihn suchen und ihm liebend beistehen und seine Fehler selbst zum Guten lenten. Des Schwachen Herz will ich mitleidig machen und zum Erbarmen gegen Schwächere neigen. Wenn er vom Frieden und der Wahrheit irrt, wenn er Gerechtigkeit und Billigkeit beleidigt: so sollen seines Irrtums Folgen selbst zurück ihn führen und mit Liebe bessern.

„Der Vater der Menschen bildete den Menschen. Ein fehlbar-schwaches Geschöpf; aber in seinen Fehlern selbst ein Zögling seiner Güte, Sohn der Barmherzigkeit, Sohn einer Liebe, die nimmer ihn verläßt, ihn immer bessernd. Erinnere dich deines Ursprungs, Mensch, wenn du hart und unbillig bist. Von allen Gotteseigenschaften hat Barmherzigkeit zum Leben dich erwählt; und lebend reicht dir Erbarmung nur und Liebe die mütterliche Brust."

* * *

In der Tat ist der Mensch von der ersten Stunde seines Lebens an auf Erbarmen angewiesen, darum auch zum Erbarmen bestimmt. Der Mensch ist ein *„Zoon politikon"*, ein soziales Wesen, auf das Zusammenleben mit seinesgleichen angelegt. Der Schöpfer hat ihm nicht bloß „Eigengefühle" und Selbsterhaltungstriebe mit auf den Lebensweg gegeben, sondern auch Mitgefühle. Nicht bloß Selbstliebe soll seinen Willen leiten, sondern auch Mitleid. Die Fähigkeit, fremden Schmerz und fremde Lust nachempfindend mitzuerleben und auf das eigene Fühlen, Gebaren, Handeln einwirken zulassen, ist dem Menschen angeboren. „Der Trieb, sagt Wilhelm

Mundt, den Leiden des Mitmenschen zu steuern und seine Freuden zu teilen, beruht auf einer ursprünglichen Anlage des menschlichen Gemütes." Allerdings ist die Empfänglichkeit für solche Mitgefühle sehr verschieden. Die einen sind von Natur sehr empfindsam, feinsühlig, teilnehmend, weichherzig, gutmütig; andere dagegen zeigen sich hart, streng, kalt, roh veranlagt.

Mitfühligkeit ist an und für sich noch keine Tugend. Natürliches Mitleid, und mag es noch so stark sich regen, ist weder ein Verdienst, noch gar, wie Schopenhauer wollte, der Maßstab des moralischen Wertes eines Menschen überhaupt. Es kann, wie Friedrich Paulsen ausführt, mit allen sieben Todsünden zusammen bestehen. Es bedarf wie jede Seite des Trieblebens der Erziehung durch die Vernunft. Wohlgezogen wird es zur segensreichsten Macht, aber zügellos zum Verderben. Gleich dem Haß ist das Mitleid blind, und gleich dem Zorn oder dem Schrecken kann es den Menschen überwältigen, lähmen, töten. Wenn du einem Schwerverwundeten beispringst, mußt du, um helfen zu können, dein Mitleid so weit in der Gewalt haben, daß du dich weder entsetzt von den Wunden abwendest noch in Tränen auflösest. Der operierende Arzt muß gelernt haben, dem Mitleid wehren; ohne eine verständige Abhärtung des Herzens hätte er keinen klaren Blick, keine sichere Hand. Wenn der in ein Krankenzimmer oder in ein von Unglück heimgesuchtes Haus tretende Seelsorger händeringend stehen und jammern wollte, so würde er nur das Unglück vermehren. Wenn er dagegen ruhig fragt, freundlich aufklärt, bestimmt anordnet, so teilt sich seine Ruhe wohltätig den Fassungslosen mit und an seiner Festigkeit vermag sich das ganze Haus auszurichten. Man spürt eine Widerstandskraft gegen das Übel und faßt neuen Mut, womit die Schlacht schon halb gewonnen ist.

Allem Anschein nach ist der Mann, der wie keiner zuvor die Liebe gepredigt, geübt, verkörpert hat, von Natur sehr mitleidig gewesen. Zartbesaitet in jeder Hinsicht, brachte er

Gott das empfindlichste Gewissen, den Mitmenschen die aufmerksamste Sympathie entgegen. Wir sehen es an der Schnelligkeit und Sicherheit, mit der er fremde Gemütszustände erfaßt, durchschaut, bloßlegt, bei Gegnern, bei Freunden, bei Hilfe suchenden, bei solchen, die er selbst anredete. Wir erkennen seine Feinfühligkeit aus der Art, wie er in seinen Erzählungen das Erbarmen schildert und wie er die Menschen zeichnet.

Günstig für die Entwicklung der Sympathie Jesu dürfte es gewesen sein, daß er im zufriedenen Mittelstand aufgewachsen. Wer in hartem Kampfe um sein Brot ringen muß, pflegt ebensowenig Herz für andere zu haben, als wer alles im Überfluß besitzt. Unter den Handwerkern und wackeren Bürgern findet sich am meisten Mitgefühl. Wachsen kann es da nicht, wo das Selbstgefühl des Menschen durch persönliche Sorgen und Rücksichten zu sehr in Anspruch genommen ist. Darum verlieren aszetische Naturen desto mehr das Gefühl für fremde Leiden und Freuden, je strenger sie gegen sich selbst sind. Bei dem Wüstenprediger Johannes tritt die Liebe ganz zurück, und von Heiltätigkeit oder irgendwelchem Eingehen auf das menschliche Elend wird uns nichts berichtet. Die milde Aszese Jesu kann sein Mitleid laum geschwächt haben.

Wiederholt wird von den Evangelisten ausdrücklich erwähnt: es jammerte ihn[893]. Man muß es ihm angesehen haben. Der Atem stand ihm still, um im nächsten Augenblick desto heftiger zu fliegen. Sein Innerstes bewegte sich. Sein Auge umflorte sich oder lonnte sich mit Tränen füllen[894]. Er vergaß alles um sich her, ja, ganz mit dem Unglück vor ihm beschäftigt, vergaß er die eigenen, soeben noch lebhaft gefühlten Bedürfnisse.

Dies Erbarmen Jesu wird vor allem hervorgehoben, wenn er dem Tode gegenüber trat. Der plötzliche Anblick der

---

[893] Mt 9 36 14 14 15 32 20 34 Mk 1 41 Lk 7 13.
[894] Lk 19 41 Joh 11 35 (2 Kön 8 11).

Witwe, der man den einzigen Sohn zu Grabe trug, mitten in der lachenden Landschaft von Nain, schnitt ihm durchs Herz. Es ist, als ob er selbst einmal etwas ähnlich Einschneidendes am eigenen Leibe, in der eigenen Familie erfahren hätte. Jesus ist jedenfalls öfter einem Leichenzuge begegnet. Dort am Stadttor in der blühenden Ebene erregen die besonderen Umstände sein besonderes Mitleid und drängen ihn augenblicklich zum Eingreifen. Statt mitzuweinen redet er die Witwe an: „Weine nicht!" dann tritt er den Trägern, den Mittrauernden, dem Tode entgegen. „Jüngling, dir sage ich, stehe auf!" Den Erweckten gibt er der Mutter. Die Tatsache, die nur Lukas überliefert, ist von der Kritik hart mitgenommen worden. Wie sie auch zu beurteilen, der Berichterstatter stellt das wohlerzogene Mitleid Jesu als die treibende, den Glauben mächtig verstärkende Kraft hin, ebenso wie der Erzähler der Totenerweckung in Bethanien[895].

Weniger angefochten ist die Tat Jesu im Hause des Synagogenvorstehers Jairus. Als dieser ihn auf offener Straße kniefällig um Hilfe anrief, weil seine einzige Tochter im Sterben liege, geht Jesus sofort mit ihm, obwohl eine große Menge seiner wartet. Unterwegs kommt die Botschaft, das Mägdlein sei gestorben, weiteres Bemühen unnötig. Die feine Bemerkung Jesu an den Vater: „Fürchte dich nicht, glaube nur!" zeigt, wie er mit dem Geängsteten empfindet. Und dann im Hause – welch ein machtvolles Entgegentreten! Die verwirrenden, den Todesgedanken nur vertiefenden Klageweiber und Trauerpfeifer werden entfernt, die Leidtragenden ausgeschlossen, die Angehörigen beruhigt: „Weinet nicht! Das Kind ist nicht gestorben, sondern es schläft." Nun ein ruhiges Nahen zum Bett, ein liebevolles Erfassen der starren Hand, zwei Worte: „Talitha kumi!" unauslöschlich eindrucksvoll für alle Teilnehmer jener großen Stunde – und der Geist kehrt wieder, das Mädchen steht alsbald auf. In

---

[895] Lk 7 11 ff Joh 11 33 ff Mk 5 22 ff.

bewundernswerter Fassung und Fürsorge ordnet Jesus noch an, man solle ihr zu essen geben. Auch erteilt er den staunenden Eltern die dringende Weisung, niemandem von dem Geschehenen zu sagen. Die reine Tat der Liebe trägt ihren Lohn in sich selbst; ihr ewiger Wert soll nicht mit der Kupfermünze des Menschenlobs bezahlt werden. – Wenn Jesus es wagte, dem Tode entgegenzutreten, so muß er dazu in jedem Falle durch ein besonderes inneres Schauen sich bestimmt gefühlt haben. Hier sagt er übrigens ausdrücklich, das Mädchen sei nicht gestorben. Dann war es also ein todähnlicher Zustand, den keiner sonst erkannt hatte und dem keiner sonst gewachsen war als dieser mit Gott verbundene, durch Liebe starke Mann.

Die ganze sogenannte Wundertätigkeit Jesu ist reine Liebestätigkeit. Das eigentliche Wunder in jenen Taten ist die lautere, selbstvergessene, die eigene Lebenskraft hergebende Liebe. Sie ist's, welche vor Gott und dem Gewissen Jesu jenen erstaunlichen Heilerfolg, jenen Triumph über das menschliche Elend, ermöglichte und den Anbruch einer neuen Zeit verbürgte. Andere Propheten, selbst Apostel Jesu haben ihre Glaubenskraft in erschütternden Gerichts- und Straftaten erwiesen. Bei Jesus war lauter wohltätige Macht. Nicht zu richten, sondern zu retten weiß er sich gekommen, zu suchen und zu retten, was verloren ist. Hierin ist uns geradezu ein Prüfstein gegeben für die Echtheit seiner „Wunder". Soweit sie nicht Hilfe aus der Not bedeuten, sind sie verdächtig. So oft man ihn zu einem Zeichen aufforderte, um seine Macht zu beweisen, hat er es verweigert[896]. Seine Taten sollten weder Probestücke sein noch bloße Schauspiele. Sie sind nicht aus Ruhmsucht noch aus Ehrgeiz und Eitelkeit geboren, sondern aus dem reinsten Mitleid[897]. Er hat Bitten abgewiesen[898], aber nie Bitten um leibliche oder geistliche

---

[896] Mt 12 38 16 1 4 3.6 26 53 27 40. 42 Joh 2 18 4 48.

[897] Mt 12 15–21 8 16 f.

[898] Lk 12 14 Mk 5 19.

Hilfe; wenigstens wird uns kein Fall berichtet. Er hat sein eigenes Gebot erfüllt: Gib dem, der dich bittet[899]! Oft hat er die Bitte nicht erst abgewartet, sondern aus eignem Triebe geholfen[900]. Manchmal hat er selbst die Bitte geweckt[901]. Er kann kein Elend in seiner Nähe sehen. Er kann nicht essen, bevor er den Kranken im Zimmer nicht geheilt hat[902]. Er kann seine Predigt nicht fortsetzen, bevor er dem anwesenden Kranken nicht geholfen hat[903]. Beklagt hat er sich, wenn man an seiner Willigkeit zu helfen zweifelte, und gestaunt hat er über den Unglauben, der ihm die Hände band, voran in seiner Vaterstadt Nazareth[904]. Alle Bedrückten und unter einem Joch Seufzenden fordert er auf zu kommen und sich erquicken, sich die Last abnehmen zu lassen[905]. Tröstend, fast zärtlich, nennt er den stumm vor ihm liegenden Gelähmten „Kind" und das Weib, das sich schüchtern von hinten ihm genaht, „meine Tochter[906]". Er war stets zur Hilfe bereit, und mochte er noch so umdrängt sein. „Er heilte sie alle", schreiben öfter die Evangelisten, wie viel Sieche, Fieberkranke, Gelähmte, Elende auch vor seiner Tür lagen[907]. Selbst vor dem Wahnsinn schreckte er nicht zurück, obwohl die damit Umnachteten selber ihn beständig zurückwiesen[908]. Er scheint nie an die Grenze seines Könnens geraten zu sein, sondern immer Kraft genug gehabt zu haben, auch für den schwersten ihm unterbreiteten Fall. Wir lesen hin und wie-

---

[899] Mt 5 42.
[900] Mk 1 25 3 3 5 8 Lk 7 13 f 13 12 22 51 (Joh 5 6 9 6 11 23).
[901] Mk 5 36 10 51 Joh 5 6.
[902] Lk 14 2.
[903] Mk 1 25 2 5 3 3 Lk 13 12.
[904] Mk 6 6 9 19 ff 11 24 1 40 f.
[905] Mt 11 28.
[906] Mk 2 5 5 34.
[907] Mk 6 56 Mt 4 24 12 15 15 30 f 21 14 Lk 5 17 6 19 7 21.
[908] Mk 1 25 5 8 9 14 1 34. 39 3 15 6 13 Mt 4 24 12 22 Lk 7 21 8 2.

der, daß er mit Seufzen, mit Anstrengung, mit Absätzen seine Kur vollzog[909], auch sind spätere Rückfälle selbstverständlich nicht ausgeschlossen[910], aber das alles ändert nichts an der Tatsache des Erfolgs einer durch die größten Schwierigkeiten siegreich hindurchbrechenden Liebe. Hier war dem Volke ein Arzt erstanden, der, bei Tag und Nacht zugänglich für jedermann, doch nie Rechnung stellte oder Bezahlung annahm[911] und nie fehlte. Noch dazu half er auch am Sabbat[912], an dem sonst jede Hand in Israel ruhte. Das Gute unterlassen hieß für ihn schlecht handeln, nicht heilen soviel als töten, ein Leben nicht heute erretten – es vernichten. Er haßte die Sonntagskleider, mit denen man sich vornehm zurückhält vom Elend, und liebte die Schürze, mit der man vor die Geringen tritt als Diener. Nicht Heiligkeit, die sich scheu vor der argen Welt zurückzieht, ist des Menschen Ziel, sondern Liebe, die den Verlassenen, Verlorenen aus innerem Drange nachgeht und alle Schranken aufhebt. Der barmherzige Samariter ist Gott und Menschen lieber als der Priester und der Levit mit all ihrem Heiligungseifer.

Savonarola faßt einmal die Summe des Christentums in die Worte zusammen: „Mein Sohn, gut sein heißt Gutes tun und Böses leiden und darin nicht müde werden bis zum Ende." Damit hat er gewiß den Sinn Jesu getroffen. Zu den ergreifenden kleinen Zügen im Lebensbilde Jesu gehört die Heilung des Ohres, mit der er einen seiner Häscher in der letzten Nacht beschämte[913]. Warum soll sie nicht so gut historisch sein wie die Bitte für die Henker während der Kreuzigung? Ist nicht das ganze Sterben Jesu verklärt von Barmherzigkeit? Der Gedanke, durch sein Blut vielen Erlösung zu

---

[909] Mk 7 33 f 8 23 ff.
[910] Mt 12 43 ff Joh 5 14.
[911] Mt 10 18 Apg 20 35.
[912] Mk 1 23. 31 3 2 Lk 13 14 14 3 Joh 5 9 9 14.
[913] Lk 22 51.

wirken und die offene Wunde der Menschheit zu heilen, hat ihn gestärkt und gehoben[914]. Das läßt sich aus dem Evangelium nicht austilgen.

Es scheint, daß dieser unermüdliche, einzigartige Wohltäter zu allem andern noch Almosen austeilte. Zwar erwähnt nur eine Stelle der Überlieferung, und zwar im vierten Evangelium[915], daß für den Wanderhaushalt Jesu eine Kasse mitgeführt und aus dieser auch der Armen gedacht wurde. Aber Jesus spricht vom Almosengeben stets als von etwas ganz Selbstverständlichem und schärft es seinen Anhängern als Liebespflicht treulich ein: „Wer dich bittet, dem gib, und wer von dir borgen will, dem wende nicht den Rücken. Verkauft eure Habe und gebt Almosen[916]! Sein Befehl „Gib den Armen!" hat die verschwenderische Freigebigkeit der heutigen Christenheit veranlaßt. Ist solches unbedingt ausschüttende Geben wirklich zu rechtfertigen? Ist es nicht oft eine unbarmherzige Barmherzigkeit? Wo bleibt die Weisheit? Aber erstlich befiehlt Jesus keineswegs, dem Bittenden eben das zu geben, was er bittet, sondern er läßt der Weisheit einen weiten Spielraum. Zweitens verachtet er das Geld und sieht keinen Grund, warum die Münze vor einem brotlosen Mitmenschen länger drehen und wenden, als wenn es sich um ein eigenes Bedürfnis oder Vergnügen handelt. Drittens will er durch sein Wort und Beispiel lieber das Geben befördern als das Gegenteil. Das Schätzesammeln empfindet er als so sehr die Liebe schwächend, daß er schnellsten Aderlaß für diese Krankheit empfiehlt: das Almosen[917].

„Jesus war, sagt Naumann in seinem Schriftchen ‚Jesus als Volksmann', kein Nationalökonom... aber er hat für das sittlich Unerträgliche die offensten Augen, die es je gegeben

---

[914] Mk 10 45 14 24.
[915] Joh 12 6. 8 13 29.
[916] Mt 5 42 6 1–4 Lk 12 33 18 22 21 1 6 38.
[917] Lk 16 Mt 6 19 19 21.

hat. Unerträglich aber ist seinem zarten und tiefen Gefühl das Nebeneinander von Überfluß und Mangel. Was heute tausend Gewohnheitschristen ohne Grauen täglich ansehen können, daß Schwelgerei und Hunger in derselben Straße wohnen, das beunruhigte die Seele Jesu. Wenn es ihn nicht beunruhigt hätte, so würde er nicht immer wieder von reich und arm geredet haben, so hätte er nicht den Mann im Purpur und den Mann mit den Schwären zu einem ewigen Bilde vereinigt."

Jesus lehrt und lebt die Barmherzigkeit ohne Einschränkung. Im letzten Gericht werden manche ihre großen Taten, Krankenheilungen und frommen Übungen vorweisen, er aber wird nach der Liebe fragen; sie ist das Ausschlaggebende, weil auf sie allein der Wille des Vaters zielt[918]. An seiner eigenen liebedurchglühten Persönlichkeit werden sich die Leute scheiden wie Schafe und Böcke. „Ich hatte Hunger, und ihr habt mir zu essen gegeben; ich hatte Durst, und ihr habt mir zu trinken gereicht; ich war fremd, und ihr habt mich eingeladen; ich war nackt, und ihr habt mich gekleidet; ich war krank, und ihr habt nach mir gesehen; ich war im Gefängnis, und ihr seid zu mir gekommen." Dreimal wird sodann mit den gleichen Sätzen die Aufzählung dieser Werte der Barmherzigkeit wiederholt, mit gewaltigen Hammerschlägen den Nachfolgern Jesu ihre Liebespflicht ins Gemüt getrieben. Der unendlich barmherzige Jesus selbst setzt sich an die Stelle der mannigfach leidenden Menschheit. „Ich war im Gefängnis"... so fühlt er mit den Gefangenen. Hier ist wahre Barmherzigkeit, an der die Menschheit nie auslernen wird.

---

[918] Mt 7 19–23 25 31 ff vgl 1 Kor 13 1–3.

26. Kapitel

Treue

Charity begins at home, Liebe beginnt daheim, erklärt und empfiehlt der Engländer. Nicht das Atom, sondern die Zelle ist die Einheit der organischen Entwicklung; nicht an das Einzelwesen, sondern an die Familie knüpft sich der menschliche Fortschritt. Ein solches Gebilde, ein solches dauernd vereintes Gruppenleben wie die menschliche Familie, ist unter den Tieren infolge der Eifersucht aller männlichen Vierfüßler unmöglich. Auch können die Jungen der meisten höhern Tiere sogleich von ihrer Geburt an für sich selber sorgen. Der Mensch ist für Jahre durchaus auf anderer Fürsorge und Unterweisung, kurz auf die Erziehung angewiesen, die ihm durch Eltern und Geschwister zuteil wird. Die lange, hilflose Kindheit entwickelt die Gemeinschaft, und die Familie wird zum wichtigsten ethischen Nährboden. Verschiedene Formen der Gruppenbildung durchlaufend, bis die beste Form siegreich das Feld behauptete, hat die Familie ihre heutige Gestalt erst nach Jahrtausenden errungen. Die moderne Familie mit den verschiedenen Beziehungen und Verpflichtungen der einzelnen Glieder zueinander ist ein wunderbares, geradezu vollendetes Gebilde, das in seiner sozialen, politischen, moralischen Bedeutung nicht genug geschätzt und durch nichts ersetzt werden kann. Schildere mir das Familienleben, und ich will dir sagen, wie es mit dem Volke steht.

Nicht immer ist der Wert der Familie erkannt worden, und auch heute wird er vielfach wieder verkannt. Den hochbegabten Griechen stand Freundschaft höher als Familienband. Sokrates riet seinen Schülern, vor Abschluß des Freundschaftsbündnisses das Orakel zu befragen, während die Eheschließung religiöser Weihe fast völlig ermangelte. Die sittliche Gemeinschaft unter Freunden erklärte Aristoteles für das mächtigste Hilfsmittel zur ethischen Förderung des einzelnen. Heute versucht man den industriellen Kommunismus an Stelle der Familie zu setzen, eine staatlich willkürliche Einrichtung an Stelle einer geschichtlich geweihten und bewährten Stiftung.

Wie hat sich Jesus zur Familie gestellt? Mit genialem Scharfblick ihre grundlegende Bedeutung für die Menschheit, für das Reich Gottes erkennend, hat er sich aller in seinem Volke eingerissenen Schlappheit in bezug auf Ehe und Eltern entgegengestemmt. In der Tiefe erfaßt er die Fragen der Eheschließung und Ehescheidung, und mit seiner neuen Lehre darüber widersetzt er sich ausdrücklich dem, was zu den Alten gesagt ist, was Moses geboten hat. Gestützt auf den Schöpfungsbericht, aber zugleich mit dem Hammer der heutigen Tatsachen an die Gewissen klopfend, schärft er die Unauflöslichkeit und Heiligkeit der Ehe ein[919]. „Mann und Weib sind nicht mehr zwei, sondern eins. Was denn Gott zusammengefügt hat, das soll der Mensch nicht scheiden. Wer also seine Frau entläßt, um eine andere zu heiraten, der bricht die Ehe." Jenes leichtsinnige Verlassen, das von einer vielleicht schnell aufgelorderten, gewissenlosen Neigung diktiert worden, erkennt er als Sünde, weil Mangel an Liebe, als eine schwere sittliche und soziale Gefahr. Deshalb straft er schon den lüsternen Blick und bekämpft gar den ungezügelten Gedanken. Er verlangt Treue bis ins innerste Herz hinein, Treue unter allen Umständen, Treue um Gottes willen. Die Ehe ist nicht eine Übereinkunft auf Zeit, in das Belieben des einzelnen gestellt, sondern sie ist ein göttliches Band zwischen zwei für die Ewigkeit bestimmten Menschen. Bei all ihrem Naturgrund soll sie nicht abhängig bleiben von sinnlichen Lüsten und Launen, vielmehr die höheren Triebe im Menschen entfalten und das Edelste ausreifen: Die Liebe. Die Pharisäer fanden diese Lehre offenbar hart, wie aus ihrer Berufung auf Moses zu schließen ist, und selbst die Jünger Jesu stutzten „dann ist's besser, nicht zu heiraten", meinten sie[920]. Jesus zwingt niemanden zur Ehe. Er läßt die Wahl

---

[919] Mk 10 2–12 Mt 5 27–32 Lk 16 18.
[920] Mt 19 10.

zwischen dauernder Enthaltung und dauernder ehelicher Verbindung. Jedes Hinundherflattern ist ihm ein Greuel. Er stellt eine dreifache Möglichkeit berechtigter Ehelosigkeit auf[921]. Aber wo einmal der Bund geschlossen, da eignet ihm ein unwiderrufliches Ja, ein unzerstörbarer Stempel; so wenig die übrigen Familienbeziehungen zwischen Eltern und Kindern, zwischen Bruder und Schwester aufgehoben werden können, so wenig ist die Ehe zu scheiden. Mein Vater, mein Bruder, mein Sohn, sie bleiben stets mir Vater, Bruder, Sohn, mögen sie wollen oder nicht, mag es mir gefallen oder nicht; ebenso bleibt mein Gatte unveräußerlich mein Gatte. Auch der verlorene Sohn gehört zu seinem Vater: auch der entfremdete, ja durch Zeiten und Räume getrennte Gatte gehört zum Gatten. Jesus gibt keine verbindlichen Vorschriften bezüglich Ein- oder Vielehe; aber er gibt das Gesetz der Treue in bezug aus einmal geknüpfte Bande, und damit richtet er einen Felsen auf, an dem sich die Wogen häuslicher Zerrüttung und sozialer Mißwirtschaft immer wieder zerschlagen müssen, auf den sich der Schiffbrüchige retten und an dem sich der Schwankende halten möge: unverbrüchliche Treue um Gottes willen. Durch liebendes Verzeihen und selbstverleugnendes Verzichten muß es seinen Jüngern – *denn nur an solche wendet er sich* – unter allen Umständen möglich sein, solche Treue zu halten. Auf all die spitzfindigen Einzelfragen von rechts und links läßt er sich als kluger Arzt und überlegener Gesetzgeber nicht ein. Ja, er sieht deutlich voraus, daß sein eigenes Evangelium, statt Frieden das Schwert bringend, die Familien trennen und dem Manne in seinem Hause Feinde erwecken wird[922]. Aber eben in diesem Sturm soll der Leuchtturm der Treue feststehen und das Licht der Liebe hellstrahlend zurück- und zurechthelfen, um schließlich doch den Sieg des Evangeliums herbeizuführen.

Jesus selbst wandert ehelos umher. Gerade damit bestätigt er sein eigenes Gesetz, wohl wissend, daß ein rechtes Famili-

---

[921] Mt 19 12 Kap 7.
[922] Mt 10 21 f 34 ff

enleben mit seinem Berufe unvereinbar und vorbildliche häusliche Treue durch seine öffentliche Aufgabe ihm verwehrt sei. Der Treue in andern Beziehungen opfert er die eheliche Bindung.

Ebenso klar und entschieden fühlte und lehrte Jesus in bezug auf das Sohnesverhältnis[923]. Das in der Mitte des Tafelgesetzes stehende Elterngebot wußte er durch andere Stellung scharf hervorzuheben; und zwar gegenüber dem Reichen, der nach Lukas ein Mitglied der Obrigkeit, nach Matthäus ein jüngerer Mann war und der möglicherweise im Begriffe stand, das Verhältnis zu seinem Elternhause zu lockern[924]. Jesus hebt das Elterngebot besonders hervor gegenüber den Überfrommen, welche religiöse, kultische Pflichten voranstellen wollten: „Gehorsam ist besser als Opfer, Kindestreue wichtiger als Tempeldienst[925]". Die Pflichten der Kinder und der Eltern beleuchtet er nebenbei in den Gleichnissen von den beiden Söhnen und von den nicht Steine statt Brot bietenden Vätern[926]. Vater und Sohn, Sohn und Vater, Bruder und Bruder, Herrschaft und Gesinde werden lieblich geschildert im Gleichnis vom verlornen Sohn, in dem die Perle die wache Sorge und nimmermüde Treue des Vaters, die Spitze jedoch die mangelnde Mitfreude, die erloschene Treue des Bruders ist[927].

Wie innig spricht sich in dieser Geschichte Jesu warmer Familiensinn aus! Aber am hellsten erstrahlt er darin, daß ihm die irdische Familie überhaupt das Sinnbild wird für das Verhältnis zwischen Gott und Mensch, sowie zwischen Mensch und Mensch. Gott ist der Vater, wir sind seine Kinder und untereinander Brüder – das ist der Kern der Theolo-

---

[923] Lk 2 51.
[924] Mk 10 19 Mt 19 19 Lk 18 20.
[925] Mt 15 4 ff 9 13 23 23.
[926] Mt 21 28 Lk 11 11 ff.
[927] Lk 15.

gie Jesu. Was ist Reue anders als Heimweh der Seele, was ist sündenvergebende Gnade anders als Vatertreue, was fordert Gott von uns, wenn nicht Brudersinn? Die ganze Religion und Moral Jesu ist eine Verklärung der Familie. Die Neuerer auf dem Gebiete der Familie werden gut tun, sich nicht auf Jesus zu berufen.

Jesus muß von seinem leiblichen Vater wohl tiefe Eindrücke empfangen haben; und an seinen zahlreichen Geschwistern konnte er sich zuerst in der Liebe üben. Wie lieblich zeichnet er die Kinder am Tisch der Eltern[928] oder drinnen beim Vater in der Kammer[929], das Licht, das des Abends traulich für alle im Hause brennt[930], und die Nachbarn, die bei fröhlichen Anlässen zur Mitfreude herzugerufen werden[931]!

Treue ist ein Grundzug am Charakter Jesu. Um die Familie her schließen sich weitere Kreise: Heimat, Vaterland, Kirche, Staat. Was Jesus für sie gefühlt, darüber wissen wir nicht viel, aber das wenige atmet nur einen Geist: den der Treue. Drängte es ihn nicht, nach seinem öffentlichen Auftreten in sein Vaterstädtchen Nazareth zurückzukehren, um auch dorthin das neue Licht zu tragen, das ihm geworden war? Er scheint sich dieses seines Heimatortes nicht geschämt zu haben[932]. – Seine Vaterlandsliebe preßte ihm Tränen aus über Jerusalem und jene wahrhaft zärtliche Wehklage über die dem Untergang entgegeneilende Stadt[933]. Er war kein Allerweltsbürger, sondern von Herzen ein Sohn Abrahams, ein ganzer Israelit. Er beschränkte sein Wirken zäh auf sein Volk und konnte den Gegensatz gegen die Heiden sogar

---

[928] Mk 7 27 f.
[929] Lk 11 7.
[930] Lk 8 16 11 33 Mt 5 15.
[931] Lk 15 6. 9.
[932] Mk 6 Lk 4 Joh 1 46.
[933] Lk 19 41 ff 13 34 ff.

mit Härte hervorkehren[934]. Die Heilung einer Kranken am Sabbat[935] rechtfertigte er einst damit, daß sie auch eine Tochter Abrahams sei[936]; als Abrahams Söhne waren ihm die Zöllner Stammesgenossen[937]; den verlornen Schafen aus dem Hause Israels gehörte seine Liebe[938].

So sehen wir ihn denn auch der Kirche Israels treu. Er ist nicht der kirchliche Umstürzler, für den er oft ausgegeben wird. Er rüttelt nicht an den festen Ordnungen seiner Landeskirche[939]. Er sendet die Aussätzigen zum Priester, besucht bis zuletzt fleißig Synagoge und Tempel, feiert noch am Vorabend seines Todes das jüdische Passah mit allen vorgeschriebenen Formen, und trotz seinem ver- nichtenden Urteil über die damals auf Mosis Stuhl sitzenden Schriftgelehrten schickt er den Weherufen über sie den Befehl an das Volk voraus: „Alles, was sie euch sagen, das tut und befolgt[940]!" Den gleichen Mann der Ordnung, der Treue erkennen wir auch aus dem einzigen Worte über den Staat, das uns von ihm erhalten ist, dem berühmten: „Gebt dem Kaiser, was des Kaisers ist[941]!" Die umlaufende Steuermünze beweist ihm, daß der Fremdherrscher in Rom ein Recht auf Leistungen seitens der Juden hat, und solcher Untertanenpflicht zu genügen, das streitet nicht bloß nicht mit dem Willen Gottes, sondern gehört zu seiner Erfüllung. Ein Anarchist war Jesus nicht.

Den schönsten Erweis seiner Treue haben seine Jünger erlebt. Sie bildeten recht eigentlich seine Familie, und seine

---

[934] Kap 15 Mt 15 26.
[935] vgl S 267.
[936] Lk 13 16.
[937] Lk 19 9.
[938] Mt 15 24 10 6.
[939] Kap 15.
[940] Mt 23 3.
[941] Mt 22 13–17.

von Johannes überlieferte zärtliche Anrede an sie, „Kindlein", beruht sicherlich nicht auf Erfindung[942]. Wie er von diesen Männern ein völliges Verlassen aller bisherigen Verhältnisse und eine Treue bis in den Tod verlangte, so widmete er auch ihnen die hingebendste Fürsorge für Leib und Seele. Umfassende Bücher sind über dies reiche Thema geschrieben worden: Jesus und seine Zwölfe. Bei allen sonstigen Menschlichkeiten lesen wir doch von keiner unzufriedenen Zerklüftung und Absplitterung in diesem Kreise; der eine verlorene Sohn nimmt sich das Leben, als er die jedenfalls nicht beabsichtigten Folgen seines Verrates gewahrt; und am deutlichsten spricht für die väterliche Hingabe Jesu, daß sie auch nach seinem Tode zusammenhalten, sich dauernd um ihn als unsichtbaren Mittelpunkt scharen und ganz in seinem Geiste fortleben. Jesus haben die Juden getötet, aber siehe da, zwölf Männer treten an seine Stelle, alle zwölf bereit, für ihn zu sterben; was war diese Treue anders als eine Frucht seiner Treue?

Um die Zwölf her schlossen sich weitere Kreise: die mitreisenden Jünger und Jüngerinnen, die im Lande zerstreuten Anhänger und persönlichen Freunde, die überall im Volke und darüber hinaus auf ihn wartenden Seelen[943]. In hingebendem Dienste für diese wachsenden Kreise und Bedürfnisse verzehrte sich Jesus gleich einer schnell brennenden Kerze; die Treue für diese seine Herde trieb ihn schließlich in den Tod. „Größere Liebe hat niemand, als die, daß er sein Leben für seine Freunde einsetzt. Der gute Hirte läßt sein Leben für die Schafe. Niemand nimmt mir das Leben; ich setze es freiwillig ein[944]". Solche Worte entsprechen durchaus der Treugesinnung Jesu. Hat es ihn nicht beim letzten Mahle, in der Scheidestunde mit seinen Jüngern, getröstet,

---

[942] Kap 9.
[943] Seite 80.
[944] Joh 15 13 10 12. 15. 17.

daß sein Sterben vielen zum Heil gereichen und daß sein Blut den neuen Bund Gottes weihend besiegeln werde[945]? Durch keinen Einwand des modernen Denkens oder der fortgeschrittensten Dogmatik wird die Größe und Reinheit der Liebestreue angetastet werden können, die sich der innern Nötigung nicht entzog, „das Leben zu geben zum Lösegeld anstatt vieler", und deren Opfertod tatsächlich von Millionen seitdem als erlösend empfunden worden ist. Daher wird es nie ein passenderes Abzeichen für christliche Kirchen geben als das Kreuzesbild.

Daß Jesus seine Treue auch in der Dankbarkeit zu beweisen wußte, zeigt das warme Andenken, das er dem Täufer Johannes bewahrte, und sein eifriges Eintreten für diesen vor allem Volk[946]. Wie sehr er die Gefühle der Dankbarkeit an andern schätzte oder vermißte, sehen wir an seinem Verhalten gegenüber dem dankbaren Samariter[947].

Es erübrigt noch die Frage, wie die Treue Jesu die verschiedenen Aufgaben, die ihm aus den einzelnen Lebenskreisen gleichzeitig zuwuchsen, gegeneinander abwog. An Fällen, da jene Pflichtenkreise sich schnitten, fehlte es in einem so bewegten Leben natürlich nicht. „Der sittliche Takt, meint Fr. Paulsen, läßt sich in solchen Lagen immer durch eine Art Naturordnung der Zwecke leiten; erst kommen die mir durch Lebensberuf und Stellung auferlegten Pflichten, sodann die Pflichten, welche mir durch besondere Verhältnisse zu andern auferlegt sind, in dritter Reihe erst kommen gelegentliche Beziehungen zu Beliebigen. Mögen an und für sich die Interessen der letzteren größer sein, für die Bestimmung meiner Tätigkeit ist die Entfernung vom Ich, dem Mittelpunkt meiner Tätigkeit, immer mitentscheidend und in der Regel maßgebend. Jedes Ich

---

[945] 1 Kor 11 25 Mk 14 24.
[946] Mt 11 7 ff Lk 7 29 f Mt 21 25.32 17 12 f 14 12 f.
[947] Lk 17 17.

ordnet alle andern um sich in konzentrischen Kreisen; nach dem Abstand von diesem Mittelpunkt verlieren ihm die Interessen der andern an Gewicht oder Bewegkraft. Das ist ein Gesetz der psychischen Mechanik.

Diesem Gesetz entsprechend hat Jesus das Reich Gottes als sein höchstes Jnteresse betrachtet und alle anderen Interessen nach ihrer Beziehung auf dies eine Gut geordnet. Am nächsten stand ihm daher während seines Wirkens nicht seine Familie, sondern seine Jüngergemeinschaft, die er für das Reich Gottes erzog. Der Sinn jener bewegten Szene, als er Mutter und Geschwister draußen vergeblich ihn rufen ließ und drinnen die Versammlung als seine eigentlichen Verwandten bezeichnete, ist nicht ein Bruch mit den Seinen, sondern nur die deutliche Bekundung des vorwiegenden Interesses. „Die den Willen meines Vaters im Himmel tun, die sind meine Nächsten." Dabei blieb Jesus ein treuer Sohn, der nach dem vierten Evangelium noch vom Kreuz herab für seine Mutter sorgte.

Einmal wird berichtet, daß er seine Jiingerschar zu einer notwendigen Erholungspause in die Einsamkeit führte[948]. Kaum angelangt, sieht er eine tausendköpfige Menge hereinfluten, die ihm in rührendem Verlangen gefolgt ist. Was tun? Wer steht ihm näher, die Zwölfe oder „die große Volksmenge"? So fragt er nicht, sondern „es jammerte ihn der Leute, denn sie waren wie die Schafe, die keinen Hirten haben. Und er begann sie des längern zu lehren"[949]. Andere hätte hier entweder die Müdigkeit zurückgehalten oder die Eitelkeit vorwärts getrieben. Für Jesus wird folgende Erwägung bestimmend: Diese Schafe sind hirtenlos, verloren und daher augenblicklich bedürftiger als die Zwölfe. Läßt nicht der Besitzer von hundert Schafen, sobald er eins verliert, die neunundneunzig in der Einöde und geht dem Verlorenen

---

[948] Mk 6 31.
[949] Mk 6 34.

nach, bis er es findet[950]? Aus gleicher Treue läßt er in Jericho die ganze Volksmenge im Stich und kehrt trotz Murren der übrigen bei dem einen besonders nach ihm Verlangenden ein[951].

* * *

Gerechtigkeit, Barmherzigkeit, Treue – dies neue, warm leuchtende Dreigestirn der Menschenliebe Jesu, gruppiert um die Gottesliebe ale Mittelsonne, ist der eigentliche Stern der Weisen, der, lang von den Besten ersehnt, endlich am Himmel herrlich aufgegangen, nun Völker verbindend, Herzen versöhnend, Mühsal verklärend über dem Erdenleben strahlt. Gewiß ist der Bringer dieser Liebe der allergrößte Wohltäter der Menschheit, gewiß unter allen Menschen der Nächste Gottes.

Gesamtbild

27. Kapitel

Die Grundzüge

Gehauene, gegossene oder gemalte Bildnisse waren den Juden verboten[952]. Daher ist ein Bildnis Jesu zu seinen Lebzeiten kaum angefertigt worden. Alles, was heute als „echtes Bild Jesu" ausgegeben wird, entstammt der Phantasie einer viel späteren Zeit. Leider besitzen wir nicht einmal eine zuverlässige Nachricht über sein Äußeres. Schon Augustin klagt über diesen Mangel[953]: „Wir sind gänzlich im unklaren,

---

[950] Lk 15 Mt 18 12–14.
[951] Lk 19 5 f.
[952] 2 Mos 20 4 f.
[953] *De Trinitate* 8, 4.

wie Jesus ausgesehen hat." Nerobüsten und -bildnisse sind im Überfluß auf uns gekommen, aber von der Leibesgestalt Jesu, vom Leuchten seines Angesichts ist jeder Strahl der Welt für immer verloren gegangen. Ob er groß von Statur oder klein, kräftig oder hager, bärtig oder glatt, rotwangig oder blaß, ob dunkel oder blauäugig und blond gewesen, darüber lassen sich nur Vermutungen anstellen. Ob Jesus schön oder häßlich zu denken sei, darüber sind seit alters die Meinungen geteilt. Die kirchlichen Väter forderten für ihn bald die Schönheit des Apoll, bald erinnerten sie an die Häßlichkeit des Sokrates. Für beide Möglichkeiten berief man sich auf prophetische Stellen des Alten Testamentes[954]. Das gleiche Schwanken zeigt sich in der neueren Kunst.

Wir müssen uns begnügen, die Schönheit und Größe seiner Seele, den Reichtum und Adel seines Geistes aus dem Gemälde zu erkennen, das wesensverwandte Zeugen von seinem Wirken und Leiden mit begeisterter Hand entworfen haben. Deutlich genug strahlt sein Charakterbild aus dem lebensfrischen Triptychon der Synoptiker uns entgegen, und durch die spätere, tiefsinnig theologische Darstellung des „Johannes" wird es mannigfach bestätigt oder auch ergänzt.

Die einzelnen Charakterzüge nun, die wir durch die vorangehende Untersuchung aus diesen Quellen gewonnen haben, stehen selbstverständlich in der Wirklichkeit nicht nebeneinander wie in der Betrachtung, sondern schieben sich mehr ineinander, übereinander. Sie lassen sich auf wenige Grundzüge zurückführen. An das aus diesen erwachsende Gesamtbild haben wir sodann noch einige Fragen zu richten. Die Bedeutung des vor uns stehenden Charakters wird sich uns erst voll erschließen durch Erfassen des *Neuen*, das er enthält, der *Nachbildung*, die er zuläßt, und der religiösen *Verehrung*, die ihm zuteil wird. Es sind also die Fragen nach dem Urtümlichen, dem Vorbildlichen und dem Göttlichen an

---

[954] Jes 52 $_{14}$ 53 $_2$ Sam 16 $_{12}$ Ps 45 $_3$ 2 Kor 5 $_{16}$ Lk 11 $_{27}$.

Jesu, die uns übrig bleiben. Zunächst aber gilt es, die Grundlinien seines Wesens scharf zu ziehen.

Wer heute ein Bild Jesu herstellen will, sollte fast damit beginnen, eine Negativplatte anzufertigen. Zeigen, was er alles nicht gewesen, so manchen falschen Wahn bezüglich seiner Persönlichkeit bestimmt abschneiden, so manchen herkömmlich verzerrten Zug seines Wesens zart berichtigen, das Ausgeprägte in seinem Charakter scharf hervor- und das Nebensächliche entsprechend zurücktreten lassen, die Lichtstärke für seine Umgebung richtig abtönen – das ist in der Tat höchst nötige Arbeit, die verschwiegene Grundlage jedes positiven Bildes.

Eine fesselnde und nicht selten angewandte Manier, das Bild Jesu zu zeichnen, ergeht sich in den zahlreichen Gegensätzen, welche diesen Charakter scheinbar zerspalten, in Wahrheit jedoch unter höhere Einheiten zusammenfassen. Nur an einige solcher Kontraste sei im Vorbeigehen erinnert. Ein freiheitliebender Naturmensch, ist Jesus gleichzeitig in hohem Maße geistig durchgebildet, mittels strenger Selbstzucht geadelt. Er ist weltoffen und zugleich weltflüchtig, liebt die Geselligkeit und daneben die Einsamkeit, kennt Lebensfreude, aber auch den Verzicht des Asketen. Er ist heftig und sanft, dienstfertig entgegenkommend und unnahbar sich zurückziehend, allezeit hilfsbereit und unerbittlich schroff in einer Person; wunderbar barmherzig und ein vernichtender Strafredner; Menschenhasser, weil Menschenkenner, und doch ein Fürst der Liebe, ein Anwalt des Menschentums; von Mitleid erglühend und von Zorn. Gott gegenüber innig vertrauend und in heiliger Scheu erbebend, äußerst gewissenhaft und doch großzügig im Handeln, der Schrift und der Sitte gehorchend, aber kraft eigenen Lichtes ein Freiherr. Selbständig nach außen und abhängig nach innen, mutig und zagend, tapfer und am Boden liegend; Meister des Worts und gern schweigend; Mann der Tat und willig leidend; geborener Herrscher und überall dienend, geduldig und ungeduldig, sehr demütig und sehr selbstbewußt, überaus stolz und völlig anspruchslos, treugesinnt und doch alle Bande zerreißend, konservativ und der größte Fortschrittler, Sozialist und Individualist, durchaus menschlich und wahrhaft göttlich denkend. So ließe sich fortfahren. Derartige Gegensätze weisen hin auf die ungewöhnliche Spannweite dieses Charakters, auf die erstaunliche Selbstbeherrschung, die er sich errungen, und auf die gewaltigen Kämpfe, von denen er dutchwogt war. Die erhabene Ruhe Jesu, der tiefe Friede, welchen er besitzt und mitteilt, ist das Ergebnis heißen, immerwährenden Streites. Um diesen Kampf aufzuweisen, ist vor allem sein Naturell scharf abzugrenzen.

Mit Sicherheit erkennen wir im Charakter Jesu einen allen Semiten gemeinsamen, im Hirtenleben dieser Völker unter der morgenländischen Sonne herausgebildeten Grundzug: einen starken, zähen Willen zum Leben; sowie jenes hohe Selbstgefühl, das man den ideellen Selbsterhaltungstrieb genannt hat. Im Zusammenhang mit diesem Doppelzug steht eine natürliche Kampflust, sich äußernd sowohl im Geschick zur Verteidigung als in der Wucht des Angriffs. Dagegen tritt schlechterdings nicht hervor die jüdische Anlage zu Geiz und Geilheit. Vielmehr sind diese Gefühle durch vollkommenen Verzicht auf Besitz und Liebesgenuß scharf beschnitten. Wie stark die Neigung nach dieser Seite hin von Jesu empfunden wurde, darüber gestattet die Entschiedenheit seiner Entsagung vielleicht eine Vermutung. Erschwerend für die Selbstzucht wirkte die Schnelligkeit, mit welcher die Triebregungen auf Reize sich auslösten, das heftige Temperament. Die Galiläer waren Hitzköpfe, unter Umständen todesmutige Empörer, Männer raschester Tat. Solches heiße Blut konnte auch bei Jesu die Zornader schwellen und den ganzen Leib in die heftigste Erregung versetzen. Augenblicklich war er entschlossen, und zähe verfolgte er seinen Entschluß, ohne zurückzublicken oder sich von andern beirren zu lassen. Da ein heller, durchdringender Verstand ihm in alle irdisschen

Verhältnisse hineinleuchtete, so hätte der Träger jener Triebe ein selbstsüchtiger Gewaltmensch werden können, wenn nicht andere Anlagen die Wage gehalten und höhern Ideen zum Siege verholfen hätten. Vor allem ein ungewöhnlich reges Mitgefühl. Bezogen auf Gott, erwuchs dieses zu jenem außerordentlichen Abhängigkeits- und Ehrfurchtsgefühl, zu jener Frömmigkeit und Gewissenhaftigkeit, zu jenem rückhaltlosen Vertrauen und Sichunterwerfen, das wir im Charakter Jesu gefunden. Bezogen auf die Mitmenschen, trat es als tiefes Mitleid und Erbarmen hervor, das im Verhältnis zu Gott wurzelte und die Erkenntnis Gottes am stärksten förderte. Ferner ist angeborener Schönheitssinn nicht zu verkennen, sonst am Israeliten dürftigst ausgebildet, ebenso wie Phantasie. Diese beiden Anlagen verhalfen Jesu zu einer glücklichen Verarbeitung und Gestaltung der religiösen Gedanken für sich selbst und für andere. Erwähnung verdient endlich sein sicheres Schlußvermögen, die schnelle Auffassungsgabe, die große Aufnahmefähigkeit; und jene intuitive Aufgeschlossenheit, jenes „zweite Gesicht" für das Übersinnliche, das ohne Zweifel eine besondere Naturgrundlage voraussetzt.

Solche Zergliederung eines edlen Charakters wirkt befremdlich, fördert aber die Klarheit. Die größten Maler haben am meisten Anatomie getrieben, und ein Raffael hat seine heiligsten Gestalten zuerst unbekleidet entworfen.

Mit diesem hier nur im dürftigsten Umriß gezeichneten Naturell fand sich Jesus einem Volke einverleibt, das im religiösen Formalismus zu erstarren drohte, aber eine desto bewegtere gottverbundene Geschichte in heiligen Büchern niedergelegt hatte. Aus dieser Quelle blieb das Volksleben von erhabenen religiösen Erinnerungen und großen sittlichen Ideen durchflutet, welche freilich von der materiell gerichteten Masse zu kraß-sinnlichen politischen Diesseitserwartungen verkehrt wurden. Bei Jesus sollten sie jedoch auf einen ganz anders fruchtbaren Boden fallen.

Die ihm vermutlich früh eingeschärften heiligen Gebote Israels, fast alles Verbote, mußten jenen starken Willen zum Leben mit seinen sich verzweigenden Trieben überall durchkreuzen, verneinen. Hier wie in der Geschichte seines Volks trat der Gott, der auf den Gesetztafeln mit jenem gewaltigen Ich voransteht, in seiner ganzen Ehrfurcht, Vertrauen und Liebe heischenden Größe dem kleinen menschlichen Ich gegenüber. Welche Macht, welche Allgegenwart dieser hehre Gottesgedanke im Leben und Bewußtsein des Juden jener Seit gewonnen hatte, davon machen wir uns kaum eine Vorstellung. In der Seele Jesu aber muß sich früh ein innigeres, edleres Verhältnis zu diesem Gotte herangebildet haben als bei seinen Stammesgenossen, seiner reichern, zartern Gemütsanlage entsprechend. hier liegt das *„mysterium magnum"* dieser Persönlichkeit, auf das wir im Schlußkapitel zurückkommen. Fördernd wirkte die geistige Öde des jüdischen Lebens. Keine Kunst, keine Wissenschaft lenkte ab. Weniger Abwechslung, weniger landschaftliche oder sonstige sinnliche Reize bot wohl kaum eine Hauptstadt der Erde als das in felsiger Wüste erbaute, einzig der Gottesverehrung gewidmete Jerusalem. Das Volk, den Römern unterworfen, hatte in der Welt jeden Rang verloren und suchte seine einzige, letzte Zuflucht bei Gott. Alles trieb zu Gott. In der Tat war in solchem Schmelztiegel der Gottglaube bereits wunderbar geläutert worden. Und in einem so tiefen, so empfänglichen Gemüte, wie es Jesus darbot, konnte er sich unter solchen Umständen aufs schönste und hehrste ausgestalten. Das Höchste, was in seinem Volk an Beziehungen zu Gott keimhaft vorhanden war, hat er in sich tiefer wurzeln und zu vollster Blüte sich entfalten lassen: zu einer Liebe von ganzem Herzen, zu lebendigster Gottesgemeinschaft. Daß sie nicht mit einem Schlage vollkommen dastand, sondern dieselben Stufen vom anerzogenen Gehorsam zum tiefinnersten Triebe – von der Heteronomie zur Autonomie – durchlaufen mußte, wie bei jedem andern Menschen, haben wir gesehen.

Die nächste Frucht dieser Gottinnigkeit war Überwindung des Ich, Kreuzigung des Trieblebens; und solches Verleugnen der nach der Welt gekehrten niederen Triebe stärkte wieder das Gottgefühl und die daraus quellenden höheren Triebe. Im selben Maße als sich die Gottesgemeinschaft in diesem Willen befestigte, wurde das sittliche Streben ein freieres; wie das niedere Ich gefesselt, so wurde das höhere gekräftigt, mehr und mehr zum Guten wirkende Kraft entbunden. Der Glaube des Semiten, je ärmer im Vergleich mit polytheistischen Mythologien, desto zäher ist er als in eins gesammelte Willenskraft. Nichts Eintönigeres als der täglich fünfmal wiederholte Gebetsruf des Moslem „*La ilaha ila allah*..." – aber zu welch fanatischer Kraft entflammt er seine Gläubigen! „Der Geist des Semiten, erklärt Renan in seinen *langues sémitiques*, vermag nur äußerst wenig zu umfassen, doch dieses Wenige umfaßt er mit großer Kraft." Wie verblüffend einfach gestaltete sich das Gottesbild Jesu, aber welche ungeheure Kraft verlieh es ihm! Alles, auch das Alleräußerste, ward in den Dienst Gottes gestellt, und nachdem die Herrschaft Gottes einmal siegreich in diesem Gemüte aufgepflanzt war, wurde sogar der durch das Gebot verneinte starke Wille zum Leben als befreiter, williger Sklave wieder herangezogen, mußten auch die niedern Triebe, mit anders gerichteter Spitze aufs neue lebendig, jenem Szepter gehorchen. Es wurde für Jesus eine höhere Selbsterhaltung, eine Errettung des Lebens, Gott zu dienen und nach Gottes Willen die Menschen zu lieben; jene paradoxen Worte: „wer sein Leben lieb hat usw." sind gewiß seine ureigensten. Er kämpft, er eifert – für Gottes Sache. Das ganze, innerlich ertötete Ehrgefühl wird wieder auferweckt und für den Dienst Gottes, für die Herbeiführung seines Reiches eingesetzt. So zeigt sich der Welt zuletzt das Bild eines durchaus einheitlich gerichteten Charakters, einer vollendeten innern Konzentration, einer wahrhaft übermenschlichen Kraft.

Die Zeugnisse der Zeitgenossen Jesu sind voll des frischen Eindrucks einer noch nie dagewesenen, einer unüberwindlichen Kraft; sie schildern sein Auftreten als ein machtvolles, sein Reden als ein gewaltiges, seine Taten als Krafttaten. Und wir müssen uns nicht wundern, daß unter dem staunenden Erleben solcher Kräfte sich alsbald auch ein beschwingter Schwarm von Legenden bildete, von denen einzelne sogar in unsere Evangelien gedrungen sein mögen, Beweise der überfließenden Fülle von Kraft, die diesem Jesus von Nazareth geschenkt war und die lebenspendend, übelverscheuchend, segenbringend, wo er ging und stand, von seiner Erscheinung ausstrahlte. Man traute ihm das Höchste zu, die Phantasie kannte keine Grenzen seines Könnens mehr. Ihr Vollendungsziel erreichte diese Kraft in dem Kreuzesbild, welches, hinausleuchtend in die Zeiten und Völker, den Menschen ewig teuer bleiben wird. Es ist, wie man auch dogmatisch darüber urteile, das Bild eines vollkommenen Opfers, einer sich für Gott und die ewigen Güter der Menschheit einsetzenden reifen Kraft.

Wir können hier nur noch mit den allerhervorragendsten Menschenbildern vergleichen. Napoleons Wille und Kraft wirkten ebenfalls welterschütternd, aber als böse Macht, weil lediglich die rohen Ich-Triebe bejahend. Näher steht Mohammed, wie Jesus mit dem zähen starken Willen des Semiten ausgerüstet, aber mangels vollen Mutes und Wahrheitssinnes nicht vollen Ernst machend mit der Weltverneinung und darum auch nicht zur sieghaften Neubejahung hindurchdringend – eine Religion des Halbmondes, der halben Selbstverleugnung und der halben Liebe.

Weit näher steht Buddha, ein ungeheurer Wille, der die Welt mit bewundernswerter Entschiedenheit verneinte, aber in der Verneinung endete, im Nirwana unterging. So viel Gleichklänge seine Lehre mit der christlichen zeigt, so gründlich ist doch die Verschiedenheit. Jesus betet: „Dein Reich komme. Vergib uns die Schuld. Erlöse uns von dem Bösen!" Auch Buddha faßt das Leid, das namenlose Elend dieser Welt ins Auge und erstrebt eine Erlösung, denn das Leid hindert die Seligkeit; jedoch von Sünde und Schuld weiß er so wenig als von himmlischen Mächten, welche über dem Menschenleben walten. Sich selber Gott, sucht und findet und lehrt er die Aufhebung des Leidens durch Selbstpeinigung, durch Arbeit an sich selbst, durch Ekstase, durch schließliches Verlöschen im Nichts. Die Liebe hat keine Stelle in seiner Lehre; des Nächsten schonen, nicht töten, nicht zürnen, nicht schaden, das geschieht nicht aus Mitleid, sondern um das Leid auf der Welt nicht zu mehren, die eigene Seligkeit nicht zu stören. Es fehlt an jeglichem Aufbauziel, und alles mündet in die Verneinung.

Die Ethik Jesu ist nicht in der Weltverleugnung stecken geblieben, wie immer wieder behauptet wird. Jesus vollzieht und verlangt allerdings eine volle Verneinung, aber darüber hinaus eine neue Bejahung – Beweis seines höhern Willens, seiner größern Kraft, seiner überragenden Bedeutung. Die Triebe werden nicht erstickt, sondern veredelt. Die Leidenschaften werden gebunden und bewältigt, um alsbald wieder erlöst und entbunden dem Wohl der Gesamtheit zu dienen: Der Zorn wird gegen das Böse gekehrt, der Ehrgeiz zur Pflichterfüllung angespornt, das Ichgefühl von der Liebe verschlungen, der Wille zum Leben verklärt durch den Ausblick auf ein höheres Leben. Mit geheiligtem Selbstbewußtsein setzt sich Jesus an die Spitze der von ihm Geweihten, um das Reich Gottes anzubahnen, statt des politischen Messias ein Himmelskönig, statt des Thronenden ein Gekreuzigter, ein durch und durch lauterer Wohltäter, eine Lebensmacht für alle Zeit.

Mit Recht also schreibt Houston Stewart Chamberlain in seinen „Grundlagen des 19. Jahrhunderts" neben manchem weniger Zutreffenden über die Erscheinung Christi: „Was begründete die Weltmacht Buddhas? Nicht seine Lehre, sondern sein Beispiel, seine heldenmütige Tat; diese war es, diese Kundgebung einer schier übermenschlichen Willenskraft, welche Millionen bannte und bis heute bannt. In Christus jedoch offenbarte sich ein noch höherer Wille: er brauchte nicht vor der Welt zu flüchten, das Schöne mied er nicht, den Gebrauch des Kostbaren – das seine Jünger „Unrat" hießen – lobte er; nicht in die Wüste zog er sich zurück, sondern aus der Wüste heraus trat er in das Leben ein, ein Sieger, der eine frohe Botschaft zu verkünden hatte – nicht Tod, sondern Erlösung! Buddha bedeutet den greisen Ausgang einer ausgelebten, auf Irrwege geratenen Kultur; Christus dagegen bedeutet den Morgen eines neuen Tages; er gewann der alten Menschheit eine neue Jugend ab, und so wurde er der Gott der jungen, lebensfrischen Indoeuropäer: unter dem Zeichen seines Kreuzes richtete sich auf den Trümmern der alten Welt eine neue Kultur langsam auf, an der wir noch lange zu arbeiten haben, soll sie einmal in einer fernen Zukunft den Namen ‚christlich' verdienen."

28. Kapitel

Das Neue

„Man spricht immer von Originalität, sagt Goethe in einem Gespräch seiner letzten Jahre, allein was will das sagen! Sowie wir geboren werden, fängt die Welt an auf uns zu wirken, und das geht so fort bis ans Ende. Und überall! Was können wir denn unser Eigenes nennen als die Energie, die Kraft, das Wollen! Wenn ich sagen könnte, was ich alles großen Vorgängern und Mitlebenden schuldig geworden bin, so bliebe nicht viel übrig.

„Überall lernt man nur von dem, den man liebt...

„Die Aquarellmalerei steht in diesem Bilde (das Goethe eben einem Gaste gezeigt hatte) auf einer sehr hohen Stufe. Nun sagen die einfältigen Menschen, R., der Maler, habe in der Kunst niemand etwas zu verdanken, sondern habe alles von sich selber. Als ob der Mensch etwas anderes von sich selber hätte als die Dummheit und das Ungeschick! Wenn dieser Künstler auch keinen namhaften Meister gehabt, so hat er doch mit trefflichen Meistern verkehrt und hat ihnen und großen Vorgängern und der überall gegenwärtigen Natur das Seinige abgelernt. Die Natur hat ihm ein treffliches Talent gegeben, und Kunst und Natur haben ihn ausgebildet. Er ist vortrefflich und in manchen Dingen einzig, aber man kann nicht sagen, daß er alles von sich selber habe. Von einem verrückten und fehlerhaften Künstler ließe sich allenfalls sagen, er habe alles von sich selber, allein von einem trefflichen nicht.

„Wir müssen alle empfangen und lernen, sowohl von denen, die vor uns waren, als von denen, die mit uns sind. Selbst das größte Genie würde nicht weit kommen, wenn es alles seinem eigenen Innern verdanken wollte. Das begreifen aber viele nicht und tappen mit ihren Träumen von Originalität ein halbes Leben im Dunkeln. Ich habe Künstler gekannt, die sich rühmten, keinem Meister gefolgt zu sein, vielmehr alles ihrem eigenen Genie verdankt zu haben. Die Narren, als ob das überhaupt anginge! Und als ob sich die Welt ihnen nicht bei jedem Schritte aufdränge und aus ihnen, trotz ihrer eigenen Dummheit, etwas machte!

„Und was ist denn überhaupt Gutes an uns, wenn es nicht die Kraft und Neigung ist, die Mittel der äußern Welt an uns heranzuziehen und unsern höhern Zwecken dienstbar zu machen. Ich darf wohl von mir selber reden und bescheiden sagen wie ich fühle. Es ist wahr, ich habe in meinem langen Leben mancherlei getan und zustande gebracht, dessen ich mich allenfalls rühmen könnte. Was hatte ich aber, wenn wir ehrlich sein wollen, das eigentlich mein war, als die Fähigkeit und Neigung zu sehen und zu hören, zu unterscheiden und zu wählen, und das Gesehene und Gehörte mit einigem Geist zu beleben, und mit einiger Geschicklichkeit wiederzugeben. Ich verdanke meine Werke keineswegs meiner eigenen Weisheit allein, sondern Tausenden von Dingen und Personen außer mir, die mir dazu das Material boten. Es kamen Narren und Weise, Jugend wie das reife Alter, alle sagten mir, was sie dachten, wie sie lebten und wirkten, welche Erfahrungen sie sich gesammelt; und ich hatte weiter nichts zu tun als zuzugreifen und das zu ernten, was andere für mich gesät hatten.

„Es ist im Grunde auch alles Torheit, ob einer etwas aus sich oder ob er es von andern habe, ob einer durch sich oder durch andere wirke; die Hauptsache ist, daß man ein großes Wollen habe und Geschick und Beharrlichkeit besitze, es auszuführen; alles übrige ist gleichgültig[955]."

Soweit Goethe. Und Anton Springer leitet in seiner Kunstgeschichte das Zeitalter der Hochrenaissance mit folgenden Worten ein: „Es kommt nicht bloß in der Geschichte der Staaten vor, daß wir auf mächtige Persönlichkeiten stoßen, welche mit einem Male das Schicksal der Völker wenden, so daß mit ihrem Auftreten eine neue Zeit beginnt und, während sie leben, sie allein den ganzen Raum ausfüllen, während neben ihnen alles unbedeutend und untergeordnet erscheint. Auch die Kunstgeschichte verehrt Heroen, die durch ihre gewaltige, allumfassende Persönlichkeit den Gang der Kunst auf lange hin bestimmen, die alten Bahnen vollenden, neue eröffnen. Als solche Helden treten uns in der Renaissanceperiode Leonardo da Vinci, Michelangelo Buonarroti und Raffael Santi entgegen. Sie fanden den Boden für ihre Wirksamkeit wohl vorbereitet. Es gibt wenige Züge in ihren Werken, welche nicht ältere Künstler wenigstens angedeutet hätten, schwerlich eine von ihnen eingeschlagene Richtung, für welche nicht Vorläufer nachgewiesen werden könnten. Sie wurzeln in Wahrheit in ihrer Zeit und wachsen organisch aus der frühern Kunst heraus. Ohne diesen Zusammenhang hätten sie ja nimmermehr den großen Einfluß gewinnen und die gewaltige Herrschaft über die Zeitgenossen erringen können. Immerhin empfängt man im Angesicht ihrer Werke den Eindruck unbeschränkter schöpferischer

---

[955] Eckermann, *Gespräche mit Goethe* ³, I 151f; II 227; III 252.

Kräfte. Muß auch der Historiker etwas von diesem Glauben nehmen, so bleibt doch die Tatsache bestehen, daß sie nicht bloß zusammenfügten, was bisher getrennt war, sondern der überlieferten Kunst, indem sie diese mit ihrer Phantasie befruchteten und dabei ihre Persönlichkeit einsetzten, eine neue, überraschende Gestalt verliehen."

Stellen wir in dieser Weise die Frage, was Jesus in Form und Inhalt seiner Reden Neues gebracht habe, was in seinen Taten und in seinem Wesen Neues erschienen sei, so bleibt zunächst herzlich wenig oder vielleicht gar nichts übrig. Jesus wurzelt durchaus im Judentum, und wenn wir dieses nicht bloß aus den alttestamentlichen Urkunden, sondern vor allem aus den Schriften des letzten Jahrhunderts vor Christus erforschen, so finden wir auf Schritt und Tritt Parallelen zu Worten Jesu. Ein ehemaliger Jude, der gelehrte Chwolson, schreibt darüber: „Wenn ein nach den moralischen Grundsätzen der agadischen Literatur (die religiösen Schriften der Synagoge) streng religiös erzogener Jude, der zugleich mit der letzteren vertraut ist, ohne Voreingenommenheit in den Evangelien die Sprüche und Lehren Jesu liest, fühlt er sich von ihnen sozusagen angeheimelt. Nirgends findet er Unbekanntes, dagegen sehr oft wirklich Ähnliches oder Geistesverwandtes mit dem, was er in jener Literatur schon gelesen hat."

So enthält selbst das ureigenste „Gebet des Herrn", dieser unvergleichliche, scharfgeprägte Ausdruck der tiefsten Bedürfnisse eines Gotteskindes, keinen einzigen völlig neuen Gedanken. Die Anrede „Vater", die man früher für das Eigenste an diesem Gebet hielt, ja die volle Anrede „Unser Vater in den Himmeln!" war zu jener Zeit die gewöhnliche und verbreitete. Jesus hat den Vaternamen für Gott weder erfunden noch ihm einen neuen Sinn untergelegt. Er hat überhaupt von Gott nichts ausgesagt, was nicht schon vor ihm gesagt worden wäre. Seinen großen Glauben an die göttliche Allmacht und Vorsehung, seine Grundanschauungen von der Freiheit des menschlichen Willens, vom Fortleben nach dem Tode, vom Kindesverhältnis der Menschen zu Gott verdankt er unleugbar seinem jüdischen Mutterboden. Für einzelne seiner Sätze finden sich Parallelen gar in entfernten Ländern; so enthält ein indisches Opferbuch tausend Jahre vor Christus schon den Satz: Ist der Mensch unrein, so ist er es, weil er die Unwahrheit redet; während Jesus sagt: Was zum Munde ausgeht, das verunreinigt den Menschen.

Über die Liebe fand Jesus, wie Kapitel 23 gezeigt, eine ausgebildete Lehre vor und fügte kaum ein neues Gebot hinzu. Er zitiert die bekannten Gebote, so wie sie von den Schriftgelehrten zitiert wurden. Liebe hatten schon die Propheten mit flammenden Worten gepredigt; ein Hosea: „An Liebe habe ich Wohlgefallen, nicht an Schlachtopfern; an Gotteserkenntnis, nicht an Brandopfern"; ein Amos: „Ich hasse, ich verachte eure Feste, eure Opferfeiern. Fort mit dem Geplärre eurer Lieder, das Rauschen der Harfen will ich nicht hören! Nein: Recht soll sprudeln wie Wasser, Gerechtigkeit wie ein nie versiegender Bach!" Liebe verkündete zur Zeit Christi gar im heidnischen Rom der Philosoph Seneca: „Willst du die Götter nachahmen, so erweise auch den Undankbaren Wohltaten; denn selbst über den Bösen geht die Sonne auf." Und schon vor Jahrhunderten hatte der griechische Dichter Menander gesungen: „Dies ist das Leben, nicht für sich zu leben bloß!" hatte Sophokles seine Antigone ausrufen lassen: „Nicht mitzuhassen, mitzulieben bin ich da." Hiernach ist die Behauptung zu berichten: „Die Welt vor Christus war eine Welt ohne Liebe." Nicht bloß in Israel mit seiner humanen Fürsorge für die Armen, selbst im kalten, weltbeherrschenden Rom war ein gesunder Sinn vorhanden, der Häuslichkeit, Erbarmen, Tugend und Recht liebte. Ohne einen solchen Boden wäre die christliche Lehre ein auf den Weg gestreuter Same geblieben.

Auch in der Lebensführung und in den Handlungen Jesu suchen wir völlig Neues vergeblich. Bald bewußt, bald unbewußt nahm er sich Gottesmänner der alten Zeit zum Vorbild; die einzelnen Seiten seines Wesens sind so wenig ohne Parallelen wie die einzelnen Stücke seiner Lehre. Für seine „Wundertätigkeit" hatte er große Vorgänger in der israelitischen Geschichte, und manche Weisen der Synagoge galten als mit Wunderkraft begabt. Ja, sogar der römische Kaiser Vespasian soll in Alexandrien einen Blinden geheilt haben – *caeco reluxit dies*, schreibt Tacitus[956]. In der ältesten Christengemeinde zu Korinth[957] blühten die „Gaben der Heilung und Wunderwirkungen" ebenso wie hellseherische Zustände, Verzückungen und verschiedene Gaben begeisterter Rede; sie werden von Paulus nicht besonders hoch gewertet. Jedenfalls also waren Heilgaben jener Zeit nichts Unbekanntes, und Jesus ist weit entfernt davon, in seinen Wundertaten eine Besonderheit oder das Hauptstück seines Wirkens zu erblicken[958].

Wir können keinen Satz in der Lehre und keinen Wesenszug in der Erscheinung Jesu nachweisen, den er völlig neu wie vom Himmel her der Welt dargeboten hätte.

Und doch ist alles neu und groß gewesen an diesem Mann, und wir dürfen die allerhöchste Originalität für ihn in Anspruch nehmen. Das Überkommene ist unter seinen Händen alles neu geworden. Es ist unrichtig, wenn man die Lehre und Erscheinung Jesu die letzte und höchste Blüte des Judentums genannt hat, wenn gar Juden versichern, sie sei nur die alte jüdische Lehre in neuem Gewande. Vielmehr ist sie zum guten Teil dem jüdischen Leben und Lehren scharf entgegengesetzt. „Ich aber sage euch." Jesus wandelt die Schrift um, er haucht ihr einen neuen Geist ein. Was er nicht zitiert, ist wichtiger, als was er zitiert. „Die jüdischen Gelehrten meinen, schreibt J. Wellhausen, alles was Jesus gesagt habe, stehe auch im Talmud. Ja, alles und noch viel mehr. Wie hat

---

[956] *Hist.* IV 81.
[957] 1 Kor 12–14.
[958] Mk 1 38 Joh 4 48 2 18 ff Mt 12 27. 38 ff 16 1 ff 1 Kor 1 22.

er es nur angefangen, das Wahre und Ewige aus diesem Wust der Gesetzesgelehrsamkeit herauszufinden? Warum hat es niemand anders getan?" Aus dem jüdischen Rache- und Willkürgott wird durch ihn ein Gott der Liebe und Güte, ein barmherziger aus dem unnahbaren, ein vergebender aus dem vernichtenden. Das entquoll einer in Jesus selbst mächtig klingenden Gemütssaite, seinem tiefen, reinen Mitgefühl. Darum verkündet er es auch nicht in abstrakten, logischen Sätzen, noch mit prunkender, hoch über der Sache stehender Rhetorik, sondern mit lauter Herzenstönen, mit so poesievollen, ergreifenden Klängen, daß es dem Hörer sofort zum eigenen Erlebnis werden muß. Daher nannte man auch seine Lehre alsbald, im Unterschied von der des Täufers und anderer, ein Evangelium. Die Originalität und Formschönheit, die schöpferische Kraft und Unmittelbarkeit seiner Parabeln im Vergleich mit den jüdischen, von den Ästhetikern und Forschern immer wieder bestätigt, muß nur jener frohen Botschaft von dem Vatergott und seinem seligen Himmelreiche dienen.

Und wie hat Jesus die jüdische Messiaserwartung und Reichsgotteshoffnung umgewandelt, „an der Stätte des hartnäckigsten Materialismus die Fahne des reinsten Idealismus aufpflanzend, den stürmischen Willen, der beide Hände nach allem Golde der Erde ausstreckte, lehrend, er solle das, was er besitze, wegwerfen und im eigenen Innern nach dem vergrabenen Schatz suchen[959]!" Wir begreifen den Zorn und das Zähnefletschen der Juden, wenn vor ihren Ohren plötzlich das seit Jahrhunderten ersehnte Königreich mit seiner Macht und Pracht, mit seiner Rache an den Feinden und seiner Knebelung der Nationen sich in ein innerlich und überweltlich gedachtes Reich verwandelte, in ein Reich der Liebe und des reinen Herzens.

Wie stand es mit der jüdischen Liebe? In dem sechsten Kapitel des Deuteronomium, in welchem unter vielen andern

---

[959] H. S. Chamberlain.

Geboten auch die Liebe geboten wird – „du sollst (!) Gott deinen Herrn lieben...[960]" folgt sofort auch die Belohnung für diese Liebe: „Ich werde dir große und feine Städte geben, die du nicht gebaut hast, und Häuser alles Gutes voll, die du nicht gefüllt hast, und ausgehauene Brunnen und Weinberge und Olgärten usw." – eine Art von Liebe, bemerkt dazu ein neuerer Denker, wie die, welche heute so manche Ehe stiftet! Und im folgenden Kapitel erscheint, als Auslegung zum Gebot der Nächstenliebe, die Anweisung: „Du wirst alle Völker fressen, die der Herr dein Gott dir geben wird", so daß zu Jesu Zeit das Gebot gelesen wurde[961]: „Du sollst deinen Nächsten lieben und deinen Feind hassen!" Wer sieht nicht, daß Jesus das gerade Gegenteil gelehrt und gelebt hat?

Die Liebe Jesu verhält sich zu aller Liebe, die vorher anzutreffen war, etwa wie die volle purpurglühende Rose, die unter der sorgfältigen Pflege im Garten gedeihte, zu den losen Heckenröschen, die da und dort hervorbrechen und verblättern. Ist jene nicht eine ganz neue Pflanze geworden, mit alles überstrahlender Schönheit und alles erfüllendem Dufte? Diese zwiefältige Liebe, in ihrer befreienden und versöhnenden, gottgeborenen Kraft verlieh allen Taten und Worten Jesu ihren eigentümlichen Schmelz und hob sie weit über das Alltägliche hinaus. Sie unterscheidet auch diesen Meister der Kunst zu leben und zu sterben durchaus von den „Lebenskünstlern" unserer Zeit. Dreht sich bei diesen alles um die eigene Persönlichkeit, die sich in Eigendienst und harmonischem Genuß ausleben soll, so hat Jesus eine unendlich höhere Sonne, um die sein Leben kreist und die er seinen Mitmenschen weist. In der Entschiedenheit, mit der er um dies Zentrum seine Persönlichkeit erbaut und seinen Charakter ausgestaltet, besteht seine höchste Originalität, so daß nur, wer hierin ihm nachstrebt, nach ihm sich zu nennen berechtigt ist.

---

[960] 5 Mos 6 5.
[961] Mt 5 43.

Ehe wir jedoch auf die Frage der Nachahmung eintreten, ist ein Angriff zurückzuweisen, der eben an der urtümlich genialen Größe Jesu einsetzt.

* * *

„Die Geisteszustände, vermöge welcher ein Mensch sich von den andern Menschen unterscheidet durch die Originalität seiner Gedanken und Auffassungen, durch den Überschwang und die Energie seiner Affekte, durch das Außerordentliche seiner Geisteskräfte, diese Zustände haben ihre Quellen in den gleichen organischen Bedingungen wie die verschiedenen Gemütsstörungen, deren vollständigster Ausdruck der Irrsinn und die Idiotie sind." So lautet die Formel des französischen Irrenarztes J. Moreau[962], die zum leitenden Grundsatz einer großen, bis heute in Frankreich herrschenden Schule von Psychologen und Psychiatern geworden ist. Sie erklärt kurzweg jedes Genie für psychopathisch und jeden Großen von vornherein als der Gestörtheit verdächtig. Ähnlich wie die köstliche Perle, der Schmuck von Königinnen, ihr Entstehen einer Krankheit des Muscheltiers verdankt, so wäre alles wahrhaft Edle in der Welt Frucht eines kranken Geistes. *La génie est une obsession, et la supériorité de l'intelligence consiste à réaliser l'image visuelle et motrice de cette idée fixe*, so war in den *Annales médipsychologiques*[963], dem Organ jener Schule, zu lesen. Ein älterer Vertreter, Lélut, sammelte aus Platos und Xenophons Notizen die Symptome, um die genaue Art der Geisteskrankheit des Sokrates festzustellen; ein neuerer, Jules Soury[964], hat die Evangelien auf Andeutungen über den Geisteszustand Jesu untersucht. Die Ausbeute ist stattlicher, als man erwarten sollte. Haben doch

---

[962] *Die pathologische Psychologie in ihren Beziehungen zur Philosophie der Geschichte, oder über den Einfluß der Nervenkrankheiten auf den Intellekt* (Paris 1859).
[963] von 1904.
[964] vgl S 203.

Jesu eigene Angehörige einst von ihm gesagt, er sei wahnsinnig geworden[965], zu schweigen von der Nachrede der Pharisäer, er sei von einem unreinen Geist besessen[966]. Schon von Johannes dem Täufer hatte man behauptet, er sei gestört[967]. Jesus war in die von diesem entfachte religiöse Bewegung eingetreten, von derselben „angesteckt", getragen, immer weiter über sich selbst hinausgehoben worden. In seinen Visionen sah er sich bald Engeln, bald Teufeln gegenüber[968], seine aszetischen Neigungen, die wunderbaren Heilungen, die leidenschaftlichen Auftritte im Tempel, die Verfluchung des unfruchtbaren Feigenbaumes, der unbußfertigen Städte, der Pharisäer, sein übermenschliches Selbstbewußtsein beweisen, daß er das Gleichgewicht verloren hat, mit höchster Einseitigkeit und Hartnäckigkeit ein großes Ziel verfolgt und schließlich ein Opfer seiner fixen Jdee, seiner krankhaften Erregung wird. Daraus folgt natürlich der Ruf: Menschheit sei auf der Hut gegenüber dem Christentum, der Frucht eines kranken Gehirns!

Zum Verständnis dieser Auffassung muß man sich erinnern, daß die strenge ärztliche Theorie überhaupt wenig Menschen als völlig gesund gelten läßt. In ähnlicher Weise nun wie für das leibliche Befinden wird für den seelischen Organismus eine Norm aufgestellt und jede Abweichung als pathologisch bezeichnet. Soury tröstet uns damit, daß in diesen Bezeichnungen kein Werturteil ausgesprochen sei; Krankheit, Gesundheit, das seien vorübergehende, ineinanderfließende, gleichberechtigte Zustände, und wir hätten allen Grund zur stolzesten Freude, wenn wir gleich Jesus, Sokrates, Pascal, Spinoza oder Newton – psychopathisch wären! Aber dann ist doch diese Bezeichnung verwirrend und für den täglichen Gebrauch, für Theologie und Psychologie gleich unbrauchbar; solches Zusammenwerfen von

---

[965] Mk 3 21.
[966] Mk 3 22.30 Mt 10 25.
[967] Mt 11 18.
[968] Mt 4 1.3.11 Joh 1 51 12 31 Lk 10 18 22 31.43.

Genie und Irrsinn muß zur Mißachtung alles geistigen und religiösen Lebens führen. Diese Betrachtungsweise beruht zudem aus völligem Verkennen des Wesentlichen, des eigentlich Menschlichen, Geistigen, Großen; sie ist durchaus materiell. Wie, wenn nun der Geisteszustand Jesu der normale, ideale wäre und der seiner Zeitgenossen abnorm? Wenn er mit seinen geschärften seelischen Organen und seiner großartigen „Geistesgegenwart" den andern Menschen vorausgeeilt wäre und uns den Weg gezeigt, uns das Ziel für allen ferneren Fortschritt vor Augen gestellt hätte? Gewiß ist Jesus in seiner Eigenart für viele bis in die Gegenwart unverständlich geblieben – aber daraus folgt noch nicht, daß er als geistig verirrt oder entartet zu betrachten sei, vielleicht eher, daß die andern hinter dem wahren Menschtum zurückgeblieben oder „in der Irre gehen", wie ein alter Prophet sagt.

Es ist denn doch ein himmelweiter Unterschied zwischen Genie und Irrsinn. Der Gestörte ist innerlich gebunden, verwirrt, in seinen Empfindungen mißleitet. Der Geniale hingegen empfindet feiner, deutlicher, zuverlässiger als andere, er schaut die Dinge wie sie sind, er dringt in das Innere der Natur, er weiß das Große vom Kleinen, das Gesetz vom Gesetzten, das Ewige vom Zufälligen zu unterscheiden, sein Blick schweift über Zeiten und Welten, frei, groß, kühn und gesund steht er da. Vielleicht ist sein fein veranlagter Geist der Störung, der Krankheit eher ausgesetzt als ein rohes Gemüt; aber desto tiefer empfindet er jede Störung, desto heftiger wehrt er sich dagegen. Jesus ist das Urbild eines gesunden Menschen, er, der die Menschen um sich her nicht krank sehen konnte, der insbesondere der Geisteskranken ohne weiteres sich helfend annahm, wenn sie ihm begegneten, und ihnen allen von seiner Gesundheit mitteilte.

Schon Goethe beschritt einen richtigeren Weg zum Verständnis des Genies als jene moderne französische Schule[969].

---

[969] *Gespr. mit Eckermann* 1828 Band III.

Er weist hin auf den Zusammenhang zwischen Jugend und Genialität, zwischen Körperkraft und Genie. „Es gab eine Zeit, wo man sich in Deutschland ein Genie als klein, schwach, wohl gar bucklig dachte; allein ich lobe mir ein Genie, das den gehörigen Körper hat. Wenn man von Napoleon gesagt, er sei ein Mensch aus Granit, so gilt dies besonders auch von seinem Körper. Was hat sich der nicht alles zugemutet und zumuten können! Von dem brennenden Sande der Syrischen Wüste bis zu den Schneefeldern von Moskau, welche Unsumme von Märschen, Schlachten, nächtlichen Biwaks liegen da nicht in der Mitte! Und welche Strapazen und körperlichen Entbehrungen hat er dabei nicht aushalten müssen! Wenig Schlaf, wenig Nahrung, und dabei immer in der höchsten geistigen Tätigkeit! Bei der fürchterlichen Anstrengung und Aufregung des 18. Brumaire ward es Mitternacht, und er hatte den ganzen Tag noch nichts genossen! Und ohne nun an seine körperliche Stärkung zu denken, fühlte er in sich Kraft genug, um noch tief in der Nacht die bekannte Proklamation an das französische Volk zu entwerfen. – Wenn man erwägt, was der alles durchgemacht und aus-gestanden, so sollte man denken, es wäre in seinem vierzigsten Jahre kein heiles Stück mehr an ihm gewesen; allein er stand in jenem Alter noch auf den Füßen eines vollkommenen Helden. Aber allerdings, der eigentliche Glanzpunkt seiner Taten fällt in die Zeit seiner Jugend. Und es wollte etwas heißen, daß einer aus dunkler Herkunft und in einer Zeit, die alle Kapazitäten in Bewegung setzte, sich so herausmachte, um in seinem siebenundzwanzigsten Jahre der Abgott einer Nation von dreißig Millionen zu sein! – Ja, ja, mein Guter, man muß jung sein, um große Dinge zu tun. Und Napoleon ist nicht der einzige."

Derselbe Goethe aber, der hier der Jugend und Leibeskraft das Wort redet, betont gleichzeitig das Göttliche der Inspirationen, das Dämonische des Genies, das Übermenschliche der besonderen Erleuchtungen. „Jede Produktivität höchster

Art, jedes bedeutende *Aperçu*, jede Erfindung, jeder große Gedanke, der Früchte bringt und Folge hat, steht in niemandes Gewalt und ist über aller irdischen Macht erhaben. Dergleichen hat der Mensch als unverhoffte Geschenke von oben, als reine Kinder Gottes zu betrachten, die er mit freudigem Dank zu empfangen und zu verehren hat. Es ist dem Dämonischen verwandt, das übermächtig mit ihm tut, wie es beliebt, und dem er sich bewußtlos hingibt, während er glaubt, er handle aus eigenem Antriebe. In solchen Fällen ist der Mensch oftmals als ein Werkzeug einer höheren Weltregierung zu betrachten, als ein würdig befundenes Gefäß zur Aufnahme eines göttlichen Einflusses. – Ich sage dies, indem ich erwäge, wie oft ein einziger Gedanke ganzen Jahrhunderten eine andere Gestalt gab und wie einzelne Menschen durch das, was von ihnen ausging, ihrem Zeitalter ein Gepräge aufdrückten, das noch in nachfolgenden Geschlechtern kenntlich blieb und wohltätig fortwirkte." An einer andern Stelle: „Des Menschen Verdüsterungen und Erleuchtungen machen sein Schicksal! Es täte uns not, daß der Dämon uns täglich am Gängelband führte und uns jagte und triebe, was immer zu tun sei – aber der gute Geist verläßt uns, und wir sind schlaff und tappen im Dunkeln"…

Die Goethische Auffassung auf Jesus angewandt, sehen wir diesen immer klar und entschieden, zu jeder Stunde mit der nötigen Weisheit und Energie begabt, um seine hohen Zwecke zu verfolgen – nicht weil er krankhaft unter einer fixen Idee, sondern weil er unter einem beständigen himmlischen Einfluß, unter „dem heiligen Geist ohne Maß", unter einer fortwährenden höheren Erleuchtung stand. Ein Mohammed war Epileptiker und beruft sich für seine Offenbarungen stets auf besondere Verzückungen. Jesus hatte auch Momente der Ekstase, wo er sah, was kein Auge gesehen, und hörte, was kein Ohr gehört, wo sein inneres Leben einen mächtigen Ruck vorwärts tat: solche Höhepunkte sind krankhaft erst dann, wenn sie schwächend und störend auf den Menschen wirken. Solange sie ihn aber zu großem Handeln begeistern und seine Energie zusammenfassend vorwärts treiben, sind sie ein Zeichen von Gesundheit und ein Segen. So ist denn auch von neuern englischen Spezialforschern wie T. J. Hudson eher eine hervorragende Gesundheit Jesu zugeschrieben worden. Sicher ist, daß bei ihm, im Gegensatz zu andern „Heiligen", außerordentliche Geisteszustände zu den Ausnahmen gehörten, daß er allezeit Gottes Nähe in lebendigstem Empfinden besaß und mit schöner Harmonie der Seelenkräfte dem Hereindrängen des Göttlichen, des Dämonischen wie Goethe sagt, innerlich entgegen kam.

29. Kapitel

Das Nachzuahmende

Die Nachahmung Jesu, *imitatio Christi*, ist so alt wie sein Auftreten. „Folget mir nach!" das war sein eigener Ruf[970]. „Ein Beispiel habe ich euch gegeben." Lebend und sterbend, ringend und überwindend hat er seinen Charakter so scharf ausgeprägt, daß dieser in seiner lockenden Vollendung nun andern vor Augen stellt, wie die eigene Persönlichkeit auszubilden ist. Allein von zwei Seiten her wird diese Nachahmung Christi heute angefochten.

Unter den vierzig Arbeitern, denen D. Rade für den neunten Evangelisch-sozialen Kongreß zu Berlin die Frage vorlegte: Wer war Jesus? antwortete einer: „Dadurch, daß Christus zum Gott erhoben ist, ist er den Menschen in übernatürlicher Weise entrückt, und der Wert, den er als Ideal hat, ist verloren gegangen." In der Tat ist der kirchliche Christus so sehr zum Idealmenschen geworden, daß er aufhört, sowohl

---

[970] Mt 4 19 9 19 10 38 11 29 16 24 10 21. 28 Lk 9 59 Joh 1 43 10 27 12 26 13 15 15 12 21 19. 22.

ein Mensch als ein Ideal zu sein; und daß Prediger vorziehen, ihre Zuhörer auf seine Apostel oder gar auf alttestamentliche Vorbilder zu verweisen. Und doch fordern die Apostel ihrerseits auf: „Dieselbe Gesinnung lebe in euch wie in Jesu Christo..."[971] Er hat euch ein Vorbild (wörtlich eine Vorschrift, wie ein Schreiblehrer) gelassen, damit ihr in seine Fußtapfen tretet[972].

Neuere Philosophen wie Eduard von Hartmann und andere[973] wenden gegen die Nachahmung Jesu ein, seine Lehre sei kulturwidrig und veraltet, seine Persönlichkeit stehe mit ihrer Weltanschauung und Aszese uns modernen Abendländern fern und könne nicht mehr als vorbildlich gelten. Sicherlich läßt sich dieser Charakter nicht einfach Zug für Zug kopieren. Gerade weil er so bestimmt, so ureigen gewaltig vor uns steht, will er sorgsam als Ganzes innerlich erfaßt und frei von innen heraus neu erzeugt sein. Nach Künstlers Weise einfühlend und nachschaffend werden wir diesem Vorbilde nachleben.

Der Nachstrebende stößt auf die doppelte Tatsache, erstlich, daß der Charakter Jesu sehr persönliche Züge trägt, welche sich nicht zur Nachahmung eignen, und sodann, daß auch die Worte Jesu sehr persönlich an einzelne Seelen, an bestimmte Gruppen, an sein Volk, an seine Zeit gerichtet sind und nicht schlechthin allgemeine Geltung beanspruchen. Es erwächst uns also die Aufgabe, das Musterhafte und Maßgebende an ihm, das Entscheidende und ewig Wertvolle herauszufinden, das Vorbildliche dem Unnachahmlichen, das Gelegentliche dem Wesentlichen gegenüberzustellen. Wie wir vorhin das von Jesus Vorgefundene loszulösen suchten von dem, was er daraus gemacht hat, von seinem Eigenen, so haben wir jetzt sein Eigenes wieder

---

[971] Phil 2 5 ff Ebr 12 2 f.
[972] 1 Petr 2 21 1 Joh 2 6.
[973] Vgl auch Kap 17.

zu scheiden in Äußeres und Inneres, Bleibendes und Vorübergehendes, Zeitliches und Ewiges.

Fangen wir mit den Worten Jesu an. Dem oberflächlichen Blick sind sie widerspruchsvoll. Diesen Jüngling fordert er zur Nachfolge auf und reißt ihn mit Gewalt von seinem Vater los: „Laß die Toten ihre Toten begraben[974]!" Jenen andern dagegen, der ihm gern nachfolgen möchte, schickt er heim: „Geh zu den Deinen und verkündige ihnen die großen Dinge, die Gott an dir getan[975]!" Von dem jungen Reichen verlangt er Verkauf aller Güter für die Armen[976], aber als Judas in Bethanien für die Armen eintritt, da weist er ihn heftig zurück[977]. Dem Johannes schärft er ein: „Wer nicht wider uns ist, der ist für uns[978]", doch den Pharisäern ruft er zu: „Wer nicht mit mir ist, der ist wider mich[979]." Viele Worte sind schon in sich widerspruchsvoll. Jesus liebte im Anschluß an die Lehrweise seiner Zeit die Spruchform, die unter dem Widersinn einen tiefen Sinn verbirgt. Dem, der dich auf die rechte Wange schlägt, dem biete auch die linke[980]. Verführt dich dein rechtes Auge, so reiß es aus[981]. Sorget nicht für euer Leben, was ihr essen, auch nicht für euern Leib, was ihr anziehen sollt[982]. Wer zu mir kommt und haßt nicht seinen Vater, der ist mein nicht wert[983]. Glücklich die Armen[984]! Eins ist not[985]! Und viele

---

[974] Lk 9 60.
[975] Lk 8 39.
[976] Lk 18 22.
[977] Mk 14 7 Joh 12 8.
[978] Lk 9 50.
[979] Lk 11 23.
[980] Mt 5 39.
[981] Mt 5 29.
[982] Mt 6 25.
[983] Lk 14 26.
[984] Lk 6 20.
[985] Lk 10 42.

andere. Diese Sprüche sind in ihrem plumpen Wortsinn teils geradezu unmoralisch, teils mit dem praktischen Leben unvereinbar. Eben dadurch sollen sie verblüffen, das Nachdenken reizen und auf eine tieferliegende Wahrheit hinführen. Der innere Widerspruch muß jene Aussagen im Gemüt des Zuhörers, wie ein neuerer Ausleger sagt, zum Explodieren bringen; bei der entstehenden Gärung kann dann der wirkliche Sinn aus der Tiefe plötzlich hervortauchen und den Geist mächtig aufrüttelnd zu einer idealeren Anschauung mit fortreißen. In ähnlicher Weise paradox verfahren manche Gleichnisse, so die vom unredlich klugen Verwalter, von den Arbeitern im Weinberg, vom Nadelöhr[986]. Diese Art zu lehren zeigt, daß Jesus nicht bestimmte Lehrsätze und Gebote auszuprägen strebte. Er hat nicht wieder Einzelvorschriften geben, nicht ein neues Joch von Satzungen auflegen wollen. Er geht überall darauf aus, von innen her ein neues Wesen und Leben zu pflanzen. Nicht Gesetz, sondern Gesinnung[987]! Das ist der Sinn der Bergpredigt, das ist Jesu Sinn. Sonst hätte er am besten getan, seine Zwölfe als Schreiber niederzusetzen und ihnen seine neuen Gesetze in die Feder zu diktieren, damit sie möglichst fehlerlos und treu, unmißverständlich und angemessen der Welt überliefert würden. Statt dessen hat er sie als einfache Sendboten, d. h. als Persönlichkeiten ausgebildet, die seine Gesinnung weiter tragen. Und es ist uns schlechterdings verwehrt, seine gelegentlich gesprochenen, mangelhaft überlieferten, nur wie zufällig aufbewahrten Worte als Gesetzbuch zu verwerten, sei es für die Ethik, sei es für die Dogmatik; oder gar sie als Orakelbuch zu mißb-rauchen für die Einzelfälle des Lebens. Ein Leo Tolstoi, in der Anbetungsstarre der griechischen Kirche aufgezogen, ist viel zu weit gegangen in der Paragraphierung der Worte Jesu. Jesus will uns aus der Trägheit eines bloß mechanischen Gehorsams herausführen, in-

---

[986] Lk 16 Mt 20 Mk 10 25.
[987] Kap 15. 24.

dem er unserm gesamten Wollen eine feste, einheitliche, nicht wieder durch Einzelheiten abgelenkte Richtung verleiht. „Warum, fragt er verwundert[988], warum urteilt ihr nicht von euch selber, was recht ist?" Es ist nicht nach seinem Sinn, sich blindlings auf seine Worte zu stürzen und aus ihren Sätzen eine Rute für sich oder für andere zu binden. Er befreit vom Buchstabendienst und weist den Menschen an sein Gewissen[989].

Auch seine Taten sind bisweilen paradox. Wenn er auf einem Esel in Jerusalem einreitet, oder eine Salbe im Wert von mehreren hundert Drachmen über sein Haupt ausgießen läßt, so verbirgt sich hinter dem Widersinn der äußern Handlung ein tieferer Sinn, der erfragt und verstanden sein will. Zum Nachmachen wäre das nicht und manches andere ebensowenig. – Es gehörte zu seinem besonderen Beruf als Menschenfischer und Prophet, jene vollkommenen Opfer des Besitzes und Behagens, der Ehre und des Lebens zu bringen. Er wollte damit die Gewissen wecken, auf das kommende Reich Gottes hinweisen[990]. Er verlangte die gleichen Opfer von den dem gleichen Berufe Geweihten, aber nicht von den übrigen; verlangte sie selbst von seinen Aposteln nicht fürs Leben, als bindendes Gelübde, sondern nur auf Zeit, als eine Probe ihres Charakters. Er ließ ihnen die volle Freiheit der Entwicklung. „Der Geist wird euch in alle Wahrheit leiten[991]."

Es ist also ein Mißverständnis, wenn durch die Jahrhunderte hindurch ganze Orden den Verzicht auf Familie und Eigentum als ewige Verpflichtung auf sich laden. Das heißt kopieren und nach der Schablone malen, statt frei von innen heraus nachzubilden und in Leben umzusetzen. Wenn sich diese „Geistlichen" für die Vollkommenen halten gegenüber

---

[988] Lk 12 57.
[989] Mt 6 22 f 13 9. 13 Lk 11 34–36.
[990] Kap 7. 17. 21.
[991] Joh 14 26 15 26 16 12 ff.

den Weltlichen, welche dem Erwerbs-, Familien- und Staatsleben obliegen – wozu gehört mehr Geist: seinen frischen Lebensstamm an ein paar eiserne Gelübde zu ketten, die man einem großen, unverstandenen Vorbilde abgesehen hat, oder aber die Gesinnung jenes Vorkämpfers im täglichen Kampfe des Lebens frei zu betätigen?

Indem jene Opfer Jesu zusammenhängen mit seiner Erwartung eines nahen, noch von jener Generation zu erlebenden Weltendes, erweist er sich als ein Kind seiner Zeit, wie überhaupt in seinem Weltbilde. Wir haben diese Anschauungen als persönliche, durch die Geschichte überholte aus dem Evangelium auszuschalten und uns in einer neuen Zeit einzurichten. Wir haben in unsere jetzige Welt, in unser modernes Leben die Gesinnung Jesu hineinzutragen, „wie wenn ein Weib einen Sauerteig unter drei Maß Mehl knetet."

Jesus war nicht ein Feind der Bildung, aber er war ein *Kind seines Volkes* darin, daß ihm Wissenschaft und Kunst ferne standen, daß ihm öffentliche technische oder gemeinnützige Unternehmungen fremd waren, daß ihm der Staatsgedanke mit seinen Voraussetzungen und Erfordernissen ein unbekanntes Gebiet blieb. Hatte doch Israel von jeher ein äußerst loses Staatswesen ohne Politik und Polizei, und bis heute herrscht in jener Weltecke das Patriarchalsystem. Demnach ist aus Jesu Gleichgültigkeit gegenüber den Ausdrucksformen heutiger Gesittung noch kein Verwerfungsurteil zu entnehmen. Wer nur das für christlich hält, wofür er klare Worte Jesu anführen kann, der muß, wie Friedrich Naumann in seinen Briefen über die Religion bemerkt, darauf verzichten, sich für die Staatserhaltung durch das Waffensystem zu entscheiden, der wird aber auch jedes andere System mit schlechtem Gewissen annehmen, er wird die öffentliche Rechtspflege scheel ansehen und sie für sich nicht in Anspruch zu nehmen wagen, er wird bei politischen Wahlen nicht mitwirken dürfen und noch vieles andre lassen müssen. Jesus hat auch „über die Grenzen der Staatshilfe im Wirtschaftsleben" nichts gelehrt. Er war weder Staatsmann noch Gesetzgeber, weder Kulturschwärmer noch Weltverbesserer. Er hat nicht ein Wort gesagt gegen die Sklaverei[992] oder gegen das herrschende Strafverfahren[993].

Jesus war ein *Kind seines Landes*, eines sonnigen Klimas, einer lachenden Natur mit sehr günstigen, dem Menschen überall entgegenkommenden Verhältnissen. Hatte schon Renan dies an Ort und Stelle mit glühenden Farben geschildert, so mußte auch Naumann auf seiner Orientreise seine Anschauung über Jesus berichtigen. „Nicht das Herz Jesu, schreibt er in seinem Buche Asia, wird kleiner, wenn man ihn sich in Palästina denkt, sein Herz ist die Liebe zu den Armen, der Kampf gegen die Bedrücker, die Freude am Erwachen der Unmündigen. Nur die Art, wie er seinem Herzen folgt, ist dem menschenfreundlichen Tun unseres Zeitalters ferner als wir dachten." In der Tat hat Jesus über Obdachlosigkeit und Wohnungsverhältnisse, über mangelhafte Ernährung und Bekleidung der untern Klassen nie nachzudenken gehabt. Hat er doch selber, barfuß gehend, jedenfalls ganz wenige Gewandstücke besessen, des Nachts oft in den Mantel gewickelt unter Gottes freiem Himmel sein Haupt niedergelegt und für seinen Hunger von irgendeinem Felde sich die Ähren abgebrochen. So wenig dies sein orientalisches Wanderleben für uns vorbildlich sein kann, so wenig seine mangelnde soziale Tätigkeit. Sondern wir haben unter unserm abendländischen Himmel, in unserm rauhen Klima, in unsern großen Städten, in den durch unsere Gesetze und Kulturfortschritte geschaffenen Verhältnissen die Fahne seiner Liebe aufzupflanzen. Noch einmal Naumann: „Es gibt keinen andern Heiland als den aus Palästina... Wir haben Jesus, wir behalten ihn. Die Schwierigkeiten, die darin liegen, daß er ein Fremdling aus einer vergangenen Völkerwelt ist, müssen wir überwinden. Hinter Jesus gibt es keine neue Religion wieder, sondern nur religiösen Verfall... wir wollen, wenn es nötig ist, das Heilige Grab den Türken lassen,

---

[992] Lk 12 35–38. 42–48. 17 7–9. 34 16 13 20 10–12.
[993] Mt 10 38 16 24 18 25. 30 Lk 12 58 f 18 2.

aber von der heiligen Seele Jesu wollen wir nicht aufhören zu zehren. Jesus Christus gestern und heute und derselbe in Ewigkeit!" –

***

Und nun – welches ist diese heilige Seele Jesu, die uns beseelen soll, diese neue Gesinnung, auf die wir uns immer wieder besinnen müssen? Ist es seine Liebe, jene Menschenliebe um Gottes willen, als Gerechtigkeit, Barmherzigkeit und Treue? Das wäre durchaus unvollständig. Wir haben den Strom nicht ohne die Quelle und die Quelle nicht ohne ihre Zuflüsse. Um die Liebe Jesu zu erzeugen, müssen wir auch seinem Glauben folgen, um aber zu seinem festen, großen Glauben zu gelangen, müssen wir seine Willensrichtung einschlagen und unser ganzes Streben nach seinem Muster in heilige Zucht nehmen.

Es wird auch hier Persönliches auszuscheiden geben. Wenn Jesus, um das Angesicht Gottes zu suchen, des Nachts auf kühle Berge stieg, wenn er für seine Person am Buchstaben des Alten Testaments festhielt, so ist das persönlich; wenn er Aussätzige heilen, Gelähmte auf die Füße stellen, wenn er in einer solchen Fülle von Bildern und mit so ergreifender Klarheit der Rede das Höchste verkünden konnte, so ist das genial und wiederum persönlich, nicht jeder kann ihm darin nachstreben.

Aber nachstreben sollen und können wir ihm alle in der vollen Hingabe des Herzens an Gott, in dem betenden Sichöffnen für die übersinnliche Welt, in dem rückhaltlosen, kindlichen Vertrauen auf eine höhere Leitung, in der unbedingten Unterwerfung unter den höheren Willen, in der Entschlossenheit, nötigenfalls auch vom Liebsten uns zu trennen um höherer Güter willen, in der Wahrhaftigkeit gegen uns selbst, dem gewaltsamen Durchbruch durch unsere alte, verschlagene, unter Zwangsvorstellungen gebundene Natur, in der besonnenen Zähmung unserer Begierden, in dem fröhlichen Vorwärtsstürmen auf unser Ziel und in der steten, hoffnungsfreudigen Bereitschaft auf das unberechenbare Ende, die machtvoll hereinbrechende Ewigkeit.

Alles dies bedeutet nicht ein Vielerlei, sondern ein großartiges Zusammenfassen der menschlichen Gemütsanlagen zu einer gewaltigen Einheit. Wir kranken an der Vielgestaltigkeit und Zerrissenheit unseres Strebens. Sünde ist Disharmonie, Abirren vom Ursprung und vom Ziel des Lebens, Verkennen seines Sinnes, Vergessen Gottes. Jesus weist uns hin auf das einfältige Auge, durch das der ganze Leib licht wird. Wer an der Gesinnung Jesu gebildet, an seinem Glauben entzündet, an seiner Persönlichkeit orientiert, seine innere Einheit, seinen tiefen Frieden, seinen Gott wiedergefunden, der hat ihn erfaßt, der darf sich seinen Jünger heißen.

30. Kapitel

Das Göttlich-Erlösende

Jesus ist heute der Mittelpunkt einer Weltreligion, welche ihm göttliche Ehre erweist. Es erwächst uns daher noch die Aufgabe, die Entstehung dieser Religion von der Persönlichkeit Jesu aus zu erklären, das Wesen des Christentums vom Wesen Christi abzuleiten. Zu diesem Zwecke stellen wir uns selber vor die Frage: Was ist uns Jesus? Heißt doch Christentum ein persönlich unmittelbares Verhältnis zu Christus, und zwar nicht der abwägenden Bewunderung, sondern der gläubigen Hingabe, der Hingabe an das in ihm erschienene Ideal, an die in ihm vollendete, lebendige Kraft, an den in ihm offenbaren Gott. Wie es Schiller in einem seiner letzten Lieder bekannte:

Religion des Kreuzes, nur du verknüpfest in Einem
Kranze der Demut und Kraft doppelte Palme zugleich!

Was ist uns Jesus? Ein Mensch, der in eigener Kraft Übermenschliches vollbracht und sich zum Heros einer kommenden Zeit aufgeschwungen hat? Ist das die ganze Antwort, die wir unter dem Eindruck seiner Person uns abringen, so lehnt er eine solche Verherrlichung ab. Gebot er nicht den Leuten Schweigen über seine Taten? Wollte er nicht, daß sie „seine guten Werke sehend, seinen Vater im Himmel preisen", also „Gott die Ehre geben, der solche Macht den Menschen verliehen hat"? Das Ziel seines Hoffens und Strebens war eine Neuordnung aller Dinge unter der Alleinherrschaft Gottes.

In einer feierlichen Stunde gegen Ende seines Wirkens legte er seinen Jüngern die Frage vor: „Wer meint ihr, daß ich bin?" und mit tiefer Bewegung nahm er es entgegen, als Petrus, überwältigt von allem Geschauten und Erlebten, ihn „Sohn des lebendigen Gottes" nannte, im Einklang mit seiner eigenen Stimme.

Sohn Gottes – suchen wir den Eindruck zu verstehen, den die ersten Anhänger mit diesem hohen Namen wiedergaben, und prüfen wir, ob wir ihn nachempfinden. Die Frage lautet so: Ist Jesus uns nur ein Mensch wie ein anderer, über dessen Irrtümer und Befangenheiten wir erhaben die Achsel zucken, dessen Seelengröße und redliches Streben wir vielleicht anerkennen; oder hat er uns, wie sonst keiner, etwas zu sagen, das uns durch Mark und Bein fährt, das Herz und Gewissen wie mit einem hellen Blitz erleuchtet? Ist er nur eine zufällige Blüte am Baume der Menschheit, die mit anderen verwelkt und verweht, oder ist er die notwendige, vielleicht höchste Offenbarung Gottes, deren tröstlicher Glanz mit unvergänglicher Kraft in das Erdendunkel hereinstrahlt? War es leere Einbildung, wenn er sich in einem besonderen Verhältnis zu Gott wußte; war es ein Fehlopfer, wenn er für den im Innersten gefühlten Gottesberuf starb; oder verdient er den Glauben, den seine Apostel für ihn fordern? Kurz: *Ist er ein Erlöser, und worauf beruht seine Erlösermacht?* Um dies allein handelt es sich; alles andere ist Wortstreit und Parteiung. Aber wie das entscheiden? Auf die Tausende hinweisen, die durch ihn aus dem Verderben gerissen, zum Guten befähigt und vom Bösen geschieden, im Glück gehalten und im Unglück getröstet, zu ihrem Beruf gestärkt und dem Tode gegenüber beruhigt worden? Der Ungläubige würde doch nicht überzeugt. In dieser Frage muß ein jeder aus eigenem Erleben urteilen, unabhängig von der ganzen Welt.

„Es ist alles dunkel. Wir haben nichts als das Gewissen!" sagt Tolstoi.

Wenn irgendwo, so gilt hier das Wort: „Wenn ihr's nicht fühlt, ihr werdet's nicht erjagen." „Die reines Herzens sind, die werden Gott schauen", damit zeigt Jesus selbst den Weg zur tieferen Erfassung seiner Person; johanneisch: „Will jemand Gottes Willen tun, der wird merken, ob meine Lehre von Gott sei oder etwas Eigenes[994]."

Was sagt mein Gewissen über Jesus?

In den wilden Wogen des Lebens, wenn alles Land aus dem Gesichte schwindet, wenn Sturm und Gischt rings den Horizont verdunkelt, sucht mein Schifflein einen hellen Stern, der sicher es zum Ziele leitet. Und siehe, unter den Tausenden von Sternen hat sich nur einer als unbeweglich und untrüglich erwiesen, der Polarstern, nach dem alles andere sich orientiert: Jesus. In überwältigender Reinheit strahlt sein lichtes Bild zu mir hernieder.

Den gleichen Versuchungen gegenübergestellt, denen alle andern erliegen, hat er überwunden[995]. Von demselben starken Lebensdrang beseelt, wie jeder Sterbliche, mit gleich offenem Auge für die Reize der geschaffnen Welt, hat er ein höheres Leben gesucht und von einer höheren Welt sich locken lassen schon am Morgen seines Erdentages. Den ehernen Gewalten der Schicksalsmächte unterworfen wie wir alle, hat er sich innerlich weder zermalmen noch aufreizen lassen, sondern hat ein liebendes Angesicht geschaut, wo andere nur Tücke des Zufalls erblicken. Und seine erhabene

---

[994] Mt 5 8 Lk 11 35 Joh 7 17.
[995] Ebr 2 14–18 4 14.

Lebensanschauung hat er sich nicht ausgedacht, sondern in persönlicher Geduldsarbeit errungen; hinter seinem „Vollbracht!" steht der heißeste Kampf. Er gibt uns keine Theorie, sondern ein Beispiel, keine Philosophie, sondern eine in Blut und Wunden erprobte Antwort auf die höchsten Fragen, eine allseitige Auseinandersetzung mit dem wirklichen Leben. Stand er doch immer wieder vor der Entscheidung zwischen Erdenwillen und Himmelswillen, zwischen dem Allerweltsweg und dem Gottesweg, zwischen dem Selbst und der Liebe: und für das Höhere hat er sich klar und fest entschieden. „Nicht mein, sondern dein Wille geschehe!"

Voll Sehnsucht blicke ich in meinen besten Stunden empor zu den heiligen Höhen dieser Selbstüberwindung. Dort weht Friede, Freiheit und Seligkeit, dort ahne ich die Heimat der Seele, dort tun sich meinem Geiste die lichten Pforten des Jenseits auf.

Aber wie dahin gelangen? Streben ist noch nicht Haben, Sehnen ist noch nicht Sein. Im Gegenteil, je mehr ich Jesu nachstrebe, desto mehr zieht Erdenschwere mich zurück. Indem der höhere Wille so vollendet klar und wahr aus Jesus mir entgegenleuchtet, erkenne ich meine tausendfache Gebundenheit[996]. Ich erfahre an mir das Außerordentliche, hoch über Menschenmaß Hinausragende dieses Jesus. In ihm hat der Geist gesiegt über die sinnliche Natur, der Wille über die Begier, das Göttliche über das Dämonische.

Doch gerade dies Außerordentliche, Übermenschliche, Geheimnisvolle in Jesus tröstet und fesselt, ja lockt und erhebt mich wieder. Woher kam ihm jene sieghafte Kraft? Sollte sie mir unzugänglich sein? Sollte sein Licht mir erschienen sein, um mich in ewigem Dunkel zu lassen[997]?

Im Charakter Jesu erblicke ich das Menschtum an seine Bestimmung geführt, die menschliche Persönlichkeit zu

---

[996] Röm 7.
[997] Joh 8 12 1 5. 9 f.

idealer Vollendung ausgestaltet. Ist es Gott, der den Menschen „nach seinem Bilde" geschaffen, ihm sein Ziel steckend und ermöglichend, so leuchtet Gott in besonderer Weise aus den Augen Jesu, Gott, der die Liebe ist und die Liebe will und die Liebe wirkt.

Fragen wir, wie war Jesus imstande jenen wunderbar reinen, in der erlösenden Liebe gipfelnden Charakter der Welt zu zeigen, wo entsprang jener heilige, fest nach oben gerichtete Wille, so stoßen wir auf ein wichtiges, in göttliche Tiefen weisendes Geheimnis, von welchem bereits die älteste Gemeinde anbetend sang[998] und welches sie mit dem Zauber der kindlich fröhlichen, seligen Weihnachtsgeschichte umspann: das Geheimnis der Geburt und der Herkunft der Seele. Es ist dasselbe Geheimnis, welches wie ein ferner Stern über jedem Menschenleben schwebt und jeden werdenden Charakter mit dem Schimmer einer zurückliegenden Welt übergießt: das Geheimnis des Daseins und des Soseins. Schon in seinem Werden war dieser Jesus ein Liebling des Schöpfers, zum Werkzeug des Ewigen bestimmt. „Das Wort ward Fleisch." Sollte der Geist zur vollen Herrschaft über das Fleisch gelangen, so mußte der schaffende und nach Vollendung strebende höchste Geist sich in der gewaltigsten Menschlichkeit verkörpern und hier kämpfend überwinden. Dasselbe aber, was er in Jesu erreicht, will er in jedem zustande bringen, der dem Glauben Jesu nachfolgt[999]. Der glaubende Jesus ist ebensosehr wie der liebende und leidende der Weg, auf dem wir zu Gott und zur Vollendung durchdringen[1000].

In der Tiefsee, deren Abgründe nie von einem Lichtstrahl besucht, noch von einem Ton durchzittert werden, haben die Fische weder Augen noch Ohren. Die königlichen Flieger

---

[998] Lk 1 46 1 Ti 3 16 Joh 1 14.
[999] Joh 14 10–20 Ebr 12 1 ff
[1000] Joh 14 6 Ebr 10 20 Mt 11 27.

dagegen, die der Sonne am nächsten kommen und stets in einem Meer des Lichtes baden, Adler und Möwe, sie haben die schärfsten Augen. Das für das Licht geschaffene und dem Lichte angepaßte Auge beweist das Vorhandensein des Lichts. So beweist der Glaube, als ausgebildeter Sinn des Menschen, das Dasein Gottes, einer übersinnlichen Welt überhaupt. Niemand hat den Gottesbeweis so machtvoll geführt wie Jesus durch sein Leben und Sterben. Seine ungewöhnliche Glaubenskraft zeigt deutlich, daß er von allen Menschen Gott am nächsten gekommen ist und daß Gottes Licht ihn am tiefsten durchleuchtet hat. Sein wunderbar geschärftes Organ für Gott beweist, daß er ein besonderes Organ Gottes war. Sein gewaltiger Gotteshunger, seine großartige Geistesgegenwart, sein kühnes auf Gott bezogenes Selbstbewußtsein, sein bergeversetzendes, durch den Kreuzestod nicht erschüttertes Gottvertrauen waren nicht dumpfe Selbsttäuschungen, sondern klare Beweisungen Gottes. Seine Liebe war Abglanz und Ausfluß der göttlichen Liebe. Niemals und nirgends ist Gott der Menschheit so nahe gekommen und so deutlich geworden wie in Jesus.

Von hier aus öffnet sich uns das Verständnis der Paulinischen Anschauung: Gott war in Christo[1001], und des Johanneischen Rufes „Wer mich siehet, der siehet den Vater[1002]". Hier entzündet sich die Hoffnung für unser eigenes Leben; denn auch wir sind Kinder Gottes, für sein ewiges Licht geschaffen. Jesus wird uns der Weg zum Vater. Im Erleben seines vollkommenen Sieges, in der gläubigen Hingabe an den in ihm vollendeten Geist erfährt die Seele, was Gott ist und daß sie Gottes ist, das Licht scheidet sich von der Finsternis, das Leben vom Tode, der Geist hat seine ewige Heimat gefunden. Das ist Erlösung.

Und so stimme ich ein in den Dank, daß der gnädige Gott mit der Geburt und Vollendung Jesu der Welt ein unver-

---

[1001] 2 Kor 5 19 Kol 1 19 2 9.
[1002] Joh 14 7 ff 12 44 ff 20 28 ff 1.

gleichliches Geschenk gemacht[1003], das Sehnen der Besten in jenen Zeiten erhört und das Verlangen der kommenden Geschlechter angesehn hat[1004]. Ich erfahre, welch eine unendliche Wohltat er mir selbst erwiesen hat, indem er mich im Lichte dieses Jesus geboren werden und im Schatten seines Kreuzes aufwachsen ließ.

Trete ich hinaus an das Ufer des Ozeans oder hinaus auf die strahlenden Firne der Berge, blicke ich hinein in die wechselnden Geschicke der Völker, vertiefe ich mich in die Bücher der Menschen, ja selbst in das eine, das göttliche Buch – überall kann ich Gott nur ahnen, nur von ferne gleichsam das Rauschen seines Gewandes vernehmen. Aber in Jesu höre ich Gott reden zur Menschheit, in Jesu schaue ich Gott selber in seiner unbegrenzten Güte, wie in seinem flammenden Zorn, in seiner leidenden Ruhe, wie in seiner alleswirkenden Kraft. Ich erblicke Gott, wie er von den Menschen beständig verkannt, verachtet und ans Kreuz geschlagen wird; ich erblicke Gott, wie er trotz allem den Menschen immer wieder freundlich entgegenkommt, sie erbarmend trägt und mit Güte überschüttet. Daß der gerechte Gott das Selbstopfer dieses Jesus angenommen, den „Heiligen und Geliebten" seinen Feinden preisgebend, das ist der höchste Erweis der von Jesus verkündigten Liebe Gottes, die auch mit den Schlechtesten Geduld übt, die das Böse zur augenöffnenden Tat ausreifen, zugleich aber das Gute zu strahlendem Glanze sich entfalten läßt.

So wird uns in Jesus immer neuer Mut zum Leben und Wirken, Leiden und Überwinden geschenkt. Denn in seinem Leben wurde noch ein härterer Kampf siegreich gekämpft, und in seinem Sterben vollendete sich opfernd eine Liebe, die uns die Liebe Gottes verbürgt. In ihm ist unserm Denken und Streben, unserm Begehren und Hoffen das Ziel gesteckt,

---

[1003] Joh 3 16 1 Joh 4 9 Röm 5 8 8 32.
[1004] Lk 2 25 ff 1 13 ff Röm 8 19 ff.

für den kühnsten Adlerflug nicht zu niedrig, für die kleinste, an sich selbst verzagende Kraft nicht zu hoch. In ihm erlebe ich immer wieder eine Erlösung von mir selbst. Der Zauber der Sinnenwelt zerrinnt in dem Hauch des Unendlichen, der von ihm ausgeht. Die Leidenschaften des Herzens läutern sich in der Glut der höhern Liebe, die er entzündet. Die gesamte Seele wird gereinigt und für die Rückkehr in die ewige Heimat bereitet. Will ich auf Erfolgen ausruhen, so spornt der Blick auf Jesus mein Streben. Da sehe ich, was dem Menschen erreichbar, was ihm möglich ist mit Gott – da sehe ich aber auch mit Paulus, „daß ich es noch nicht ergriffen habe, daß ich noch nicht jesusgleich vollendet bin; und eins nun tue ich, ich vergesse was hinter mir liegt und strebe nach dem, was vor mir liegt, ich jage dem Ziele zu, nach dem Kampfpreis der Berufung, die mir von oben her, von Gott durch Jesum Christum geworden ist. Alle, die wir Christen sind, laßt uns so denken!"

Literatur

1. Philosophische Grundlage, psychologische Fragen und zum Vergleich herangezogene Charaktere:

F. Barth, *Jesus und Buddha*. Bern 1905.

H. St. Chamberlain, *Die Grundlagen des 19. Jahrhunderts I*. 14. Aufl. München 1922.

P. Dubois, *De l'influence de l'esprit sur le corps*. Nouv. éd. Bern 1916.

R. Falke, *Buddha, Mohamed, Christus*. Gütersloh 1897-98.

A. Fouillée, *Tempérament et caractère selon les individus, les sexes et les races*. Paris 1895.

— *Le caractère et l'intelligence*. (*Revue des deux mondes 15. Févr.* 1894.)

Fournier, *Napoleon I. 1.-3. Band*. 4. Aufl. Wien 1922.

P. Häberlin, *Der Geist und die Triebe. Eine Elementarpsychologie*. Basel 1924.

— *Der Charakter*. Basel 1925.

K. Hase, *Neue Propheten. Drei historisch-politische Kirchenbilder*. 2. Aufl. Leipzig 1893.

Th. J. Hudson, *Das Gesetz der psychischen Erscheinungen. Eine wirksame Hypothese für das systematische Studium des Hypnotitzmus, Spiritismus, der geistigen Therapeutik*. Übers. von Ed. Herrmann. 2. Aufl. Leipzig 1910.

W. James, *Der Wille zum Glauben und andere popularphilos. Essays*. Deutsch von T. Lorenz. Stuttgart 1899.

F. Jodl, *Lehrbuch der Psychologie*, 5. u. 6. Aufl. Stuttgart 1924.

A. Lehmann, *Aberglaube und Zauberei von den ältesten Zeiten an bis in die Gegenwart*. Autorisierte Ausgabe von Petersen. 2. Aufl. Stuttgart 1908.

P. E. Levy, *Die natürliche Willensbildung*. Übers. von M. Brahn. 3. Aufl. Leipzig 1910.

F. W. H. Myers, *Human personality and its survival of bodily death*. London 1903.

A. Neander, *Der hl. Bernhard und sein Zeitalter. Ein historisches Gemälde*. 3. Aufl. Gotha 1865.

H. Oldenberg, *Buddha. Sein Leben, seine Lehre, seine Gemeinde*. 10.-12. Aufl. Stuttgart 1923.

F. Paulhan, *Les caractêres*, 3. éd. Paris 1909.

F. Paulsen, *System der Ethik mit einem Umriß der Staats- und Gesellschaftslehre*. 11. u. 12. Aufl. Stuttgart 1921.

— *Schopenhauer, Hamlet, Mephistopheles. Nebst einem Anhang über das Ironische in Jesu Stellung und Rede*. 3. Aufl. Stuttgart 1911.

J. Payot, *Die Erziehung des Willens durch Selbstbemeisterung. Berecht*. Übersetzung von T. Boelkel. 7. Aufl. Leipzig 1921.

M. Perty, *Die mystischen Erscheinungen der menschlichen Natur*. Heidelberg 1861.

A. Pfänder, *Phänomenologie des Wollens. Psycholog. Analyse*. Gekrönte Preisschrift. Leipzig 1900. Für Kap. 12.

Th. J. Plange, *Christus ein Inder*, siehe Kap. 6.

E. Platzhoff-Lejeune, *Wert und Persönlichkeit. Zu einer Theorie der Biographie*. Minden 1903. Für Kap. 8.

F. v. Raumer, *Leben und Briefwechsel Georg Washingtons, nach dem Englischen des J. Sparks im Auszuge bearb. 2 Bände*. Leipzig 1839.

G. H. Schubert, *Die Geschichte der Seele*. Stuttgart 1830.

R. Seydel, *Das Evangelium von Jesu in seinen Verhältnissen zur Buddhasage und Buddhalehre, mit fortlaufender Rücksicht auf andere Religionskreise untersucht*. Leipzig 1882.

— *Die Buddha-Legende und das Leben Jesu nach den Evangelien. Erneute Prüfung ihres gegenseit. Verhältnisses*. 2. Aufl. Leipzig 1897.

S. Smiles, *Charakter*, deutsch von Dobbert. Halle a. S. 1920.

J. Soury, *Jésus et la religion d'Israel*. 3. éd. Paris 1898.

J. Sparks, *The life of George Washington*. Boston 1852.

A. Sprenger, *Leben und Lehre des Mohammed, 3 Bände*. Berlin 1861-65.

J. B. Stay, *Der Seelentelegraph. Die Kraft, seinen Willen auf andere Personen zu übertragen*. 10. Aufl. Leipzig 1923.

H. Taine, *Les origines de la France contemporaine. Le regime moderne (Napoléon Bonaparte)* Nouv. éd. Paris

1899.
G. Weil, *Mohamed der Prophet, Leben und Lehre.* Stuttgart 1843.
W. Wundt, *Grundriß der Psychologie,* 15. Aufl. Leipzig 1922.
— *Ethik. Eine Untersuchung der Tatsachen und Gesetze des sittlichen Lebens.* 5. Aufl. Leipzig 1923/24.
O. Zöckler, *Askese und Mönchtum,* 2. Aufl. Frankfurt a. M. 1897. Für Kap. 6.

2. Christus und das Christentum, historisch kritische Forschung.

M. Albertz, *Die synoptischen Streitgespräche. Beitrag zur Formengesch. des Urchristentums.* Berlin 1921.
F. Barth, *Die Hauptprobleme des Lebens Jesu. Geschichtl. Untersuchung.* 5. Aufl. Gütersloh 1918. – Sehr geschickte, auch für Laien verständliche Einführung in die Fragen.
— *Das Johannisevangelium und die synopt. Evangelien.* Groß-Lichterfelde 1905.
G. Bertram, *Die Leidensgeschichte und der Christuskult. Eine formengeschichtl. Untersuchung.* Göttingen 1922.
W. Bousset, *Jesus.* 4. Aufl. Tübingen 1922.
— *Jesu Predigt in ihrem Gegensatz zum Judentum.* 2. Aufl. Göttingen 1900.
— *Die Religion des Judentums im neutestamentlichen Zeitalter.* 2. Aufl. Tübingen 1906.
— *Kyrios Christos.* 2. Aufl. Göttingen 1921.
— *Jesus der Herr. Nachträge und Auseinandersetzungen zu Kyrios Christos.* Göttingen 1916.
R. Bultmann, *Die Geschichte der synoptischen Tradition.* Göttingen 1921.
M. Dibelius, *Die Formgeschichte des Evangeliums.* Tübingen 1919.
E. v. Dobschütz, *Der gegenwärtige Stand der neutestamentl. Exegese in seiner Bedeutung für die praktische Ausle-*

gung. Tübingen 1906.

A. Drews, *Die Entstehung des Christentums aus dem Gnostizismus*. Jena 1924.

E. Fascher, *Die formgeschichtliche Methode, Darstellung und Kritik. Zugleich ein Beitrag zur Gesch. des synoptischen Problems*. Gießen 1924.

K. Hase, *Geschichte Jesu. Nach akadem. Vorlesungen*. 2. Aufl. Leipzig 1891.

K. von Hase, *Neutestamentl. Parallelen zu buddhist. Quellen*. Groß-Lichterfelde 1905.

E. Hennecke, *Neutestamentliche Apokryphen*. 2. Aufl. Tübingen 1924.

G. Hollmann, *Welche Religion hatten die Juden, als Jesus auftrat?* 2. Aufl. Halle 1910.

M. Kähler, *Der sog. historische Jesus u. der geschichtliche biblische Christus*. 2. Aufl. Leipzig 1913.

— *Jesus und das Alte Testament*. Leipzig 1896.

Lagrange, *Le messianisme chez les juifs*. 1909.

H. Laible, *Jesus Christus im Talmud*. Leipzig 1900.

Ed. Meyer, *Ursprung u. Anfänge des Christentums*. 4. u. 5. Aufl. Stuttgart 1924 u. 1925.

E. Preuschen, *Antilegomena. Die Reste der außerkanonischen Evangelien*. 2. Aufl. Gießen 1905.

H. Raschte, *Die Werkstatt dee Markusevangeliums. Eine neue Evangelientheorie*. Jena 1924.

A. Resch, *Agrapha. Außerkanonische Evangelienfragmente, gesammelt und untersucht*. 2. Aufl. Leipzig 1906.

— *Außerkanonische Paralleltexte zu den Evangelien. Textkritische und quellenkritische Grundlegungen*. Leipzig 1893-1897.

J. H. Ropes, *Die Sprüche Jesu, die in den kanonischen Evangelien nicht überliefert sind. Kritische Bearbeitung des von A. Resch gesammelten Materials*. Leipzig 1896.

K. L. Schmidt, *Der Rahmen der Geschichte Jesu*. Berlin 1919.

P. W. Schmidt, *Die Geschichte Jesu*. 4. Aufl. Tübingen 1909.

O. Schmiedel, *Hauptprobleme der Leben Jesu-Forschung*.

Tübingen 1902. (Kap. VIII, S. 59-70. Skizze eines Charakterbildes Jesu.)

A. Schweitzer, *Geschichte der Leben Jesu-Forschung*. 3 Aufl. Tübingen 1921.

E. Sellin, *Die israelitisch-jüdische Heilandserwartung*. 2. Tausend Berlin 1909.

H. von Soden, *Die wichtigsten Fragen im Leben Jesu*. 2. Aufl. Berlin 1909.

Strack-Billerbeck, *Kommentar zum NT. aus Talmud u. Midrasch. Das Evang. nach Mk, Lk u. Joh.* München 1924.

D. F. Strauß, *Das Leben Jesu für das deutsche Volk bearbeitet*. 22. Aufl. Leipzig 1924

Weber, *Lehren des Talmud. Jüdische Theologie*. Leipzig 1886.

K. Weidel, *Studien über den Einfluß des Weissagungsbeweises auf die evang. Gesch.* (*Studien und Kritiken 1912*, S. 167-286.)

B. Weiß, *Die Geschichtlichkeit des Markusevangeliums*. Groß-Lichterfelde 1905.

— *Urchristentum*. Göttingen 1914.

C. Weizsäcker, *Untersuchungen über die evangel. Geschichte, ihre Quellen und den Gang ihrer Entwicklung*. 2. Aufl. Tübingen 1901.

J. Wellhausen, *Israelitische und jüd. Geschichte*. 8. Ausg. Nachdruck. Berlin 1921.

H. H. Wendt, *Die Lehre Jesu*. 2. Aufl. Göttingen 1901.

P. Wernle, *Die Quellen des Lebens Jesu*. 3. Aufl. Halle 1913.

W. Wrede, *Das Messiasgeheimnis in den Evangelien*. 2. Aufl. Göttingen 1913.

Th. Zahn, *Einleitung in das Neue Testament*. Leipzig 1924.

— *Das Evangelium des Matthäus ausgelegt*. Leipzig 1922.

3. Forschung zum Charakter Jesu.

Ph. Bachmann, *Die neue Botschaft in der Lehre Jesu*. Groß-Lichterfelde 1905.

W. Baldensperger, *Das Selbstbewußtsein Jesu im Lichte der messian. Hoffnungen seiner Zeit*. 3. Aufl. Straßburg 1903.

J. Baumann, *Die Gemütsart Jesu. Nach jetziger wissenschaftlicher, insbesondere psycholog, Methode erkennbar gemacht.* Leipzig 1908.

A. B. Bruce, *The Parabolic Teaching of Christ*, 2. Ed. London 1887.

— *The Training of the Twelve*. 3. ed. Edinburg 1883.

C. Brunner, *Unser Christus*. Berlin 1921. Mit steter Benutzung der Talmudliteratur geschriebene geistvolle Studie eines jüdischen Philosophen.

Ch. A. Bugge, *Die Hauptparabeln Jesu*. Gießen 1903. Wertvolle Ergänzung zum Jülicherschen Werk.

G. Dalman, *Die Worte Jesu*. Leipzig 1898.

P. Dausch, *Lebensbejahung und Aszese Jesu. Bibl. Zeitfragen*. 1913.

K. Deißner, *Die Einzigartigkeit der Person Jesu*. Leipzig 1919.

Frz. Delitzsch, *Ein Tag in Kapernaum*. 3. Aufl. Leipzig 1886.

— *Jesus und Hillel*. Leipzig 1894.

E. Ehrhardt, *Der Grundcharakter der Ethik Jesu im Verhältnis zu den messianischen Hoffnungen seines Volkes und zu seinem eigenen Messiasbewußtsein*. Freiburg 1895.

— *Le principe de la morale de Jésus*. Leçon. Paris 1897.

H. Felder, *Jesus Christus*. 3. Aufl. Paderborn 1923.

P. Fiebig, *Altjüdische Gleichnisse und die Gleichnisse Jesu*. Tübingen und Leipzig 1904.

— *Die Gleichnisreden Jesu*. 1912.

Fosdick, *The Manhood of the Master*. London 1914.

O. Frommel, *Die Poesie des Evangeliums Jesu*. Berlin 1906. Mit zartem Eingehen auf feinere Geisteszustände und Gemütszusammenhänge.

E. Grimm, *Die Ethik Jesu*. 2. Aufl. 1917.

J. Hänel, *Der Schriftbegriff Jesu*. Gütersloh 1919.

A. Harnack, *Das Wesen des Christentums. 16 Vorlesungen.* 66.-70. Tausend. Leipzig 1920. – Mit scharfgezeichnetem,

teilweise ausgeführtem Christusbilde und treffenden Gesichtspunkten.
A. Hauck, *Jesus*. 3. u. 4. Aufl. Leipzig 1922.
F. Hauck, *Die Stellung des Urchristentums zu Arbeit und Geld*. (*Beiträge zur Förderung christl. Theologie* 1921.)
E. Haupt, *Zur Charakteristik der Reden Jesu*. (*Deutsch-Evang. Blätter XXVI*, 1901. S. 581 u. 612.)
— *Die eschatolog. Aussagen Jesu i. d. synopt. Evangelien*. Berlin 1895.
F. Heiler, *Das Gebet. Eine religionsgeschichtl. und religionspycholog. Untersuchung*. 2. Aufl. München 1920.
J. G. Herder, *Vom Erlöser der Menschen. Nach unsern drei ersten Evangelien*. Neu hrsgeg. v. T. Schneider. Halle 1899.
— *Von Gottes Sohn, der Welt Heiland. Nach Johannis' Evangelium*. 1797.
W. Herrmann, *Die sittl. Weisungen Jesu, ihr Mißbrauch und ihr richtiger Gebrauch*. 3. Aufl. Göttingen 1922. Eine vortreffliche Darstellung, ursprünglich Vortrag. Für Kap. 29.
H. J. Holtzmann, *Lehrbuch der neutestamentlichen Theologie*. 2. Aufl. Tübingen 1911. – Mit feinen psychologischen Linien vom Gemüt Jesu zu seiner Lehre.
O. Holtzmann, *Leben Jesu*. Tübingen 1901.
— *War Jesus Ekstatiker? Untersuchung zum Leben Jesu*. Tübingen 1903.
— *Die Stellung Jesu und der ersten Christengemeinde zum Besitz*. Prot. K.-B. 1894. Seite 1053.
H. Jordan, *Jesus und die modernen Jesusbilder*. 4. Tsd. Berlin 1909.
A. Jülicher, *Die Gleichnisreden Jesu*. 2. Aufl. Tübingen 1910.
Th. Keim, *Geschichte Jesu von Nazara in ihrer Verkettung mit dem Gesamtleben seines Volkes frei unters. und ausführlich erzählt. 3 Bände*. Zürich 1867-72.
— *Die menschliche Entwicklung Jesu Christi. Akademische Antrittsrede*. Zürich 1861.
— *Die geschichtliche Würde Jesu. Charakteristik in 2 Vor-*

trägen. Zürich 1864.

— *Geschichte Jesu nach den Ergebnissen heutiger Wissenschaft übersichtlich erzählt.* 3. Bearbeitung. Zürich 1875. Diese Keim'schen Bücher enthalten eine Fülle feiner psychologischer Beobachtungen, die nicht veralten.

O. Kirn, *Die sittlichen Forderungen Jesu.* 5. Tsd. Berlin 1910.

H. Köhler, *Sozialistische Irrlehren von der Entstehung des Christentums und ihre Widerlegung.* Leipzig 1899.

J. Leipoldt, *Die männliche Art Jesu.* 2. Aufl. Leipzig 1920.

H. Lhotzky, *Der Weg zum Vater. Ein Buch für werdende Menschen.* 4. Tausend. Leipzig 1904.

H. P. Liddon, *The Divinity of our Lord and Saviour Jesus Christ.* II. ed. London 1885.

Loofs, *Wer war Jesus Christus?* 2. Aufl. Halle 1922.

W. Lütgert, *Die Liebe im Neuen Testament. Beitrag zur Geschichte des Urchristentums.* Leipzig 1905.

M. Maurenbrecher, *Von Nazareth nach Golgatha.* Berlin 1909.

M. Meschler, *Zum Charakterbild Jesu.* 3. Aufl. (Gesammelte Schriften 1916.)

A. Meyer, *Jesus* (in „Unsere religiösen Erzieher, Geschichte des Christentums in Lebensbildern"). 2. Aufl. Leipzig 1917.

— *Was uns heute Jesus ist.* (Religionsgeschichtl. Volksbücher.) Tübingen 1907.

Johs. Müller, *Die Bergpredigt, verdeutscht und vergegenwärtigt.* 6. Aufl. 28.-32. Tsd. München 1920.

A. Otto, *Leben und Wirken Jesu nach historisch-kritischer Auffassung. 3 Vorträge.* 4. Aufl. Göttingen 1905. – Kurze, aber sehr hübsche Darstellung auch des Charakters.

— *Das Heilige. Über das Irrationale in der Idee des Göttlichen.* 13. Aufl. Gotha 1925.

G. Papini, *Storia di Christo.* 3. ed. Firenze. Seitdem in mehr als 100,000 ital. Expl. verbreitet und in viele Sprachen übersetzt.

R. Paulus, *Das Christusproblem der Gegenwart.* Tübingen

1922.

F. G. Peabody, *Jesus und die soziale Frage.* Gießen 1903. Für Kap. 17 u. 26.

— *Der Charakter Jesu Christi.* Gießen 1905.

A. Reatz, *Jesus Christus, sein Leben, seine Lehre und sein Werk.* Freiburg 1924. Römisch-katholisch, gut geschrieben.

A. Reiß, *Das Selbstbewußtsein Jesu im Lichte der Religionspsychologie.* Göttingen 1921.

G. Renan, *Vie de Jésus.* Neudr. Paris 1916.

F. Rittelmeyer, *Jesus. Ein Bild in 4 Vorträgen.* 6.-8.Tsd. München 1920.

Th. Robinson, *Studies in the character of Christ.*

P. Rosegger, *Wie ich mir die Persönlichkeit Jesu denke.* (*Christl. Welt XIII,* 1899, S. 513-517.)

H. Schäfer, *Jesus in psychiatrischer Beleuchtung.* Berlin 1910.

Ph. Schaff, *Die Person Jesu Christi, das Wunder der Geschichte. Samt einer Widerlegung der falschen Theorien und einer Sammlung von Zeugnissen der Ungläubigen.* Gotha 1865.

H. Schell, *Christus.* 18.-20. Tsd. Mainz 1922.

D. Schenkel, *Das Charakterbild Jesu.* 4. Aufl. Wiesbaden 1873.

A. Schlatter, *Der Glaube im Neuen Testament.* Leiden 1885. Die 1. Ausgabe für die psychologische Betrachtung ergiebiger als die mehr nach der dogmatischen Seite hin tendierende 3. Bearbeitung. Kalw 1905.

H. F. Schmidt, *Zur Entwicklung Jesu. Ein Versuch zur Verständigung.* Basel 1904.

L. Schneller, *Evangelienfahrten. Bilder aus dem Leben Jesu in der Beleuchtung des heiligen Landes.* 18.-20. Tsd. Leipzig 1925.

L. Schneller, *Kennst du das Land?* 32.-34. Aufl. Leipzig 1923.

J. Schultze, *Katechetische Bausteine zum Religionsunterricht in Schule und Kirche.* 12. Aufl. Magdeburg 1913. Seite 40 ff bringt ein scharf umrissenes Bild Christi: „Die Fußstapfen Jesu".

E. Schütz, *Frenssens Jesus. Ein Wort zu Hilligenlei*. 8. Aufl. Leipzig 1907.

R. Schütz, *Apostel und Jünger*. Gießen 1921.

J. Stalker, Imago Christi: *the example of Jesus Christ*. 4. Aufl. London 1890. – Mit treffenden psychologischen Bemerkungen.

— *The life of Jesus Christ*. 22. Tausend. Edinburg 1880.

E. Stapfer, *Jésus-Christ pendant son ministère*. 2. éd. Paris 1897.

A. Steinmann, *Jesus und die soziale Frage*. Paderborn 1920.

F. Tillmann, *Der Menschensohn* (*Bibl. Studien XII, Heft 1 u. 2*, 1907).

R. Ch. Trench, *Notes On the Parables of our Lord*. 15. ed. London 1886.

— *Notes on the Miracles of our Lord*. 13. ed. London 1886.

Völter, *Jesus der Menschensohn*. Straßburg 1914.

— *Die Menschensohnfrage neu untersucht*. Leiden 1916.

K. Weidel, *Jesu Persönlichkeit. Eine Charakterstudie*. 3. Aufl. Halle 1921. Scharfumrissenes Charakterbild.

H. Weinel, *Jesus im 19. Jahrhundert*. 11.-13. Tausend. Tübingen 1914. Sehr instruktive Übersicht über die modernen Geistesströmungen und ihre Beziehungen zu Jesu; mit fein durchgeführtem Christusbilde.

— *Die Bildersprache Jesu in ihrer Bedeutung für die Erforschung seines inneren Lebens*. Gießen 1900.

B. Weiß, *Jesus von Nazareth. Ein Lebensbild*. 2. Aufl. Berlin 1913 Zusammenhängende geschichtliche Schilderung.

J. Weiß, *Die Predigt Jesu vom Reiche Gottes*. 2. Aufl. Göttingen 1900.

P. Wernle, *Die Anfänge unserer Religion*. 2. Aufl. Tübingen 1904. Mit unvollständigem, aber interessantem Christusbilde.

— *Jesus*. 2. Abdr. Tübingen 1916.

G. Zart, *Das menschlich Anziehende in der Person Jesu Christi*. München 1898. – Anmutig und mit psychologi-

schem Blick gezeichnet.
F. Zündel, *Jesus in Bildern aus seinem Leben*. Neue Ausg. 2. Aufl. München 1923.

Bisher in der Reihe erschienen:

Reihe ReligioSus

*Herausgegeben und mit einem Vorwort versehen von
Christiane Beetz*

Band I:
Paul Kalkoff: **Ulrich von Hutten und die Reformation:**
Eine kritische Geschichte seiner wichtigsten Lebenszeit und
der Entscheidungsjahre der Reformation (1517 - 1523)
ISBN: 978-3-942382-52-6
624 Seiten 49,50 €

Band II:
Manfred Köhler: **Melanchthon und der Islam:**
Ein Beitrag zur Klärung des Verhältnisses zwischen
Christentum und Fremdreligionen in der Reformationszeit
ISBN: 978-3-942382-89-2
176 Seiten 29,50 €

Band III:
Richard Zoozmann: **Hans Sachs und die Reformation:**
In Gedichten und Prosastücken
ISBN: 978-3-942382-82-3
200 Seiten 29,50 €

Band IV:
Paul Dahlke: **Buddhismus als Religion und Moral**
ISBN: 978-3-86347-014-2
360 Seiten 39,50 €

Band V:
Thomas Achelis: **Die Religionen der Naturvölker im Umriß**
ISBN: 978-3-86347-049-4
176 Seiten 29,50 €

Band VI:
Julius Wellhausen: **Isralitische und Jüdische Geschichte**
ISBN: 978-3-86347-152-1
444 Seiten 59,50 €

Band VII:
Ignaz Goldziher: **Der Mythos bei den Hebräern
und seine geschichtliche Entwicklung**
ISBN: 978-3-86347-063-0
408 Seiten 59,50 €

Band VIII:
Richard M. Meyer: **Altgermanische Religionsgeschichte**
ISBN: 978-3-86347-173-6
676 Seiten 59,50 €

Band IX:
Mohammed Ibn Ishak: **Das Leben Mohammeds**
ISBN: 978-3-86347-187-3
128 Seiten 29,50 €

Band X:
Alfred Hillebrandt: **Buddhas Leben und Lehre**
ISBN: 978-3-86347-200-9
168 Seiten 29, 50 €

Band XI:
Heinrich Heppe: **Geschichte des Pietismus und der
Mystik in der reformierten Kirche, namentlich der
Niederlande**
ISBN: 978-3-86347-201-6
532 Seiten 49, 50 €

Band XII:
Gustav von Schulthess-Rechberg: **Luther, Zwingli und Calvin in ihren Ansichten über das Verhältnis von Staat und Kirche**
ISBN: 978-3-86347-212-2
204 Seiten 24, 50 €

SEVERUS Verlag, Imprint der Diplomica Verlag GmbH | Hermannstal 119k

D-22119 Hamburg | kontakt@severus-verlag.de | T: +49-40-655 99 20